U0137145

華志文化

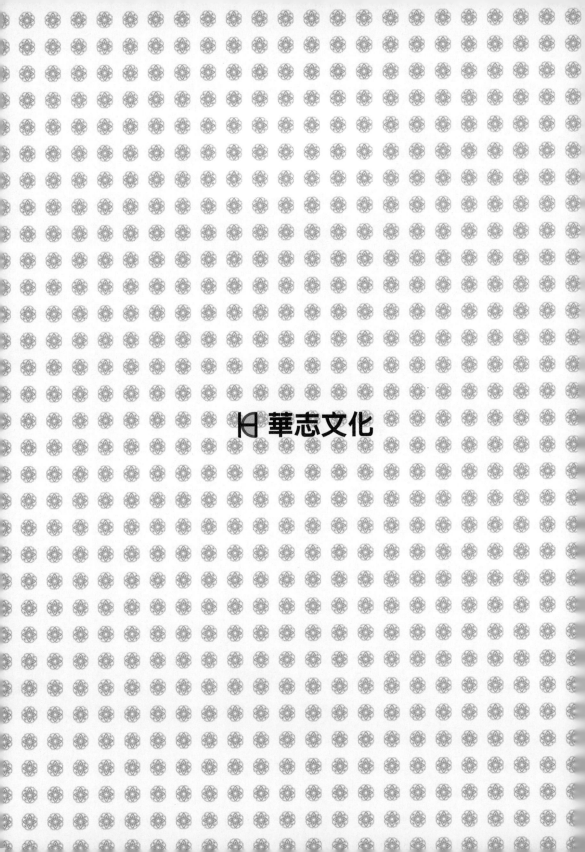

華志文化

菜根譚 新解

原序

戊子之秋七月既望，余以抱病在山，禁足閱。適岫雲監院琼公由京來顧，出所刻《菜根譚》書命予為序，且自言其略曰：「來琳初受近圓，即詣西方講席，聽教於不翁老人。參請之暇，老人私誠曰：大德聰明過人，應久在律席，調伏身心，遵五夏之制，熟三聚之文，為菩提之本，作定慧之基，何急急以聽教為哉？

居未幾，不善用心，失血莫醫。自知法緣微薄，辭翁還岫雲。翁曰：善，察爾因緣，在彼當有大振作，但恐心為事役，不暇研究律部。吾有一書，首題《菜根譚》，係洪應明著。其間有持身語，有涉世語，有隱逸語，有顯達語，有遷善語，有介節語，有仁語，有義語，有禪語，有趣語，有學道語，有見道語，詞約意明，文簡理詣，設能熟習沉玩而勵行之，其於語默動靜之間，窮通得失之際，可以補過，可以進德，且近於律，亦近於道矣。今授於爾，應知珍重。時雖敬諾拜受，究竟不喻其為藥石意也。厥後歷理常往事務，俱忝要職，當空華之在前，不識元由眼裡之魔，認水月以為真，豈知唯是天垂之影。由是心被境遷，神為力耗，不覺釀成大病，幸來及於盡耳。既微瘥間，無以解鬱，因追憶往事，三復此書，乃悟從前事事皆非，深有負於老人授書時之言焉，惜是書行世已久，紙朽蟲蛀，原板無從稽得，於是命工繕寫，重為刊刻。請并言於首，啟迪天下後世，憚見聞讀誦者身體力行，勿使如來琳老方知悔，徒自慚傷，是所望也！」

余聞琼公之說，撫卷歎曰：「夫洪應明者，不知何許人。其首命題，又不知何所取義，將安序哉？」竊似之曰：「菜之為物，日用所不可少，以其有味也。但味由根發，故凡種菜者，必要厚培其根，其味乃厚。是此書所說世味乃出世味，皆為培根之論，可弗重歟？」又古人云：「性定菜根香。」夫菜根，棄物也，如此書，人多忽之。而菜根之香，非性定者莫喻，哪此書，唯靜心沉玩者，乃能和旨。是與否歟？既不能反質於原人，聊將以侯教於來哲。即此序。

時乾隆三十三年中元節後三日
三山病夫通理謹識

菜之為物，日用所不可少，以其有味也。但味由根發，故凡種菜者必要厚培其根，其味乃厚。
——清‧三山通理

前言

「其間有持身語、有涉世語、有隱逸語、有顯達語、有遷善語、有介節語、有仁語、有義語、有禪語、有趣語、有學道語、有見道語。詞約意明，文簡理詣。設能熟習沉玩而勵行之，其於語默動靜之間，窮通得失之際，可以補過，可以進德，且近於律，亦近於道矣。」

它不僅內容融合儒、釋、道三家人生哲學，而且讀之可以「補過」、「進德」、「近律」、「近道」，它究竟是什麼樣的一本書呢？

它就是《菜根譚》。

《菜根譚》篇篇文辭秀美，對仗工整，含義深邃，耐人尋味。顯然，它不是一部有系統的、邏輯嚴密的學術著作。但是，正是由於看似思無所止，言無所律，才讓人更真切地感受到作者的那一片真心和誠意。

《菜根譚》作者洪應明是三百多年前明朝的一位山林隱士。然而所著《菜根譚》並非完全消極厭世的道德說教，它還有勸導人們建功立業，積極入世、樂觀進取的一面。例如，他說：「天地有萬古，此身不再得；人生只百年，此日最易過。幸生其間者，不可不知有生之樂，亦不可不懷虛生之憂。」他的積極入世思想是有限度的，他要求人們應該堅持一種道德標準，符合時可以積極入世，反之，則寧可「受一時之寂寞，毋取萬古之淒涼」。這種講究道德的原則立場對於現代社會依然有借鑑意義。

在洪應明對人生處世哲學的智慧表白中，糅合了儒家的中庸思想、道家的無為思想和釋家的出世思想及自身生活體驗，展示了中國人特有的人世處世的思想體系。這種思想體系對數百年來中國人的正心修身、養性育德，都發揮不可思議的潛移默化的影響。所以，後人稱讚此書為「三教真理的結晶」，「曠古稀世的奇珍寶訓」，「一部萬古不易、教人立身處世的聖典」。

《菜根譚》從出現的那一刻就一直深受人們推崇。

與作者同時代的孔謙說：「《菜根譚》可謂『譚性命直入玄微，道人情曲盡巖險』。」

嚼得菜根者，百事可做。

——名人

　　清代的三山通理說：「菜之為物，日用所不可少，以其有味也。但味由根發，故凡種菜者必要厚培其根，其味乃厚。」

　　一些評論甚至說：「政治家們在這部書裡找到了治國安邦的策略，商家們在書裡找到了以仁致勝的法寶，迷茫者則在書裡找到了生活的方向。」

　　近年來，《菜根譚》風行海外，在日本、韓國、泰國等國家掀起了《菜根譚》熱，人人爭購，一時「洛陽紙貴」。人們將其與《孫子兵法》、《三國演義》等書一起視作中國傳統文化的經典之作。尤其是在日本企業界，《菜根譚》被譽為「指南」、「必讀」和「教材」。《環球》雜誌甚至評論說：「論企業管理的書籍成千上萬，而從根本道理上說，多數抵不過一部《菜根譚》。」

　　《菜根譚》之所以引起現代人這麼濃厚的興趣，是因為這部書內容的豐富和作者有一顆智慧的心靈。

　　為了傳承經典，讓更多的人從國學中汲取智慧，我們策劃編輯了本書。本書圖文並茂，運用圖片、注釋、譯文、評析和故事等方式對《菜根譚》做了全方面的解讀，從而把《菜根譚》的寓意精華和盤托出，使《菜根譚》的現代價值和魅力得到最大程度的彰顯。

　　這是一本蘊含中華五千年處世智慧的經典之作，是一種開闊思想、安頓身心的處世哲學；是一部警世感人、睿思哲理的人生智典。

　　你有三大理由閱讀本書：

　　一是古今典範：古人為人處世的思想精華，今人行走社會的最佳指南。

　　二是處世寶典：中國傳統文化的經典之作，彙集了古代聖賢的大智慧。

　　三是圖文並茂：深得原作智慧之道的闡釋，極具精美典雅之效的配圖。

　　這是一本修身養性的智慧奇書，為人處世的策略經典，不可不閱讀！正如一句話所說：「世界上最美好的事物無時無刻不在你身邊，能否感知它們，關鍵是看你會不會嚼菜根。能從一枚菜根中嚼出人間美味，則你必能從一滴水裡看出滄桑興替。」

《菜根譚》可謂「譚性命直入玄微，道人情曲盡岩險」。

——孔謙

目 錄

處世讓一步為高，退步即進步的張本；待人寬一分是福，利人實利己的根基。

第一篇　修身

欲做精金美玉的人品，定從烈火中煅來；思立掀天揭地的事功，須向薄冰上履過。

第二篇　齊家

◉克　己

放得功名富貴之心下，便可脫凡；放得道德仁義之心下，才可入聖。

第三篇　立業

心不可不虛，虛則義理來居；心不可不實，實則物欲不入。

覺人之詐，不形於言；受人之侮，不動於色。

不責人小過，不發人陰私，不念人舊惡，三者可以養德，亦可以遠害。

⦿ 策　術

論企業管理的書籍成千上萬，而從根本道理上說，多數抵不過一部《菜根譚》。

——《環球》雜誌

第一篇

修身

正　德

1. 堅守道德，美名永駐

讀菜根

【原文】

　　棲守道德者，寂寞一時；依阿權勢者，淒涼萬古。達人觀物外之物，思身後之身，守受一時之寂寞，毋取萬古之淒涼。

【譯文】

　　堅守道德節操的人，可能會遭遇一時的冷落；而那些依附權勢的人，則會遭受千年萬載的唾棄。智慧高、心胸寬且明事理的人，是非常重視物質以外的精神追求和死後名譽的。所以他們寧願承受一時的寂寞，也不願遭受萬古的淒涼。

【注釋】

　　依阿：「阿」與「依」同義，依附、迎合，指自己缺乏獨立人格，凡事都隨意附從他人意見。

　　達人：指智慧高超、胸襟開闊、眼光遠大的人。

　　物外之物：泛稱世事以外的東西，即佛教所謂不生不滅的涅槃境界。

　　身後之身：指死後的名譽。

「道德」一詞，在漢語中可追溯到先秦思想家老子所著的《道德經》一書。老子說：「道生之，德畜之，物形之，勢成之。是以萬物莫不尊道而貴德。道之尊，德之貴，夫莫之命而常自然。」

悟菜根

　　道德是人性的一塊試金石。在道德面前，一切美與醜、善與惡、真與假，最終都會顯出原形。所以能夠一生堅守美好道德的人，儘管生前寂寞一直如影相隨，但其身後之美名則雋永久長。

而那些趨炎附勢、依附權貴的人，雖然生前活在「歌功頌德」中，可身後之名卻遭到一代又一代世人的唾罵。

　　無論時代如何發展，無論人們如何聰明，道德依舊是世間那桿秤的砝碼，沒有高尚的情操，人生的價值將永遠是零！

講菜根

忍一時寂寞，留萬古芳名

　　司馬遷的祖上好幾輩都擔任史官，所以他自幼就開始閱讀史書，並對史學產生了濃厚的興趣，也與史書結下了不解之緣。

　　受父親的薰陶，司馬遷立志要編一部最全面、最真實的史書。為了蒐集史料，開闊眼界，司馬遷從二十歲起，就開始遊歷中國各地。他到過浙江會稽，看了傳說中大禹召集部落首領開會的地方；到過長沙，在汨羅江邊憑弔愛國詩人屈原；他到過曲阜，考察孔子講學的遺址；他到過漢高祖的故鄉，聽沛縣父老講述劉邦起兵的情況……這種多方的遊覽和考察，使他獲得了大量的知識，又從民間語言中汲取了豐富的養料，為寫作打下了堅實的基礎。

　　後來，司馬遷當了漢武帝的侍從官，又跟隨皇帝巡行各地，還奉命到巴、蜀、昆明一帶視察。父親司馬談死後，司馬遷繼承父親的職務，做了太史令，他閱讀和蒐集的史料就更多了。

　　在司馬遷正準備著手寫作的時候，卻因替向匈奴投降的李陵辯護得罪了漢武帝，下了監獄，受了腐刑。

　　受刑之後，司馬遷是極其痛苦的，因為畢竟腐刑對於一個堂堂男兒來說，是莫大的侮辱。可是他又想：從前周文王被關在羑里，寫了一部《周易》；孔子周遊列國的路上被困在陳蔡，後來編了一部《春秋》；屈原遭到放逐，寫了《離騷》；左丘明眼睛瞎了，寫了《國語》；孫臏被剜掉膝蓋骨，寫了《兵法》。還有《詩經》三百篇，都是古人在不得志、極其困厄的情況下寫

的。他必定要拋卻一切雜念，將未完成的編寫工作繼續下去。

於是，他把從傳說中的黃帝時代開始，一直到漢武帝太始二年（西元前95年）為止的這段時期的歷史，用將近十年的時間編寫成一部一百三十篇、五十二萬字的鉅著《史記》。

司馬遷在《史記》中，對古代一些著名人物的事蹟都作了詳細的敘述。他對於農民起義的領袖陳勝、吳廣，給予高度的評價；對被壓迫的下層人物往往表示同情。他還把古代文獻中過於艱深的文字改寫成當時比較淺近的文字。《史記》對於人物描寫和情節描述細膩，形象鮮明，語言生動活潑。因此，對後世史學的影響極其深遠，也是世人公認的一部偉大的歷史著作。

司馬遷出獄後，繼續擔任中書令，最後在鬱鬱中死去，但他的名字卻永遠載入了史冊最光輝的頁面裡，他的著作《史記》也在我國的文學史上佔有很高的地位。

一個人恪守道德的價值似乎總是突顯得很晚，但人的一生相對於不竭的光陰來說就如曇花一現，何不守一時寂寞，品人生真味，留身後芳名呢？

2. 潔者自潔，高者自高

讀菜根

司馬遷：
（西元前145—前87年），字子長，西漢夏陽（今陝西韓城，一說山西河津）人，我國西漢偉大的史學家、思想家、文學家。著有《史記》，又稱《太史公記》，記載了上自中國上古傳說中的黃帝時代，下至漢武帝太初四年（西元前100年），共三千多年的歷史。

【原文】

勢利紛華，不近者為潔，近之而不染者尤潔；智械機巧，不知者為高，知之而不用者為尤高。

【譯文】

權利和財富，不接近這些的人就清白，接近了而不被其污染的就更加清白；權謀詐計，不知道的人是高明的，知道了卻不使用就更加高明了。

【注釋】

勢利：指權勢和利欲。
智械機巧：指心計權謀。

悟菜根

　　這個世界誘惑人的東西很多，真正品德高尚、秉性正直的人，即使每天接觸這些誘惑，也能堅守底線而不被其迷惑。而有的人就很輕易被引誘，甚至無所不用其極，汲汲營營往裡鑽，結果可能受到外人一時的羨慕和讚揚，可是時間一長，所有的羨慕和讚揚都會成為過眼雲煙，甚至變成無盡的唾罵和鄙視。

　　「智械機巧」是從智慧和才能中鍛鍊而來的，但假如為了一己利益而採用權謀詐計，就會損壞自己的道德。所以說，真正高尚的是那些有機會把握權力，掌握金錢，卻依然保持高潔，不因權力而貪污，不因金錢而墮落的人。因為權勢名利是現實生活中必然遇到的，也是極難抵擋的誘惑。一個人要想成為一個如此高尚的人，就必須塑造自己良好的品德、堅定的人格，才會視權勢如浮雲，出污泥而不染，恥於機巧權謀的運用。

講菜根

知者不用，用者不智

　　鄭國有個巫師叫季咸，能預知禍福壽夭，他能算出人某年某月某日死，從不出錯。列子十分敬服，就對他的老師壺子說：「本來我以為先生之道最了不起，想不到還有比您更了不起的。」壺子說：「你叫他來給我看看相，算算命。」

　　季咸第一次來時，壺子示以地之相。季咸看完相，出來對列子說：「我看到了濕透的死灰，你的老師十天之內必死無疑。」列子進去，流著眼淚轉告了壺子。壺子說：「你叫他再來。」

　　第二天，壺子示以天之相。季咸出來對列子說：「你的老師運氣不錯，幸虧遇到我，才有了轉機，我讓他死灰復燃了。」列子高興地進去轉告了壺子。壺子說：「你讓他再來。」

　　第三天，壺子示以全息的人之相。季咸一看世間諸相應有盡有，不敢妄言，出來對列子說：「你

的老師心不誠，在面相上故意隱瞞自己的內心欲念，叫我怎麼看？」列子進去轉告了老師。壺子說：「你叫他再來。」

第四天，壺子示之以無相之相。季咸一看，站都站不穩，轉過身撒腿就逃。列子追之不及，回來問壺子怎麼回事。

壺子告以原委：「人總是以自己極有限的所知來揣度萬物。季咸不過是所知較多，尤其是對凡夫俗子頗為深知。凡夫俗子自以為得天道、得地道、得人道，並以得道之心與自然之道相抗，所以巫師能夠給凡夫俗子看相，甚至能做出準確的預言。其實不是看相者有道，而是被相者不自知地告訴看相者的。這個巫咸能看出我的地之相和天之相，這是人之相的兩種——已經算是有點小本事了。我第三天讓他看全息的人之相，他就已經看不明白了。我第四天再讓他看自然的清淨本相，他就知道看與被看的位置完全顛倒了。所以再不敢狂妄，趕緊逃跑了。」

列子聽了，知道自己對老師的智慧什麼也沒學到，於是回家給妻子老老實實做了三年飯。平時對待任何生物，像對待人一樣恭敬，畢生對任何事物都不敢妄稱了解。就這樣，列子像泥土一樣任行自然，終於成了仙人。

3. 志明於澹泊，節失於甘肥

讀菜根

【原文】

藜口莧腸者，多冰清玉潔；袞衣玉食者，甘婢膝奴顏。蓋志以澹泊明，而節從甘肥喪也。

【譯文】

能安於過吃粗茶淡飯生活的人，他們的品德大多如冰和玉般純潔；而嚮往華服美食的人，很容易表現出卑躬屈膝的奴才面孔。這主要是因為一個人的志向只有在清心寡欲的狀態下才能顯現出來，而一個人的節操都是在貪圖物質享受中喪失殆盡的。

心思要縝密，不可
瑣屑；操守要嚴明
，不可激烈。
——弘一大師

【注釋】

藜口莧腸：藜，藜科一年生草本植物，嫩苗可蒸煮吃；莧，

屬英科一年生草生植物，莖葉可食。此處應指平
民百姓。

袞（ㄍㄨㄣ）衣玉食：指權貴。袞衣是古
代帝王所穿的龍服，此處比喻華服；玉食是形容
山珍海味等美食。

婢膝奴顏：也作奴顏婢膝，奴和婢都是古代
的罪人，沒有自由和獨立人格，後比喻自甘墮落
而沒有骨氣的人。

澹泊：甘於寂寞、清靜無為的生活境界。

甘肥：美味，喻物質享受。

悟菜根

如果我們仔細觀察一下，就會發現那些貪圖
物質享受的人，往往沒有高尚的品德和人格。他
們為了能得到好的物質享受，往往會無所不用其
極地去鑽營，甚至於卑躬屈膝，將人格和品德完
全踩在腳底下。

人人都有追求較好物質生活的權利，較好的物質生活也是追求較高精神需求
的基礎，但「君子愛財取之有道」，只有透過自身努力工作獲得所追求的一切才
是最光榮的。而且從另一個角度來看，只講物質享受的生活是不完整的，層次是
較低的。

人活著要有理想，有追求，不能以貪圖享受、滿足物欲作為人生追求，要成
為一個品德高尚、人格完整的人，而不是社會的敗類。

講菜根

> 淡泊明志，寧靜致遠

有位年輕人在岸邊釣魚，鄰旁坐著一位鬚髮花白的老人，也在釣魚，兩個人
坐得很近，奇怪的是老人總有魚兒上鉤，而年輕人一整天都沒有收穫。

年輕人終於沉不住氣了，問老人：「我們兩人的釣餌相同，地方也相鄰，為
什麼你能輕易地釣到魚，我卻一無所獲？」

老人一笑，從容地答道：「你是在釣魚，我是在垂釣。你釣魚的時候，只是一心想得到魚，目不轉睛地盯著魚兒有沒有咬住你的魚餌，所以你看見魚不上鉤就心浮氣躁，情緒不斷發生變化，魚兒都被你的焦躁情緒嚇跑了。我呢，是在垂釣，垂釣跟釣魚不一樣，我垂釣的時候，只知道有我，不知道有魚，魚來我也不喜，魚去我也不憂，我心如止水，不眨眼，也不焦躁，魚兒感知不到我，因此也沒必要逃跑。」

老人的一番話是針對釣魚事件本身所說的，驗證到生活中，也不失為一種睿智的人生哲學。人的一生中物質誘惑太多，而真正能使自己的道德達到至臻境界的往往是那些不求物欲、只重精神追求的人，而真正成功的也往往是這些人：「一簞食，一瓢飲，不改其樂」，憑著淡泊，顏回成了千古安貧樂道的典範；錢鍾書學富五車，閉門謝客，靜心於書齋，潛心鑽研，著書立說，留下曠世名篇；齊白石晚年謀求畫風變革，閉門十載，破壁騰飛，終成國畫巨擘。

所以，做人要有幾分淡泊，也只有看淡世人趨之若鶩的名利和財勢，贏得一份豁達的心態、一份明悟的感覺，才能淡泊為人，活出自我，把自己的本色演繹得更精彩。

4. 心地乾淨，方可讀書

讀菜根

【原文】

心地乾淨方可讀書學古，不然見一善行竊以濟私，聞一善言假以覆短，是又藉寇兵而齎盜糧矣。

顏回：
（西元前521—前481年），春秋末魯國人。字子淵，亦顏淵，孔子最得意弟子。為人謙遜好學，「不遷怒，不貳過」。他異常尊重老師，對孔子無事不從、無言不悅。以德行著稱。

【譯文】

只有心地純潔的人，才可以讀聖賢書，學古人的道德文章，要不然，看到善行好事就用來滿足自己的私欲，聽到名言佳句就拿來掩飾自己的缺點，這就等於資助武器給賊子，接濟糧食給強盜。

【注釋】

心地乾淨：心性潔白無疵。

竊以濟私：偷偷用來滿足自己的私欲。

假以覆短：借佳句名言來掩飾自己的過失。

悟菜根

現在講求的德才兼備和這個道理恐怕有相通的地方。一個心地純潔、品德高尚的人求得學問，可以修身、齊家、治國、平天下，對社會人類有所貢獻。一個心術不正的人求得學問，卻好比「如虎添翼」，他會利用學問去做各種危害人的事，例如現代人所說的「經濟犯罪」和「智慧犯罪」等等，就屬於這種心術不正之人的具體表現。因為這些小人會以自己的學問為武器，在社會上無惡不作。有的以君子的姿態表面好話說盡，背地裡卻壞事做絕，有的甚至為了一己私利而做出禍國殃民的勾當，所以做學問不能只講一個「勤」字，還必須立身正性才行。

所以，古人講的立身修性在今天仍有實際意義，用現在的話講，做學問的同時，還須培養良好的思想品德。有學問的人未必就是利於社會、益於大眾的人，而要看擁有學問之人的品德如何。

講菜根

淨道讀書

北宋著名史學家司馬光，在家中獨自收藏了上萬卷文史方面的書籍，他每天早晚都要檢索翻閱這些書籍，然而數十年來，全都一新，如同從未被手翻閱過似的。

司馬光對自己的弟子們說：「商人們收藏的是金銀財產，而對於我們這樣的人來講，就只有書籍，應當萬分珍惜。比如我吧，每年都要將書籍曬一曬，以防生蟲發霉。每次閱讀前，都要先檢查一下書桌是否清潔，還要墊上褥子，然後才將書籍放在上面翻閱。每當讀完一頁，我都小心翼翼地，先用右手拇指托著書面

的邊沿，然後用食指夾著書頁輕輕翻過。但是，我看你們翻書，總是毫不介意地兩隻手指抓起來翻。我覺得，你們珍惜自己的錢財勝過了珍惜書籍。對於這樣的人，他的志向也就可想而知了。」

弟子們都默默點頭。

一個心地純潔、品德高尚的人精於學問，更注重志向。只有志向遠大之士，才能修身、齊家、治國、平天下。

5.謹德於微，恩於無報

讀菜根

【原文】

謹德，須謹於至微之事；施恩，務施於不報之人。

【譯文】

恪守道德，應從最微小的一言一行開始；佈施恩惠，務必施與那些沒有能力回報你的人。

【注釋】

謹德：恪守道德。

不報之人：無力回報的人。

悟菜根

司馬光：
（西元1019年—1086年），字君實，號迂夫，晚年號迂叟，世稱涑水先生。北宋陝州夏縣涑水鄉（今山西運城地區夏縣）人，漢族。北宋時期著名史學家、散文家。

《論語·鄉黨》一篇，記述孔子平時言語、表情、行為均謹慎守禮、不貪、不驕、不苟且、不放肆的事實。例如：孔子與鄉親、鄰居相處，氣色十分謙虛隨和，好像自己不善於講話似的，並不表現自己的道德學問高人一等；孔子坐車，總是安好地坐在自己的位子上，不左顧右盼，不大聲講話，不指指點點。《禮記·曲禮》上還說，孔子坐車，不隨便咳唾。可見真正有高尚品德、良好修養的人，無論在多麼小的事情上，都能展現其美德和修養。

在施恩方面，我們可以錦上添花，但我們更提倡雪中送炭，而且懷有一顆施恩不圖報的心。如果是有目的的施恩，那就如同偽善，那樣還不如不施，省得自己天天惦念著睡不著覺。

講菜根

錦上添花不如雪中送炭

有一年天降大雪，天氣非常寒冷。

宋太宗在皇宮中忽然想起了窮人的可憐，就派官員拿著糧食和木炭，送給那些窮人和孤苦伶仃的老人，讓他們有米做飯吃，有木炭生火取暖。

宋太宗的此舉為其贏得了民心。人民都擁護他，而且更加勤勞，這以後不到幾年國家就呈現了繁榮昌盛的局面。

宋太宗很是高興。

又一年，天也降了鵝毛般的大雪，宋太宗想使朝野上下更加歸順自己，以避免叛亂發生，他就如法炮製，給那些官員送去上好的錦裘和綢緞。

可是那些大臣除了幾句感激的話再也沒有別的表示了。

宋太宗很納悶，他想了一天終於想明白了：那些窮人是真的需要我送給他們的東西，而那些大臣們並不缺少我送給他們的東西啊！

是呀！錦上添花，花再好，也只是襯托；可是雪中送炭，炭再少，也能帶給人難忘的溫暖啊！

6. 君子養德，小人謀利

讀菜根

【原文】

勤者敏於德義，而世人借勤以濟其貧；儉者淡於貨利，而世人假儉以飾其吝。君子持身之符，反為個人營私之具矣，惜哉！

【譯文】

真正勤勞的人應懂得在品德和義理上下功夫，可是有人卻借勤奮之名來解決自己的貧困；真正儉樸的人應把財富和利益看得很淡，可是有人卻假以儉樸為名來修飾自己的吝嗇。二者本是有德君子立身處世的法則，不料竟成為無德小人營利徇私的工具，怎不令人嘆惜！

【注釋】

敏：勤奮，努力。

符：本指護符，此處作法則解。

悟菜根

君子喻於義，小人喻於利。
——《論語·里仁》

對於不講道義的人來說，最好的道德只不過是最好的工具。世人講求仁義道德，他就竊仁義道德之名，為己所用，成為人所不齒的小人。

世事大抵如此，鋒利的寶劍，在名將手中就會成為保國為民的利器，反之如果落在壞人手中就會變成殺人的兇器。又如罌粟，被救死扶傷的醫生所用，它就成為救人的白衣天使，被那些心懷詭計的人用，它就成了害人的惡魔，想擺脫都擺脫不了。可見，無論多麼好的東西，一旦落入無德小人的手裡，就會成為害人害己的致命毒藥。

講菜根

讚美是禍根

三國時期，由於荊州地理位置十分重要，成為兵家必爭之地。西元217年，魯肅病死。孫、劉聯合抗曹的蜜月期已經結束。

當時關羽鎮守荊州，孫權久存奪取荊州之心，只是時機尚未成熟。不久以後，關羽發兵進攻曹操控制的樊城，怕有後患，留下重兵駐守公安、南郡，保衛荊州。孫權手下大將呂蒙認為奪取荊州的時機已到，但因有病在身，就建議孫權派當時毫無名氣的青年將領陸遜接替他的位置，駐守陸口。

陸遜上任，並不鋒芒外露，定下了與關羽假和好、真備戰的策略。他給關羽

寄去一信，信中極力誇耀關羽，稱關羽功高威重，可與晉文公、韓信齊名。他還自稱一介書生，年紀太輕，難擔大任，要關羽多加指教。關羽為人，驕傲自負，目中無人。讀罷陸遜的信，仰天大笑，說道：「無慮江東矣。」他馬上從防守荊州的守軍中調出大部人馬，一心一意攻打樊城。陸遜又暗地派人向曹操通風報信，約定雙方一起行動，夾擊關羽。

孫權認定奪取荊州的時機已經成熟，派呂蒙為先鋒，向荊州進發。呂蒙將精銳部隊埋伏在改裝成商船的戰艦內，日夜兼程，突然襲擊，攻下南郡。關羽得訊，急忙回師，但為時已晚，孫權大軍已占領荊州。

關羽只得敗走麥城。

我們都知道讚美是很美好的一個舉動，可並不是所有的讚美都是出自真心實意的，比如上文，陸遜對關羽的讚美完全是計謀的一個包裝，可惜的是關羽沒有看破，結果只能失敗了。

在現實生活中，我們要學會辨別那些看似很美好的事，看它是真的美好，還是只是小人用來達到某種目的的手段，這樣才會一生安穩。

7. 慈悲之心，生生之機

讀菜根

【原文】

「為鼠常留飯，憐蛾不點燈。」古人此等念頭，是吾人一點生生之機。無此，便所謂土木形骸而已。

【譯文】

「為了不讓老鼠餓死，經常留一點剩飯給牠們吃；憐惜飛蛾會被燒死，夜裡就不點燈火。」古人這種慈悲心腸，是我們人類永不絕滅、生生不息的生機，假如我們沒有這一點點慈悲心，那人類就如行屍走肉，和泥土樹木為同類了。

與樂曰慈，拔苦曰悲。
——《丁福保佛學大辭典》

【註解】

生生之機：生生是繁衍不絕，生生之機是指使萬物生長的意念。

土木形骸：土木是指泥土和樹木等只有軀殼而無靈魂的礦植物，形骸是專指人的軀體。

悟菜根

佛教的中心思想之一就是主張不殺生（戒殺），因此先賢才有「為鼠常留飯，憐蛾不點燈」的名諺。其實古人所說「為鼠常留飯」也未必真的是讓人給老鼠留飯，而是勸人為人處世要有同情弱者的胸懷。

不管如何，我們人類都應當有慈悲之心，動物、植物都是人類的朋友，哪怕是老鼠飛蛾。沒有了世間的眾多生物，人們的生活就會格外孤單。

也許，我們做不到古人那樣，也沒有古人如此豁達的心，那就盡自己的努力吧！有心最重要！

講菜根

這悲劇屬於誰

有家木材行非常大，可是有一天竟然出現了老鼠，這對木材行來說，無疑是非常致命的損傷。於是，木材行的主人買來了一隻貓，負責抓老鼠。這隻貓很稱職，老鼠很快就銷聲匿跡了。

然而，貓的命運也隨著老鼠的消失而變得悲慘起來。對於牠的主人來說，牠的職責已經完成了，貓鋒利的爪子對木材行構成了新的危險，主人選擇了拋棄牠。

主人開車到了很偏遠的地方，然後把牠丟在路邊，可是這隻貓又回來了。然後，再一次丟掉，牠再一次找回來，反反覆覆，牠的主人終於發現牠有認家的本領，於是懶得跑老遠的地方把牠丟掉了，而是把牠關在門口，不給牠吃的，也不給牠喝的。他想，終有一天，牠會離開的。

朋友去買木頭的時候，見到了這隻貓，髒髒的，卻很乖，牠已經沒有貓最基本的性情了。一般的貓高貴而且孤傲，不善於討好。而牠，見了陌生人也是一味地在人的腳邊磨蹭，牠總想感受人的溫暖，不想被遺棄了。這是一隻需要關懷的貓，可是，牠始終都沒有得到過。

……

　　我不知道那隻貓最終會不會離家出走，倘若出走，有可能陌生人會給她更多的關愛，只是她的個性太戀家，她單純地以為，總有一天，她的主人會被感動，讓她重新走進家門。

……

　　「為鼠常留飯，憐蛾不點燈」是古人告訴我們的道理，讀過之後，暖暖的，不是救人一命才是大善，小小的細節依然能夠溫暖人心。我很困惑，這樣的德性是否很多人已經遺忘了呢？

8. 捨己不處疑，施恩不圖報

讀菜根

【原文】

　　捨己毋處其疑，處其疑即所捨之志多愧矣；施人毋責其報，責其報並施之心俱非矣。

【譯文】

　　一個人，在做自我犧牲時，不應思慮所得所失，因為有了利害計較觀念，自己所做的犧牲就增添了一份愧疚；施恩惠給他人時，也不要指望得到回報，如果期盼別人的回報，那原來的施捨之心就不是真正的施捨了，功德自然無增。

只要你不計較得失，人生還有什麼不能克服的？
　　　　——海明威

【注釋】

　　捨己：捨己，就是犧牲自己。
　　毋處其疑：不要存猶疑不決之心。

悟菜根

　　捨己，需要我們很大的勇氣，如果沒有崇高的理想追求，沒有平素的修省做基礎，那麼在捨己的關頭就很可能退卻。施恩，也需要我們有很大的決心，如果沒有一顆寬厚的心，沒有良好的修養做鋪墊，那麼在施恩的關頭就會生起計較利

害的念頭。

當今的社會，捨己和施恩成了兩個距我們越來越遠的名詞。我們每天穿梭於人群中，生活在水泥鋼筋中，心似乎也越來越硬了。所以，我們需要一些東西來融化漸漸僵硬的心了，怎麼做呢？多些犧牲，少些剝奪；多些施捨，少些吝嗇；多些分享，少些私心。我想你就能成為一個德高望重之人，受到他人的愛戴和尊敬了。如若不然，我們回頭看看自己的路，總會有些愧疚，深夜想想自己的言行，也會發現自己真的很渺小，生命也很蒼白無力。

講菜根

死亡的弧線

有時，動物的某些行為總是給人類很大的震驚，也總能引起人類的沉思。記憶深處有這樣一個故事：

六十多隻羚羊被一支狩獵隊逼到布朗山的斷崖上，他們想把牠們逼下斷崖去摔死，以免浪費子彈。

他們大約相持了三十分鐘後，一頭大公斑羚突然吼叫一聲，整個斑羚群迅速分成兩群：老年斑羚為一群，年輕的為一群。沒有人明白牠們為什麼要按年齡分出兩群。

這時，從老斑羚群裡走出一隻公斑羚來。這隻斑羚頸上的毛長及胸部，臉上褶皺縱橫，兩支羊角已殘缺不全，一看就知道牠已非常蒼老。牠走出佇列，朝那群年輕的斑羚咩了一聲，一隻半大的斑羚應聲而出。一老一少兩隻斑羚走到斷崖邊，又後退了幾步。突然，半大的斑羚朝前飛奔起來，差不多同時，老公斑羚也揚蹄快速助跑。半大的斑羚跑到懸崖邊緣，縱身一躍，朝山澗對面跳去。老公斑羚緊跟在後，頭

一勾，也從懸崖上跳躍出去。這一老一少，跳躍的時間稍分先後，跳躍的幅度也略有差異，老公斑羚角度稍偏低些，等於是一前一後，一高一低。獵人們吃驚地想，難道自殺也要作伴，一對一對去死嗎？這兩隻斑羚，除非插上翅膀，否則是絕對不可能跳到對面那座山岩上去的。

果然，半大斑羚只跳到四、五公尺左右的距離，身體就開始下墜，空中劃出了一道可怕的弧線。看來，頂多再有幾秒鐘，牠就不可避免地要墜進深淵。突然，奇蹟出現了，老公斑羚憑著嫻熟的跳躍技術，在半大斑羚從最高點往下降落的瞬間，身體出現在半大斑羚的蹄下。老公斑羚的時機把握得很準，當牠的身體出現在半大斑羚蹄下時，剛好處在跳躍弧線的最高點。就像兩艘太空船在空中完成對接一樣，半大斑羚的四隻蹄子在老公斑羚的背上猛蹬了一下，如同借助一塊跳板一樣，牠在空中再度起跳，下墜的身體奇蹟般地又一次升高。而老公斑羚就像燃料已輸送完了的火箭殘殼，自動脫離太空船。牠甚至比火箭殘殼更悲慘，在半大斑羚的猛力踢蹬下，像隻被突然折斷了翅膀的鳥筆直墜落下去。可是，那半大斑羚的第二次跳躍力道雖然遠不如第一次，高度也只有從地面跳躍的一半，但足夠跨越剩下的最後兩公尺距離了。瞬間，只見半大斑羚輕巧地落在對面山峰上，興奮地咩叫一聲，跑到磐石後面不見了。

就這樣，一對一對斑羚凌空躍起，一隻隻老斑羚摔得粉身碎骨，一隻隻年輕斑羚獲得了生命。最後懸崖上剩下的只有那群楞楞的狩獵人。

讀完這則故事之後，我的眼眶濕潤了，誰能想到，在面臨種群滅絕的關鍵時刻，斑羚竟然能想出犧牲一半挽救一半的辦法來贏得種群的生存機會。然而，更令人心顫的是：老斑羚們會那麼從容地走向死亡，心甘情願地用生命為下一代開通一條生存的道路。

養 性

1. 淡中出真味，常裡藏奇人

讀菜根

【原文】

　　醲肥辛甘非真味，真味只是淡；神奇卓異非至人，至人只是常。

【譯文】

　　美酒佳餚並不是真正的美味，真正的美味就是平常的粗茶淡飯；智慧非凡、超凡絕俗的人，都算不上世間真正的完人，因為真正的高人看起來都是平凡無奇的人。

【注釋】

　　醲（ㄋㄨㄥˊ）：美酒。

　　肥：美食。

　　神奇：指才能智慧超越常人。

　　至人：道德修養都達到完美無缺的人，即最高境界。《莊子·逍遙遊》：「至人無己，神人無功，聖人無名。」

悟菜根

士之立身如素絲然，慎不可使點汙，少有點汙則不得為完人矣。

——元·劉祁

　　高尚的秉性並不帶有耀眼的光環，它如每天的吃飯、睡覺一樣平凡、普通，所以也常常被人們忽視。其實，養性就如吃飯，那些「醲肥辛甘」雖然誘人，卻不能給人提供全面的營養。一味追求高尚，而不重視日常的一言一行，很難達到性格的完美境界。

同樣，做人也一樣。生活中，有的人往往以為有了功名和財富就是完人了，其實這種人並不是人們景仰的理想人物。因為一個有完美人格和高尚品德的人，都是在平凡中堅守自己的職位，在平凡中來實踐自己偉大的人生理想，在不驕不躁中修養自己的品行，從而體會到人生的真味和真諦。

一個人有卓越的才華是好事，但要想成為一個完人，就要把自己的美好追求置身於社會，置身於民眾，腳踏實地地去追求自己的美好，而不是標新立異，追求一時的轟動。因為完人只會在平凡之中保留純真本性，進而在平凡中顯出高尚本色。

講菜根

自然是道，平常是真

一天，一位拜訪者去拜見老子，二者之間有了下面的對話。

拜訪者：「您是如何修煉到聖人境界的呢？」

老子：「用功！」

拜訪者：「怎樣用功呢？」

老子：「餓了就吃飯，睏了就睡覺。」

拜訪者有些不解地問道：「如果這樣就是用功，那豈不是所有人都和您一樣能成為聖人了嗎？」

老子說：「我們的吃飯睡覺是不一樣的啊！」

拜訪者繼續問道：「有什麼不一樣？不都是吃飯睡覺嗎？」

老子說：「一般人吃飯時不好好吃飯，有百般憂慮；睡覺時不好好睡覺，有千般妄想。我和他們當然不一樣。」

拜訪者不言語了。

事實確實如此，「大音希聲，大象無形」，那些懂得此理的人，往往能在常人認為平凡的日常行為中達到人生的至高境界。

高尚的品德和性格，不一定非要在特殊的環境中才能培養，那些擁有旁人羨慕品行的人，往往在自然而然的日常行為中，養成良好的品德和性格。

2. 動靜相宜，心性得道

讀菜根

【原文】

好動者雲電風燈，嗜寂者死灰槁木；須定雲止水中，有「鳶飛魚躍」氣象，才是有道心體。

【譯文】

好動的人，就像一道烏雲裡的閃電，像一盞風前的殘燈；好靜的人猶如燃過的灰燼，死亡的枯木。只有悠悠浮動的白雲下和平靜的水面上，不時出現鷹飛和魚躍的景觀，人性才算是達到了理想境界，人也才算具備了高尚的道德心胸。

【注釋】

雲電風燈：形容短暫不穩定。

死灰槁木：死灰是指熄滅後的灰燼，槁木是指枯樹，比喻喪失生機的東西。

定雲止水：定雲是停在一處不動的雲，止水是停在一處不流的水，都是比喻極為寧靜的心境。

鳶飛魚躍：指極為寧靜中的動態。

心體：心就是本體，因為古時以心為思想的主體。

老子：
（約西元前571年—前471年），名李耳，字伯陽，又稱老聃，楚國苦縣屬鄉曲仁里（河南鹿邑，一說安徽渦陽）人。是我國古代最偉大的哲學家和思想家之一，被道教尊為教祖，世界文化名人之一。

悟菜根

不知什麼原因，人們有了這樣的認識：靜是淡泊的，是高雅的；動是浮躁的，是俗氣的。其實，動靜各有千秋，而且也只有動靜相宜才能生活得五彩繽紛。

若一味追求動或靜，就會走極端，而極端往往會給人帶來傷害，所以性格要動靜皆有。雖然中庸之道有其不當的地方，但性格的中庸是值得重視的，因為世間萬物都是動靜渾然一體，動靜

相宜的。如水，雖然看似有流動和靜止之分，但流動之水會有暫時的靜止，靜止之水亦會有偶爾的流動，所以水才能永葆生機和鮮活。人也一樣，擁有動靜結合的性格才會享受動靜交錯的人生，而不會感到厭煩和疲倦，因為極端的「動」總有一天會累倒你的心，極端的「靜」也總有一天會使你的心發霉。

講菜根

幸福中不可缺少的東西

　　美國的作家約瑟夫‧紐頓年輕時，曾歸納世人最渴望的事情共有七項：健康、愛情、美麗、才能、權利、財富、名譽。

　　一天，一位有見識的老者見到紐頓後，對他說了這番話：「你所列舉的每一項於人生來說都很重要，而且各項的先後順序也很合理。可是你卻漏列了人生幸福中最重要的一項，假使缺了這一項，人們獲得的其他種種，都要包藏著痛苦了。」

　　紐頓大為困惑，不禁問道：「我想不出還有什麼比這些更重要。」

　　老者這時緩緩地說出了這幾個字：「寧靜的心境。」然後又接著說道：「許多人等待一生，到晚年才獲得寧靜的心境，然而卻已經為時已晚。」

　　是的，寧靜的心境很重要，但我們也不能一味追求「靜」而完全摒棄「動」。因為動靜恰如硬幣的兩面，時時處處在我們的生活中，我們片刻離不開「動」，也須臾不能沒有「靜」。

　　人生應該需動就動，當靜則靜：拚生活、做事業時，應「動」字當頭，所謂「天行健，君子以自強不息」；休閒時自該回歸一片寧靜，觀青山綠水，看雲卷雲舒，聽天籟之音，思宇闊宙長，得人生靜趣。

3. 降客氣，消妄心；伸正氣，見真心

讀菜根

【原文】

矜高倨傲，無非客氣降伏得，客氣下而後正氣伸；情欲意識，盡屬妄心消殺得，妄心盡而後真心現。

【譯文】

一個人會自誇自大、態度傲慢，無非是由於受非至誠言行的影響，只要能消除此種所謂的「客氣」，浩然的正氣就會得以伸張；一個人的所有欲望和想像，是由於虛幻無常的妄心而致，只要能根除妄心，善良的本性就會顯現出來。

【注釋】

矜高倨傲：自誇自大叫矜高，態度傲慢叫倨傲。

客氣：言行虛矯，不是出於至誠。

妄心：虛幻不實叫妄，妄心本是佛家語，指人的本性被幻象所蒙蔽。

真心：也是佛家語，指真實不變的心。

悟菜根

我們常說：做人要經常學習和修養自身。學習的目的在於明德，修養自身在於正心，正心在於內心真誠，意誠則德明，德明則顯心正。

人都要以正氣為主心骨，因為正氣乃天地之氣。我們的身體如同一個精巧完整的系統，而在系統中占支配地位的就是正氣，這種正氣光明、坦蕩，絕不會為表面虛浮的色彩所蒙蔽。

人要真正使自己的性格完美，就要盡力不斷審視自己的內心，看它是否被情欲所覆蓋，因為不論情欲或意識都屬妄心，不消除這種妄心，真心就不會出現，性格也就不會提升到一個更高的境界。

一個人如果能不受客氣驅使，不為妄心所左右，而且又能把

全則必缺，極則必反。
——《呂氏春秋·博志》

世俗的各種欲念，以及虛偽的種種造作去掉，就能顯出本性，使性格日漸臻於完美。

講菜根

狂傲致禍

禰衡，字正平，平原般（今山東臨邑東北）人。禰衡少年時代就表現出過人的才氣，記憶力非常好，過目不忘，善寫文章，長於辯論。但是，他的壞脾氣似乎也是天生的，急躁、傲慢、怪誕，動不動就開口罵人，因而得罪了不少人。這麼一個人物，又生活在天下動亂、軍閥割據專權的東漢末年，所以他的悲劇命運也就注定了。

建安初年，漢獻帝接受曹操的建議，把都城遷到了許都（今許昌）。為了尋求發展的機會，禰衡從荊州來到人才薈萃的許都後，為求晉用，曾寫好了一封自薦書，打算毛遂自薦，但因為看不起任何人，結果自薦書放在口袋裡，字跡都磨損得看不清楚了，也沒派上用場。當時許都是東漢王朝的都城，名流雲集，人才濟濟，當世許多名士都集中在這裡，但自視甚高又不願與之同流合污的禰衡一個也看不上眼。有人勸他結交司空掾陳群和司馬朗，他卻很刻薄地挖苦說：「我怎麼能跟殺豬賣酒的人在一起！」又勸他參拜尚書令荀彧和蕩寇將軍趙稚長，他回答道：「荀某白長了一副好相貌，如果吊喪，可借他的面孔用一下；趙某是酒囊飯袋，只好叫他去監廚請客。」後來，禰衡終於結交了兩位朋友，一位是孔子的後代孔融，另一位是官宦子弟楊修。可能是才氣學問相當並且氣味相投的原因，他們三位不僅非常談得來，而且相互之間還曾有過肉麻的吹捧，如孔融稱禰衡是「顏回不死」，禰衡稱孔融是「仲尼復生」。

孔融於是把禰衡推薦給曹操，希望曹操能夠任用禰衡。

誰知禰衡卻不領情。他不但託病不見曹操，

而且出言不遜，把曹操臭罵了一頓。

托輕鄙之微命，委
陋賤於薄軀。期守
死以抱德，甘盡辭
以效愚。恃隆恩於
既往，庶彌久而不
渝。
—— 禰衡《鸚鵡賦
》

曹操正當招攬人才的時候，特別注意自己的言行和形象，盡量保持寬容愛才的名聲，因此雖然惱怒，也不好加害。曹操知道禰衡善擊鼓，就召他為擊鼓的小吏。一日大宴賓客，曹操讓禰衡擊鼓助興，想借此污辱禰衡，沒想到這個才子在換裝束（有專門的鼓吏衣帽）的時候，竟當著眾賓客的面把衣服脫得精光，使賓主皆敗興而歸。曹操對孔融說：「禰衡這個小子，我要殺他，不過像宰一隻麻雀或老鼠一樣罷了！只是想到此人一向有些虛名，殺了他，遠近的人會說我無容人之量。」於是想了個借刀殺人的法子，強行把禰衡押送到荊州，送給荊州牧劉表。

劉表及荊州人士早就知道禰衡的大名，對他的才學十分佩服，所以對他並不歧視，相反還禮節周到，把他奉為上賓。劉表讓禰衡掌管文書，「文章言議，非衡不定」，也就是荊州官府所有的歸檔文書，都要請禰衡過目審定，在工作上可以說對他放手使用，十分信任。但禰衡這個才子的致命弱點是目空一切。有一次他外出，剛好有份文件要馬上起草，劉表於是叫來其他祕書，讓他們共同起草。他們「極其才思」，好不容易把文案寫好了，誰知禰衡一回來，拿起文件草草看了一下，就說寫得太差，然後把它撕得粉碎，擲於地下，接著他便要來紙筆，手不停揮地重新寫了一篇交給劉表。他寫的這份文件因「辭義可觀」，甚得劉表好感，但卻把別的文書得罪光了！他不但經常說其他文書的壞話，而且漸漸地連劉表也不放在眼裡，說起話來總是隱含譏諷。劉表本來就心胸狹窄，自然不能容忍禰衡的放肆和無禮。但他也不願擔惡名，就把禰衡打發到江夏太守黃祖那裡去了。

劉表把禰衡轉送給黃祖，是因為他知道黃祖性情暴躁，其用意顯然也是借刀殺人。禰衡初到江夏，黃祖對他也很優待，也讓他做祕書，負責文書起草。禰衡一開始頗為賣力，表現得相當不錯，凡經他起草的文稿，「輕重疏密，各得體宜」，不僅寫得十分得體，而且許多話是黃祖想說而說不出的，因而甚得黃祖愛賞。有一次，黃祖看了禰衡起草的文書，拉著他的手說：「處士，此正得祖意，如祖腹中之所欲言也。」禰衡和黃祖的長子、章陵太守黃射是要好的朋友，禰衡只要稍微收斂一下鋒芒，稍微克制一下過強的個性，對周圍的人稍微禮貌些，黃祖雖然是個急性子，但總不會無緣無故亂殺人吧？然而讓人扼腕的是：有一次黃祖在戰船上設宴會，禰衡的老毛病又犯了，竟當著眾賓客的面，盡說些刻薄無禮

的話！黃祖喝斥他，他還罵黃祖這個「死老頭，你少囉唆！」當著這麼多的人面，黃祖哪能忍下這口氣，於是命人把禰衡拖走，吩咐將他狠狠地杖打一頓。禰衡還是怒罵不已，黃祖於是下令把他殺掉。黃祖手下的人對禰衡早就憋了一肚子氣，得到命令，黃祖的主簿（也是祕書）便立時把他殺了。時為建安元年（西元196年），禰衡僅二十六歲。

禰衡的死使人感到惋惜，卻不讓人覺得意外。他太傲慢了，而且正如顏之推所說的，是一種「誕傲」，即不合情理、荒唐的傲慢。他要是能自重一些，有一點自知之明和容人之量，在態度上肯讓人，在言辭上肯饒人，就不會死得這麼早。

人不可無骨氣，但絕不能有傲氣，這是禰衡留給我們最深刻的教訓。

4. 心放下方可脫凡入聖

讀菜根

【原文】

放得功名富貴之心下，便可脫凡；放得道德仁義之心下，才可入聖。

【譯文】

能把追逐功名、渴求富貴的心理放下，就可以擺脫塵俗的雜念，盡享人生樂趣；能把恪守仁義道德等迂腐教條的思想丟開，就可以達到世人所羨的聖人之境。

【注釋】

脫凡：脫是脫俗，脫凡即超越塵世的意思。

入聖：進入光明偉大的境界。

《詠史詩・江夏》
——唐・胡曾
黃祖才非長者儔，
禰衡珠碎此江頭。
今來鸚鵡洲邊過，
惟有無情碧水流。

悟菜根

功名、富貴不是不可求，但不能成為它們的奴隸，一旦我們陷入進去而無法自拔時，我們就很難再擁有一個寧靜的心境，也就不可能再享受到人生的真趣。任何事都不應走極端。求取功名、追求富貴要在合法的範疇，如果為求取功名利

祿不擇手段，以種種不道德的行為去鑽營，於是在無形中就發生了質變。所以一個人要在平凡中奮鬥，不可太熱中於功名富貴。

同理，仁義道德也非常重要，假如有人置仁義道德於不顧，那就跟一個不通人性的禽獸無異。有個成語「過猶不及」說得很對，假如一個人太熱中於仁義道德，急著想做一個人人讚美的道德家，就會被其中一些迂腐的道德仁義教條所誤導，甚至成為一個偽君子。

所以，做人要有智慧和靈活性，不能被如雲煙的功名和富貴所套牢，也不要滿腦子道德仁義的教條而一點都不懂得變通。

講菜根

富貴如浮雲

一個窮人不得已向財主去借錢。

窮人苦苦哀求，老頭子被纏得實在受不了了，只得走進內室去取錢。他慢吞吞地拿出十文錢，從屋裡慢慢走出來，走幾步就減掉一個錢，走幾步就減掉一個錢，等他走到外面來，只剩下五文錢了。

老頭子極不情願地把錢交給那個窮人，心疼得緊閉雙眼，看也不忍心看，還一再囑咐人家說：「我把全部家業都拿來幫助你了，可千萬別對別的人說啊，不然他們都會像你這樣跑到我這裡來的，可憐我哪裡還有錢給人家啊！」

窮人傷心地流著眼淚說：「五文錢叫我一家怎麼活呀，你也太狠心了！」老頭子的眼淚也下來了，不過他是心疼他的錢。

不久，老頭子死了。因為他沒有繼承人，他的數千田地、所有房產都為官府所有，他累積的錢財也都充入國庫。

此刻，很想和大家分享一下《紅樓夢》裡的那首《好了歌》：「世人都曉神仙好，唯有功名忘不了；古今將相在何方？荒塚一堆草沒了！世人都曉神仙好，只有金銀忘不了；終朝只恨聚無

多，及到多時眼閉了！世人都曉神仙好，只有嬌妻忘不了；君在日日說恩情，君死又隨人去了！世人都曉神仙好，只有兒孫忘不了；癡心父母古來多，孝順子孫誰見了。」

人就是如此可憐。明明知道神仙生活好，無煩無憂，卻依然貪戀癡求世俗的一切；明知一切功名利祿，到頭來全是空的，卻偏偏忘不了。

然而，「非淡泊無以明志，非寧靜無以致遠。」唯有放得下功名富貴之心，放得下道德仁義之心，方可「淡泊寧靜」、「脫凡入聖」。

5. 心伏魔降，氣平橫馭

讀菜根

【原文】

降魔者先降其心，心伏則群魔退聽；馭橫者先馭其氣，氣平則外橫不侵。

【譯文】

降服了自己內心的邪念方可制服邪惡之神，也只有內心的邪念被控制住了，其他邪惡之神才會隨之退卻；控制了自己容易浮動的情緒，方可阻止不合理事件的發生，也只有自己的情緒控制住了，所有外來的強橫事物才不會輕易侵入。

【注釋】

降魔：降，降服。魔的本意是鬼，此處當「障礙修行」解。
退聽：指聽本心的命令，又當「不起作用」解。
馭橫：控制強橫無理的外物。
氣：此處當情緒講。

悟菜根

我們內心的邪惡到底是什麼呢？順利完成任務使人愉快和輕鬆；面對敵人的挑釁會令人激動與憤怒；失去親人使人悲哀和痛苦；遭遇危險會令人恐懼與驚慌；美好的事物使人產生喜愛之情；醜惡的現象令人產生憎惡之感；面對精彩的大千世界人們還會產生各種欲念。所有這些喜、怒、悲、驚、愛、惡、欲都是心

魔的不同表現形式。

當年，劉備攻吳就是心魔作怪的結果。當時關羽失荊州，兵敗被俘，不降，被殺。劉備聞後盡起全國之兵去討伐吳國，為關羽報仇，結果被吳火燒聯營，大敗後兵退白帝城，病倒在白帝城的永安宮。

其實，人生最大的敵人是自己，必須先制服內心邪念才能踏上進德修業的坦途。《壇經》說：「心平何勞持戒，行直何用修禪」，又說「菩提只向心覓，何勞向外求玄」。經中強調心是人一切行為的主宰，做人必須在我身上下工夫。古人講修養，強調只有內心靜如止水，才能收到「百邪不入，寒暑不侵」的效果。應當說，強調自我完善和心性修養，達到精神的昇華，在今天仍有積極意義。

講菜根

您真不幸

一天，蕭伯納在街上悠閒地散步。

當他走到一個拐角時，正陷於遐想，沒有顧到周圍的情況，所以就直接和一輛迎面而來的自行車撞上了。騎自行車的也沒躲閃開，所以雙方都跌倒了。

那人以為蕭伯納肯定會大發雷霆的，誰知，蕭伯納站起身後，急忙向他問道：「先生，您沒傷著吧？」

那人忙不迭地搖頭。

蕭伯納看到他如此尷尬，就又笑著說道：「先生，您真不幸，要是您再加點力，那您可就作為撞死蕭伯納的好漢而名垂史冊啦！」

那人雖然聽到對方就是鼎鼎大名的蕭伯納，但是由於蕭伯納的詼諧幽默，他並沒有慌張，反而也跟著笑了起來，尷尬的氣氛也隨即緩和了。

最後，倆人握手道別，沒有絲毫難堪。

然而，在現實生活中，忍讓對於某些人來說實在是件難事。他們處世爭勝好鬥，遇事爭執不休，待人針尖碰麥芒，有時，即使頭破血流也不示弱。其實，「退一步海闊天空」，可惜他們卻不懂得此語的奧妙。

6.念頭濃淡要適宜

讀菜根

【原文】

念頭濃者自待厚，待人亦厚，處處皆厚；念頭淡者自待薄，待人亦薄，事事皆薄。故君子居常嗜好，不可太濃豔，亦不宜太枯寂。

【譯文】

心胸開闊的人，不僅對待自己很慷慨，還會厚待他人，無論與己有關無關，他都會很慷慨；欲念淡薄的人，不僅對待自己很吝嗇，還會薄待他人，無論與己有關無關，他都表現得很刻薄吝嗇。所以真正有修養的人，日常生活的愛好，既不可太奢侈豪華，也不可太吝嗇刻薄。

【注釋】

居常：日常生活。
濃豔：浮華，豔麗。
枯寂：寂寞，淡薄。

不義而富且貴，於我如浮雲。素富貴，行乎富貴；素貧賤，行乎貧賤。邦有道，貧且賤焉，恥也。邦無道，富且貴焉，恥也。

——孔子

悟菜根

「念頭濃者」，對自己好，對別人也好，希望所有人都幸福快樂。其實我們每個人在尚沒有接觸社會的黑暗面之前，都有這樣的美好心願，可是當我們受到欺騙，感受到社會的殘忍時，就不由自主地開始向「念頭淡者」轉變。

這情形雖然不良社會風氣有一部分的責任，但主要還是由於我們自身的修養不夠。一個真正性格完善的人，是不會輕易被環境感染的。想當年李白所處的社會是一個歌舞昇平的環境，而且他身邊也不乏一些念頭淡者，可他一生能夠任意灑脫、自由自在過自己嚮往的生活，這與他堅定的品行是分不開的。

所以，只要我們自身能夠達到一個很高的修養境界，我們的念頭自會濃淡適宜。

講菜根

「小氣」的洛克菲勒

一個週末，洛克菲勒和幾位身分顯赫的企業家從一家酒店的一個包廂中走出來。洛克菲勒手裡拿著一張帳單走向服務員，微笑道：「年輕人，你看看是不是有一點兒誤差。」

服務員很自信地回答：「沒有啊！」

「你再仔細算一算。」洛克菲勒宴請的幾位企業家已朝門口走去，他卻很有耐心地站在櫃台前。

看著洛克菲勒認真的樣子，服務員不以為然道：「是的，因為零錢準備得很少，我多收了您五十美分，但我認為像您這樣富有的人是不會在意的。」

「恰恰相反，我非常在意。」洛克菲勒堅決地糾正道。

服務員只得低頭花一番工夫湊夠五十美分，遞到一臉坦然的洛克菲勒手中。

看著洛克菲勒快步離去的背影，年輕的服務員低聲嘀咕道：「真是小氣，連五十美分也這麼看重。」

「不，年輕人，你說錯了。他絕對是一個慷慨的人。」目睹了剛才那一幕情景的經理嚴肅地對服務員說，「他剛剛向慈善機構一次捐出五千萬美元的善款。」經理拿出一張兩週前的報紙，將上面的一則報導指給服務員看。

服務員不明白，如此大方的洛克菲勒為何還要當著那麼多朋友的面，去計較那區區的五十美分。

經理笑著說：「他懂得認真地對待屬於自己的每一分錢，懂得取回屬於自己的五十美分和慷慨捐贈出五千萬美元，是同樣值得重視的。」

關於洛克菲勒「吝嗇」的故事簡直是隨手可得。有一次，他下班想搭公車回家，缺一毛零錢，就向他的祕書借，並說：「你一定要提醒我還，免得我忘了。」

祕書說：「請別介意，一毛錢算不了什麼。」

洛克菲勒聽了正色說：「你怎能說算不了什麼，如果你向我借一毛錢，我也會讓你還的，要知道把一塊錢存在

銀行裡，要整整兩年才有一毛錢的利息啊！」

　　然而正是這位「吝嗇」的美國十九世紀的大富翁，一生向世界捐出了高達三百億的金錢。

　　洛克菲勒說過這樣一句話：「我一直財源滾滾，心如天助，這是因為神知道我會把錢返還給社會的。」也許這只是他為自己的慷慨找的一個最好的理由吧！

7. 錯失真趣，咫尺天涯

讀菜根

【原文】

　　人人有個大慈悲，維摩、屠劊無二心也；處處有種真趣味，金屋、茅簷非兩地也。只是欲閉情封，當面錯過，便咫尺千里矣。

【譯文】

　　人人都有一個慈悲之心，所以維摩和屠夫的本性是相同的；處處都蘊藏著真正的生活情趣，所以富麗堂皇的高樓大廈和簡陋的茅草屋沒有什麼不同。只是人心經常為情欲所封閉，因而就和真正的生活情趣失之交臂，表面上近在咫尺之間，實際上已相隔千里了。

> 知人者智，自知者明。勝人者有力，自勝者強。知足者富，強行者有志。
> ——老子

【注釋】

　　慈悲：佛家語，《觀無量壽經》有「佛心是大慈悲」，指佛菩薩廣大之慈悲。

　　維摩：梵語「維摩詰」簡稱，是印度大德居士，漢譯叫淨名。與釋迦是同時代人，輔佐佛來教化世人，被稱為菩薩化身。

　　屠劊：即宰殺家畜的屠夫。

　　咫尺：一咫是八寸；一尺十寸，咫尺指極短的距離。

悟菜根

　　作者的觀點是和孟子相合的，孟子也認為「人皆有惻隱之心」。其實，不管

怎麼說，人性的善惡並不會因為外部世界的財富差異而有所區別。天地間充滿了真善美，這種天然情趣也存在於寒門蔽戶中，跟富貴人家的高樓大廈毫無不同。就精神享受而言，人生是否能有真快樂只是存乎一念之間，假如貪得無厭、作惡多端，即使住金屋也空虛難耐，假如樂天知命或毫無邪念，即使住茅屋也會感到愉悅充實。

真正的生活情趣是什麼呢？孔子曰：「知之者不如好之者；好之者不如樂之者。」我們大可不必鑽牛角尖，只要自己活得坦蕩，自會獲得一份人生真趣。

講菜根

父子釣魚

有一天，天氣很好。爸爸和兒子扛著魚竿，提著小水桶去河邊釣魚。他們到了河邊，先掛上魚餌，再甩下魚線，就認認真真地釣起魚來。

不一會兒，蝴蝶飛來了，爸爸完全視而不見。可是，兒子把魚竿一扔，去追蝴蝶了。蝴蝶飛遠了，兒子就回到河邊釣魚，這時，爸爸釣了一條大魚。

過了一會兒，一隻蜻蜓又飛過來了。爸爸沒理會，可是，兒子又去追蜻蜓了。蜻蜓飛走了，兒子又空著手回到了河邊釣魚。這時，爸爸又釣上了一條很大的魚。

兒子釣了一會，沒釣著魚，就生氣地對爸爸說：「你把大魚都釣完了，我都釣不著了。」

爸爸說：「你自己不專心，怎麼能怪我呢？釣魚就是釣魚，不能三心二意，你一會兒追蝴蝶，一會兒追蜻蜓，怎麼能釣著魚呢？」

兒子慚愧地低下了頭。於是，兒子就開始認認真真地釣魚。蜻蜓飛來了，兒子沒理會。蝴蝶飛來了，兒子跟沒看見一樣。不一會兒，他覺得魚鉤一沉，就猛地一拉魚竿，哈哈，他釣上來一條好大的魚。

天黑了，爸爸和兒子提著滿滿一桶魚興高采烈地回家了。

路上，兒子興奮地對爸爸說：「只有一心一意，才能釣到大魚。」似乎這是他剛剛發現的奧祕。

爸爸笑著點點頭。

我們有時就像文中的兒子一樣，不知道自己的目的是要釣魚的，即使知道，也會被「蝴蝶」、「蜻蜓」等吸引過去而忘記自己要做的事！

8. 心若不淨，難逃塵俗

讀菜根

【原文】

名根未拔者，縱輕千乘甘一瓢，總墮塵情；客氣未融者，雖澤四海利萬世，終為剩伎。

【譯文】

沒有徹底拔除名利之根的人，即使他對富貴榮華不屑一顧，並且以清苦的生活為樂，一旦誘惑達到一定程度，他還是會墜入塵世的名溝利壑的；受到外力影響而內心又不能釋然的人，即使他的恩澤能惠四海以至流芳萬世，最終仍是人生多餘的伎倆。

蕭伯納：（1856年7月26日－1950年11月2日），全名為喬治‧伯納‧蕭，愛爾蘭劇作家，1925年獲諾貝爾文學獎，是英國現代傑出的現實主義戲劇作家，是世界著名的擅長幽默與諷刺的語言大師。

【注釋】

名根：名利的念頭，即功利思想。

千乘：古時把一輛用四馬拉的車叫一乘，此處喻人間榮華富貴。

一瓢：瓢是用葫蘆做的盛水器，一瓢是說用瓢來飲水吃飯的清苦生活。

塵情：俗世之情。

悟菜根

「人為財死，鳥為食亡」，我想世間大多數人的內心深處都是對這句話點頭默認的，不可否認的是名利之誘惑的確很大。但一個想要修身養性、擁有一番作為的人，如果不根除名利觀念，就會隨時產生追逐名利的念頭而妨礙自己求得人生的真趣。如果真的五根清淨，不用標榜自己如何如何，也不必偽裝，別人自會覺察到你的真性情。

　　縱觀歷史，有那麼一些人以「輕千乘」、「融客氣」為誘餌，來釣得名和利，這樣的人我們不可一概而論，如果是以為人民服務而贏得的名和利，那就是奇謀，是被稱許的；如果是以損害他人而贏得的名和利，那就是詭計，這樣的人總會遭到唾罵的。

講菜根

名利是禍

　　有一個叫子西的人，做事總是以名利為目的，甚至於沽名釣譽。

　　孔子就對弟子說：「誰能夠去勸導一下子西，使他不再沽名釣譽？」

　　弟子子貢說：「我能勸他。」

　　於是，子貢就去勸說子西，子西也好像因此行為稍有收斂。

　　但是孔子再見到子西時，卻對弟子們說：「不受功利所左右，才能胸懷寬廣；堅定本性而不動搖，才能保持住純潔的品行。內心不正直，做事也就不能正直；內心正直，做事才能正直。子西恐怕還是難以避免災禍。」

　　後來，果不出孔子所料。當時，楚國發生內亂，楚國的大夫白公逃到了吳國，後來子西把他召回楚國了。不久之後，子西發動叛亂，結果被殺。

端 態

1. 德居人前，利在人後

讀菜根

【原文】

寵利毋居人前，德業毋落人後；受享毋逾分外，修為毋減分中。

【譯文】

追求名利財勢時，不要搶在別人之前，修身立業時，不要落在別人之後；享受物質生活時，不要超過合適的範圍，修養品行要達到自己分內所能達到的境界。

【注釋】

寵利：榮譽、金錢和財富。

德業：德性、事業。

分：此指範圍。

悟菜根

人在道德培養方面的效果，不會立竿見影，要保持一個積極向上的人生態度，自身的道德才能最終達到一個高的境界。

「先天下之憂而憂，後天下之樂而樂」，表現了一種傳統的優良的人生態度。現在提倡「吃苦在前，享樂在後」，表現的同樣是「德在人先，利居人後」的境界。一個不能吃苦的人什麼事都不會成功，一個赤裸裸追逐名利的人什麼都不會得到，一個只知享受物質生活的人早晚都會被物質所埋葬，一個不努力修身養

洛克菲勒：（西元1839年—1937年），美國實業家、超級資本家，美孚石油公司（標準石油）創辦人。洛克菲勒從少年時期領到第一分薪水開始，就固定將其中十分之一捐給教會，直到去世。隨著他往後財富的增加，這份捐助也跟著增加，主要是教育與醫藥方面，科學與藝術亦有。據統計，洛克菲勒一生總共捐助了約當時的幣值五億五千萬美元於慈善事業。

性的人也不會收穫人生真正的成功。

「苦盡才能甘來」，只有自己付出努力得到的東西才是最好的；「泰極生否」，人生享受只有限定在一個合適的範圍才能永葆泰勢；「梅花香自寒苦來」，品德也只有在經歷一番努力之後才會達到一個高的境界。一個人端正了態度，才能讓自己不為名利動，不為物欲惑。

講菜根

不居功的介子推

相傳春秋戰國時代，晉獻公的妃子驪姬為了讓自己的兒子奚齊繼位，就設毒計謀害太子申生，申生被逼自殺。申生的弟弟重耳，為了躲避禍害，流亡出走。在流亡期間，重耳受盡了屈辱。原來跟著他一道出奔的臣子，大多陸陸續續地各尋出路去了。只剩下少數幾個忠心耿耿的人，一直追隨著他。其中一人叫介子推。有一次，重耳餓暈了過去。介子推為了救重耳，從自己大腿上割下了一塊肉，用火烤熟了送給重耳吃。十九年後，重耳回國做了君主，這就是著名春秋五霸之一的晉文公。

晉文公執政後，對那些和他同甘共苦的臣子大加封賞，唯獨忘了介子推。有

人在晉文公面前為介子推叫屈。晉文公猛然憶起舊事，心中有愧，馬上差人去請介子推上朝受賞封官。可是，差人去了幾趟，介子推不來。晉文公只好親自去請。可是，當晉文公來到介子推家時，只見大門緊閉。介子推不願見他，已經背著老母親躲進了綿山（今山西介休市東南）。晉文公便讓他的御林軍上綿山搜索，沒有找到。於是，有人出了個主意說，不如放火燒山，三面點火，留下一方，大火起時介子推會自己走出來的。晉文公乃下令舉火燒山，孰料大火燒了三天三夜，大火熄滅後，終究不見介子推出來。上山一看，介子推母子倆抱著一棵燒焦的大柳樹已經死了。晉文公望著介子推的屍體哭拜一陣，然後安葬遺體，發現介子推脊梁緊靠著一個柳樹樹洞，洞裡好像有什麼東西。掏出一看，原來是片衣襟，上面題了一首血詩：

割肉奉君盡丹心，但願主公常清明。

柳下作鬼終不見，強似伴君作諫臣。

倘若主公心有我，憶我之時常自省。

臣在九泉心無愧，勤政清明復清明。

此後，晉國的百姓得以安居樂業，對有功不居、不圖富貴的介子推非常懷念。每逢他死的那天，大家禁用煙火來表示紀念。

2. 處世讓一步，待人寬一分

讀菜根

【原文】

處世讓一步為高，退步即進步的張本；待人寬一分是福，利人實利己的根基。

【譯文】

一個人處世和做事都要有退讓一步的態度才算高明，退一步可以說是將來進一步的準備；而待人接物要持有寬容的態度才會有福分，因為讓人家獲利實際上是將來自己獲利的基礎。

【注釋】

張本：前提，準備。

> 《觀無量壽經》：佛教經典。簡稱《觀經》。與《阿彌陀經》、《無量壽經》合稱淨土三部經。宋朝疆良耶舍譯。

悟菜根

「退一步海闊天空」，當事情發展到「山窮水盡疑無路」的地步時，與其絞盡腦汁硬撐下去，不如選擇放棄，讓自己退一步，也許當你退後再觀察那個難纏的事情時，你就會「柳暗花明又一村」。在和別人交往的過程中，有時不可避免會出現爭執和衝突，如果與原則無關，我們亦不妨採取退讓的態度，與其最後鬧到不歡而散，不如我們認輸，避免可能會傷到情誼的情況。

雖然這會讓自己暫時心情不暢，但新的轉機和更牢固的情誼卻會彌補這一切，而且你的「退一步」、「寬一分」也會贏得他人的尊敬，別人會很樂意和你

合作，為你出力，助你成功的。

你審視一下那些名人和周圍的人，你會發現：一個人，如果能擁有「處世退一步」、「待人寬一分」的態度，他肯定是一個有著極高修養和極大成功潛力的人。

講菜根

讓他三尺又何妨

清朝時的泰州之地，無論是官宦還是商賈、名流，其住宅都是極為講究的，除了有私家花園外，大小天井、東西廂房、客廳、書房、廚房俱備。當地有個風俗，就是一旦有了錢，就會為子孫後代著想，大興土木，並使住房相連，故很多大戶人家都有幾世同堂，共享天倫之樂之美稱。

那些甚為講究的住宅之間一般是一牆相隔，也有以巷子相隔的。

康熙年間，當朝人稱「張宰相」的張英的老家就在泰州，並與一個姓葉的侍郎家毗鄰而居。

這一年張家打算擴大府第，葉家也準備擴建住宅。在砌圍牆時，兩家為地界發生了爭執（泰州人素來就有「寸土必爭」的老傳統，不要說鄰里之間，就是兄弟之間為了祖業也是吵得不可開交，鬧到最終，「雞犬相聞，老死不相往來」）。張家仗著張英的權勢要葉家讓出三尺地方。鄰居葉家也並非尋常百姓，一點也不肯讓步。

張家就給張英寫信訴說此事，並希望他能依靠權勢為張家爭到這三尺地，而葉家也給葉侍郎去了信，葉侍郎看罷信後準備和張家一爭到底。

隔了不多久，張英回了信，信上說：「來信為爭三尺房，讓他三尺又何妨，萬里長城今猶在，不見當年秦始皇。」信上說得很明白，張英的家人不得不遵信所囑，在離原地界退後三尺砌上圍牆。

當葉侍郎聽家人說了張英的信和張家的舉動後，很是慚愧，不但親自去向張英賠禮道歉，還讓家人也在原

地界退後三尺砌上圍牆。

這兩道圍牆中間形成的這條巷子，就是後來無人不曉的「三尺巷」。和「三尺巷」一直被人們記住的還有心胸寬闊、不計得失的「張宰相」。

3. 無過是功，無怨即德

讀菜根

【原文】

處世不必邀功，無過便是功；與人不要感德，無怨便是德。

【譯文】

人生在世不必想方設法去求取功德，其實只要沒有過錯就算是功德；施恩於人不必渴求對方感恩戴德，只要對方不心生怨恨就算知恩圖報了。

【注釋】

邀：求取。

與人：幫助別人，施恩於人。

感德：感激他人的恩德。

> 淡泊以明志，寧靜以致遠。
> ——諸葛亮

悟菜根

真正處世高明的人，不會刻意求取功德，他們會注意自己的一言一行，盡量不出現過失。因為他們明白做好自己的事，而不給別人造成麻煩就是最好的，別人自會察覺你的高尚品德，也會記住你的功勞。但是如果一旦你犯了一點錯，給別人帶來麻煩，你之前所有的功勞都會遜色三分。

真正的給予，也絕不是小恩小惠，而是一種不圖回報的自我奉獻。假如施恩圖報，那就是出於自己的私欲而不是真正的給予。真正的給予應該是奉獻自己照亮別人，用現在的話講就是多貢獻，少索取，對不屬於自己的東西不強求，順其自然。從這個意義上講，擁有不邀功的態度就可以保持自我而不被功利所迷惑，才會把奉獻、給予當成一種崇高的道德境界來追求。

講菜根

⋮我們是朋友⋮

有兩個朋友在沙漠中旅行（我們暫且用甲和乙稱呼他們）。由於第一次沙漠旅行缺乏經驗，所以他們準備的食物和水都不是很充裕。

當旅行進行到一大半的時候，食物和水就所剩不多了，在旅途中他們為此吵了一架，甲還給了乙一記耳光，乙覺得很受辱，但卻一言不發，只是在沙子上寫下這樣一句話：「今天我的好朋友打了我一巴掌。」甲其實很後悔，卻礙於情面，不肯向乙低頭道歉。

就這樣，他們繼續向前走。終於快走出沙漠了，甲卻倒下了，這時，他們所剩的食物和水也就只夠一個人用了，乙卻沒有拋下甲，而是把甲背到肩上，一點一點往前走。

最終，乙背著甲走出了沙漠，但是兩人都住進了醫院。

甲還以為是乙拋棄了他，所以特別生氣，發誓再也不會和乙來往了。可是當家人把一切都告訴他時，他的眼眶浸滿了淚水，非要家人推著自己去看望乙，家人拗不過他，只得把他推到了乙所在的病房。

一見面，甲就問乙：「為什麼我打了你以後，你把所受的傷害寫到沙子上，而當我倒下後，你明知所剩的東西只夠維持一個人的，卻還要背上我呢？要知

道，你可能會因此和我一塊倒下的啊！」乙這時笑笑說：「當被朋友傷害時，我們要把傷害拋在腦後，因為那些傷害都是無心的，所以我把它記在沙子上，當風一起，也就隨風而去了。而對朋友，我們要盡力做到最好，不要讓朋友受傷害，對朋友的所有付出，我都是心甘情願的，為什麼我不拋棄你，就因為我們是朋友。」

說著說著，四隻手緊緊握在了一起。

是呀，朋友之間的情誼是不講回報的。在為人處事的過程中，如果一個人也能持有這樣的態度，我想這樣的人肯定是不平凡的，即使暫時處於平凡的境地，但早晚有一天會從平凡走向偉大的。

4. 偏見害心，聰明障道

讀菜根

【原文】

利欲未盡害心，意見乃害心之蟊賊；聲色未必障道，聰明乃障道之藩屏。

【譯文】

利益和欲念未必都會扼殺天性，只有偏見和邪念才是殘害心靈的毒蟲；聲色犬馬未必都會妨礙人修身養性，自作聰明才是修身悟道的最大障礙。

【注釋】

意見：本意是意思和見解，此處為偏見、邪念。

蟊（ㄇㄠˊ）賊：蟊，害蟲名，專吃禾苗，因此世人都把足以危害社會的敗類稱為蟊賊，此處當禍根解。

藩屏：原指保衛國家的重臣，此處作「最大障礙」解。

> 一切真正的和偉大的東西，都是純樸而謙遜的。
> ——別林斯基

悟菜根

人有了正確的認識或對事物有了正確的態度，才能在修身養性中注意克服主觀盲目的錯誤，不讓自己進入盲點。名利、欲望、女色等等，固然都是來自外界的引誘，是明顯有害的東西，但它們並不是一個人心不潔不正的罪魁禍首，因為這些對於一個意志堅強的人來說根本不起作用，所謂「出污泥而不染」就是這個道理。只有那些意志薄弱、態度不堅定的人才會被聲色犬馬所迷惑。這是為什麼呢？常言道「酒不醉人人自醉，色不迷人人自迷」，這句話是很有道理的。因為人的偏見和一些不好的習慣一旦根深柢固，那麼就很容易受這些偏見和不良習慣的影響而「自醉」、「自迷」。所以我們應該警惕的不是那些外界的誘惑，而是自身的弱勢和錯誤態度。

講菜根

「物」並非真因

春秋時，衛國的第十四代君主衛懿公特別喜歡鶴，整天與鶴為伴，如癡如迷，喪失了進取之志，常常不理朝政、不問民情。他還讓鶴乘高級豪華的轎子，比國家大臣所乘的還要高級。為了養鶴，每年耗費大量資財，引起大臣們的不滿，百姓們更是怨聲載道。

西元前659年，北狄部落侵入國境，衛懿公命軍隊前去抵抗。將士們氣憤地說：「既然鶴享有很高的地位和待遇，現在就讓牠去打仗吧！」懿公沒辦法，只好親自帶兵出征，與狄人戰於榮澤，由於軍心不齊，結果戰敗而死。

古人詩云之：

曾聞古訓戒禽荒，一鶴誰知便喪邦。

榮澤當時遍磷火，可能騎鶴返仙鄉？

還有一則故事：

後唐主李存勖，初登大寶之時為了替父報仇，勵精圖治，終於手刃敵酋，一時間威風八面，不可一世。「舉天下之豪傑，未有與之抗者」。但這位大英雄後來卻耽於逸樂，寵信伶人，最後只落得個國破家亡、死於非命的下場。

歷史上這樣的例子比比皆是，人們於是得出這樣一個結論：玩物喪志。

可是，「物」畢竟是外來的，如果你內心堅定，態度執著，任何「物」都無法侵蝕你的心靈，使你喪志。

5. 施不求，求無功

讀菜根

【原文】

施恩者，內不見己，外不見人，則斗粟可當萬鍾之報。利物者，計己之施，責人之報，雖百鎰難成一文之功。

【譯文】

　　施恩於人的人，若能在自己的心裡不老惦念著別人的回報，也能不在乎別人的讚美，那麼哪怕只是一斗米也可收到萬鍾的回報。幫助別人的人，不僅計較自己對人的施捨，而且要求別人有恩必報，那麼即使是付出一百鎰，也難收到一文錢的功效。

【注釋】

　　斗粟：斗是量器的名，十升為一斗。粟是古時五穀的總稱，凡未去殼的殼糧都叫粟。

　　萬鍾：鍾是古時量器名。萬鍾形容多。

　　百鎰：古時重量單位，二十四兩為一鎰。

退一步安樂法，
說三個好喜歡緣。
——宋·蘇軾

悟菜根

　　知恩圖報是中華民族的傳統美德，但在我們的現實生活中，有很多慈善家做善事，有時並不知受恩對象是誰，他們是不需要別人感恩的。一個人應該知恩圖報，正所謂滴水之恩當湧泉相報，這是受恩者的一種自覺行為。對於那些施恩者，如果給了他人一點恩惠，就天天惦記著他人什麼時候感自己的恩、還自己的情。要是他人不感自己的恩、還自己的情，就恨死對方。這就令人懷疑施恩者是別有用心。如果施恩的人有強烈的目的，那麼，這種「恩」就是沒有味道的白開水，本來很好的事情，被「索取」給破壞了。

講菜根

救一國，民不知

　　公輸班是天下有名的巧匠，他為楚國製造了一種叫做雲梯的攻城器械，楚王將要用這種器械攻打宋國。

　　墨子當時正在魯國，聽到這個消息後，立即動身，直奔楚國的都城郢，去見公輸班。

　　公輸班對墨子說：「夫子到這裡來有何見教呢？」墨子說：「北方有人侮辱我，我想借你之力殺掉他。」公輸班很不高興。墨子又說：「請允許我送你十錠黃金作為報酬。」

　　公輸班說：「我義度行事，絕不去隨意殺人。」墨子立即起身，向公輸班拜

揖說：「請聽我說，我在北方聽說你造了雲梯，並將用雲梯攻打宋國。宋國又有什麼罪過呢？楚國的土地有餘，不足的是人口。現在要為此犧牲掉本來就不足的人口，而去爭奪自己已經有餘的土地，這不能算是聰明。宋國沒有罪過而去攻打它，不能說是仁。你明白這些道理卻不去諫止，不能算作忠。如果你諫止楚王而楚王不從，就是你不強。你不殺一人而準備殺宋國的眾人，確實不是個明智的人。」公輸班聽了墨子的一席話後，深為其折服。墨子接著問道：「既然我說的是對的，你又為什麼不停止攻打宋國呢？」公輸班回答說：「不行啊！我已經答應過楚王了。」墨子說：「何不把我引見給楚王？」公輸班答應了。

於是，公輸班引墨子見了楚王，墨子說道：「假定現在有一個人在此，捨棄自己華麗貴重的彩車，卻想去偷竊鄰舍的那輛破車；捨棄自己錦繡華貴的衣服，卻想去偷竊鄰居的粗布短襖；捨棄自己的膏粱肉食，卻想去偷竊鄰居家裡的糟糠之食。大王，你認為這是個什麼樣的人呢？」楚王說：「一定是個有偷竊毛病的人。」墨子於是繼續說道：「楚國的國土，方圓五千里，宋國的國土，不過方圓五百里，兩者相比較，就像彩車與破車相比一樣。楚國有雲夢之澤，犀牛麋鹿遍野都是，長江、漢水又盛產魚鱉，是富甲天下的地方。宋國貧瘠，連所謂的野雞、野兔和小魚都沒有，這就好像粱肉與糟糠相比一樣。楚國有高大的松樹，紋理細密的梓樹，還有梗楠、樟木等等。宋國卻沒有，這就好像錦繡衣裳與粗布短襖相比一樣。由這三件事而言，大王攻打宋國，就與那個有偷竊之癖的人並無不同，我看大王攻宋不僅不能有所得，反而還要損傷大王的義。」楚王聽後說：「你說得太好了！儘管這樣，公輸班為我製造了雲梯，我一定要攻取宋國。」

鑑於楚王的固執，墨子轉向公輸班。墨子解下腰帶圍做城牆，用小木塊作為守城的器械，要與公輸班較量一番。公輸班多次設置了攻城的巧妙變化，墨子都全部成功地加以抵禦。公輸班的攻城器械已用完而攻不下城，墨子守城的方法卻還綽綽有餘，公輸班只好認輸，但是卻說：「我已經知道該用什麼方法來對付你，不過我不想說出來。」墨子也說：「我也知道你用來對付我的方法是什麼，我也是不想說出來。」楚王在一旁不知道他們兩個人到底在說什麼，忙問其故，墨子說：「公

輸班的意思不過是要殺死我，殺死了我，宋國就無人能守住城，楚國就可以放心地去攻打宋國了。可是，我已經安排我的學生禽滑釐等三百人，帶著我設計的守城器械，正在宋國的城牆上等著楚國的進攻呢！所以，即便是殺了我，也不能殺絕懂防守之道的人，楚國還是無法攻破宋國。」楚王聽後大聲說道：「說得太好了！」他不再固執地堅持攻宋，而是對墨子表示：「我不進攻宋國了。」

　　墨子成功地勸阻楚王放棄了進攻宋國的計畫，便啟程回魯國。途經宋國時，適逢天降大雨，於是想到一個閭門內避避，看守閭門的人，卻不讓他進去。殊不知，正是墨子剛剛挽救了宋國，他是宋國的恩人。

　　卡內基說過一句話：「別指望別人感激你。」因為忘記感謝是人的天性，如果你一直期望別人感恩，多半是自尋煩惱，如果想透過自己的施恩而冀求別人的報恩，那就失去了報恩的意義，同時，從施恩之日起，也為自己套上了一副精神枷鎖。

6. 不囿於己，開啟便門

讀菜根

【原文】

　　人之際遇，有齊有不齊，而能使己獨齊乎？己之情理，有順有不順，而能使人皆順乎？以此相觀對治，亦是一方便法門。

【譯文】

　　人的際遇，有相等亦有不等，又怎能要求命運給自己特別的待遇呢？自己的情緒，有順暢亦有不如意的時候，又怎能要求別人事事都順從自己的意願呢？這樣看來，若自己能夠換個角度看一下問題，也不失為領悟人生的一個良好途徑。

【注釋】

　　囿（一ㄡˋ）：有牆的園地；拘執。
　　齊：相等、相平之意。
　　情理：此處作情緒解，也就是精神狀態。
　　相觀對治：相互對照修正，治是修正。

聲色狗馬，晝夜荒淫，國計民生，罔存念慮。
　　——清·蒲松齡

方便法門：佛家語，方便有權宜之意，法門是指佛法，佛法就是人生法則，指領悟佛法的通路，因此稱為法門。

悟菜根

一個人的事業是否成功，一半靠自己的主觀努力，另一半靠客觀的機遇。就連孔子也發出「死生有命，富貴在天」的感歎，其實這並不能證明孔子是一位宿命論者，而是告訴世人當機運未到來時要看開一點。

人的精神狀態各不相同，「人心不同，各如其面」，財富、地位、健康，都直接影響人的情緒，但是這些要全部都獲得卻很難，所以不妨做個知足常樂的人，擁有一個良好健康的情緒。

在工作及日常生活中，不能因為一己的「順與不順」、「齊與不齊」來要求別人，要由別人的情緒、機遇來反觀自己，由此自己的人生、生活態度才會更端正。

講菜根

你並不是最重要的

同是一朵花擺在面前，會有「花謝花飛飛滿天，紅消香斷有誰憐」的感懷，也會有「落紅不是無情物，化作春泥更護花」的讚美。同是一輪明月掛在夜空，張若虛會吟出「江畔何人初見月，江月何年初照人」的思索，李太白會歎出「床前明月光，疑是地上霜」的鄉愁。

是啊！每個人的際遇都有所不同。在生活中，親人之間、朋友之間、鄰居之間，難免會產生隔閡；在工作中，同事之間、上下級之間，難免會產生矛盾。想要擁有和諧的生活，就需要我們在遇人遇事時，都能少一些浮躁、偏激、任性的情緒，多一些冷靜、理性、寬容的思考，特別是經常來一些「逆向思考」，我們的生活就會多一份和諧。其實，眾生平等，我們沒有必要把自己看得比別人高一等。

　　著名表演藝術家英若誠出生、成長在一個大家庭中，每次吃飯都是十幾個人圍坐在飯廳的一個大桌子旁。有一次他突發奇想，決定跟大家開個玩笑。吃飯前，他藏在飯廳的一個不被人注意的櫃子裡，想等到大家遍尋不著時再跳出來。

　　讓英若誠大為尷尬的是，大家絲毫沒有注意到他的缺席。吃過飯，大家離去後他才訕訕地走出來吃了些殘湯剩飯。自那以後，他就告訴自己：「永遠不要把自己看得太重要，否則就會大失所望。」

7. 春秋皆容，情趣方見

讀菜根

【原文】

　　學者有段兢業的心思，又要有段瀟灑的趣味。若一味斂束清苦，是有秋殺無春生，何以發育萬物？

【譯文】

　　做學問的人，不僅思考要縝密，行為要謹慎，還要心胸開闊瀟脫，凡事都不拘泥於細節，這樣才能保持生活中的趣味。如果一味約束自己，生活極端清苦，就會像只有肅殺秋天而無溫暖的春天一樣，又怎能使萬物發育、成長而至開花結果呢？

【注釋】

　　兢業：兢兢業業的簡寫。

　　斂束：收斂、約束。

玩人喪德，玩物喪志。
——《尚書·旅獒》

悟菜根

　　工作中，如果你已經付出了99％的努力，而忽略了1％的細節，也可能會導致失敗。既然細節如此重要，我們該如何注重細節呢？細節源於態度，態度決定一切。所以，要有一種端正的工作態度和敬業的精神。試想，一個不用心做事的人能關注細節嗎？顯然是不可能的。在工作中，只有用心做事，才能把事做好。只有熱愛工作，工作才能完美。

再者，注意細節但不拘泥於細節。做學問既要思考細密，行為謹慎，同時又要瀟灑脫俗。凡事都不要拘泥細節，如此才能保持生活中的情趣。生活本來是個沉重的話題，它帶給我們壓力、責任和使命，但如果我們用好的心態去面對，用寬廣的胸懷去接納，那快樂就會不期而至，伴隨左右。心態決定想法，想法決定做法，做法決定結果。享受生活，珍惜自己、善待自己。享受生活，有血有肉、有情有義。享受生活，超凡灑脫、和煦萬物。

講菜根

少了一個馬掌釘

1485年在波斯沃斯戰役中，英國國王查理三世戰敗。

國王查理三世準備拚死一戰了。里奇蒙德伯爵亨利帶領的軍隊正迎面撲來，這場戰鬥將決定誰統治英國。

戰鬥進行前的早上，查理派馬夫去備好自己喜歡的戰馬。

「快給牠釘掌！」馬夫對鐵匠說，「國王要騎著牠打頭陣呢！」

「你得等等，」鐵匠回答，「前幾天我給國王全軍的馬都釘了掌，現在我得準備馬蹄鐵。」

「我等不及了！」馬夫不耐煩地叫道：「國王的敵人正在前進，我們必須馬上前往戰場迎擊敵兵，有什麼你就用什麼吧！」

鐵匠埋頭工作，製作了四個馬掌，固定在馬蹄上，然後開始釘釘子。釘了三個馬掌後，他發現沒有釘子來釘第四個馬掌了。

「我需要花點時間打一兩個釘子，」他說。

「告訴你等不及了，」馬夫急切地說，「我聽見軍號聲了，你能不能湊合？」

「我能把馬掌釘上，但不能像其他幾個那麼牢實。」

「能不能掛住？」馬夫問。「應該能，」鐵匠回答：「但我沒有把握。」

「好吧！就這樣！」馬夫叫道：「快點，要不國王會怪罪我們倆的。」

兩軍交上了鋒，查理國王衝鋒陷陣鞭策士兵迎戰敵人。「衝啊！衝啊！」他喊著，率領部隊衝向敵陣。遠遠地，他看見戰場另一頭幾個自己的士兵退卻了。如果其他人看他們這樣，也會後退的，必須制止退卻。查理策馬揚鞭衝向那個缺口，召喚士兵掉頭戰鬥。

還沒跑到一半，一隻馬掌掉了，戰馬跌翻在地，查理也被摔到地上。國王來不及重新抓住韁繩，驚恐的畜生就跳起來逃走了。查理環顧四周，他的士兵紛紛撤退，敵人的軍隊包圍上來了。

他在空中揮舞寶劍，喊道：「一匹馬，我的國家傾覆就因為這匹馬！」

他沒有馬騎了，他的軍隊分崩離析，士兵們自顧不暇。不一會兒，敵軍擄獲了查理，戰鬥結束了。

從那時起，人們就說：

少了一個鐵釘，丟了一個馬掌，

少了一個馬掌，丟了一匹戰馬。

少了一匹戰馬，敗了一場戰役，

敗了一場戰役，失了一個國家。

所有的損失都是因為少了一個馬掌釘。

它告訴人們：有時一個小小的疏忽會帶來多麼大的災難。

$100-1=0$。而這個1就是自己沒有準備好的一個細節，雖然是吃一塹長一智，但有些事情是不能再來第二次的。也許給自己留下的是終生的遺憾。

8. 天不愛我，我自愛之

讀菜根

【原文】

天薄我以福，吾厚吾德以迓之；天勞我以形，吾逸吾心以補之；天扼我以遇，吾亨吾道以通之；天且奈我何哉？

【譯文】

上天不給我很多福分，我就多多行善培養品德來迎接這種命運；上天使我的身體勞乏，我便用安逸的心緒來保養我的身體；上天使我的生活陷於困境，我就

自己開闢道路來走出困境。能做到這些，上天還能怎樣呢？

【注釋】

迓（一ㄚˋ）：迎接。

悟菜根

魯班：
（約西元前507年—
前444年），姬姓，
公輸氏，名般。魯
國公族之後。又稱
公輸子、公輸盤、
班輸、魯般。因是
魯國（都城為今山
東曲阜）人。（一
說曲阜人，另說滕
州人），「般」和
「班」同音，古時
通用，故人們常稱
他為魯班。魯班在
機械、土木、手工
工藝等方面有所發
明。

佛教也講命運，但是有別於消極的宿命論。佛教主張諸法因緣而生，空無自性，因此命運也是因緣生法，沒有自性。壞的命運可以借著種植善因善緣而加以改變，除了慈悲能改變命運之外，修福也可以轉壞命為好命。

普賢十大願中說「懺悔業障」。懺悔也是消除業障、成長福慧、改變命運的法門。所謂「隨緣遣舊業，更莫造新殃」，誠摯懇切的懺悔能去除我們的煩惱和污垢，把原本無染的清淨自性心顯現出來，因此佛教非常注重懺悔法門，如慈悲水懺、梁皇寶懺、天台約三懺，都是歷代大德為我們敷設的方便法門。

命運既然可以因為行慈悲、培福德、修懺悔而加以改變，那麼命運並不是必然如此不可更改的。再壞的命運也能透過種種修持而加以改造。相反地，好的命運不知善加維護，也會失卻墮落，所謂「居安思危」，不能不戒懼謹慎！

講菜根

順應時勢的叔孫通

秦始皇統一中國後，網羅各路人才組成了自己的智囊團，叔孫通就是秦始皇徵召的文學博士。但其後的焚書坑儒，這個智囊團的多數成員被殺害，叔孫通卻逃過了劫難。

秦二世即位後，陳勝、吳廣造反，他召集剩下的三十個博士，問：「聽說有人造反，是嗎？」其他博士答「是」，並獻計獻策。唯獨叔孫通說：「不過是些小毛賊。郡守正在捉拿他們，不足為慮。」秦二世聽了很高興，下令追查「造謠」的博士，對叔孫通反而嘉獎。無端遭殃的博士們回到館舍後責問叔孫通。叔孫通說：「諸位不明白，我是虎口逃生啊！」

　　看見秦王朝沒有希望了，叔孫通投奔到了劉邦帳下。劉邦本是粗人，一向看不起儒生。因此叔孫通只推薦跟隨的一百多名弟子中出身強盜的健壯之人，其他未受推舉的弟子們抱怨他，叔孫通聽到後說：「漢王在冒死打天下，現在還用不到我們們讀書人。大家耐心些，會有辦法的。」

　　劉邦統一天下以後，朝政秩序混亂。劉邦深以為憂。叔孫通見時機已到，去見劉邦，建議制訂禮法規矩。劉邦立刻喝斥他：「我馬上得來的天下，你們讀書人算什麼東西？」叔孫通沒再像以前那樣畏縮，反而頂撞他：「從馬上得來的天下，可以在馬上治理嗎？」劉邦一聽有理，就請教叔孫通。叔孫通提出了制訂上朝禮儀的計畫，劉邦當即立允。

　　叔孫通用了幾個月的時間，把他規劃的「朝班」禮制演習好，請劉邦出來坐朝。準備上朝的文武百官按照官職的大小，在宮外排隊等候。宮門外立著齊整的衛士，飄著各色彩旗。傳令官發出號令，大臣們肅穆恭敬地按順序快步上殿，跪拜高呼：「吾皇萬歲萬萬歲！」劉邦見到這種氣勢，說：「我今天才知道做皇帝的威風和尊貴！」從此改變對讀書人的態度，任命叔孫通為太常，賞黃金五百兩。叔孫通的弟子也各有封賞。

9. 天之機最神，人之巧何益

讀菜根

【原文】

　　真士無心徼福，天即就無心處牖其衷；險人著意避禍，天即就著意中奪其魂。可見天之機權最神，人之智巧何益？

【譯文】

　　志節堅貞不二的君子，雖然他無心追求自己的福分，可是上天偏要在無意間開導他完成自己由衷想完成的事業；內心邪惡不正的小人，雖然他費盡心機想躲開災禍，可是上天卻在其施用詐計時來奪走他的魂魄。看來，上天的變化真是高深莫測，在它面前，人類平凡無奇的智慧又有什麼用處呢？

能夠看輕自己，是一種境界，善於看輕自己的人，不會自高自大，懂得只有努力奮鬥，才能一步一個腳印地攀登人生的高峰。

【注釋】

真士：指志節堅定的人。

徼（一ㄠ）：同「邀」，作「祈求」解。

牖（一ㄡˇ）：誘導、啟發。

機權：靈活變化。

悟菜根

「凡鳥偏從末世來，都知愛慕此生才。一從二令三人木，哭向金陵事更哀。」有人說這首詩暗示了《紅樓夢》裡王熙鳳的下場。何以見得？凡鳥即指鳳。「一從二令三人木」概括了王熙鳳出嫁後的遭際。一從，順從賈府最高統治者賈母；二令，在賈府發號施令；三人木，人木合成一個「休」字，她最終被休棄。攻於心計喜歡打小算盤的王熙鳳的下場如何呢？草席卷屍而已！巧取豪奪，逆勢而動者都沒有好下場！真應了這句「天之機權最神，人之智巧何益」啊！

講菜根

謀事在人，成事在天

五丈原位於寶雞市岐山縣境內，東距西安一百三十公里，西距寶雞五十六公里，北距岐山縣城二十五公里。高二十餘公尺，面積約十二平方公里，五丈原南依棋盤山，北臨渭河，東西兩面為河流沖積而成的深溝，地勢險要。三國時期，諸葛亮屯兵五丈原與司馬懿對陣，後積勞成疾病死在五丈原，五丈原由此聞名於世。它是三國時諸葛亮最後一個戰場。

西元234年，諸葛亮率兵進駐五丈原。初來乍到，糧草不濟，先屯田練兵，待機伐魏。魏將司馬懿深知諸葛亮神機妙算，不敢貿然出兵。雙方在五丈原相持百天不戰，諸葛亮不得不引誘魏兵入葫蘆溝作戰，並放火燒斷谷口，欲大敗魏將司馬懿，未料一場大雨，魏軍死裡逃生。諸葛亮不禁仰天長歎：「謀事在人，成事在天。」

同年秋天，諸葛亮病死軍中，蜀軍敗退。當司馬懿進兵諸葛亮指揮作戰的地方時，看到蜀軍陣地之險要，驚歎道：「天下奇才也。」

「命裡有時終需有，命裡無時莫強求」，諸葛亮能祭東風，卻終究無法祭七星燈延年益壽，實現一生的凤願！

自 省

1. 坐於靜深，心見真妄

讀菜根

【原文】

夜深人靜獨坐觀心，始覺妄窮而真獨露，每於此中得大機趣；既覺真現而妄難逃，又於此中得大慚忸。

【譯文】

夜幕低垂，萬籟俱寂時，獨自靜坐觀察內心時，你會發現自己的妄念全都剝落而真心完全顯現，當此真心顯現之際，就會頓覺精神舒暢，體味到身心自在的細微美好的境界；然而雖已覺察到真心，但偏偏妄念難消，於是心中就會感覺不安，在此中產生悔悟繼而改過向善的意念。

【注釋】

觀心：佛家語，指觀察一切事物，此處當「自我反省」解。

妄窮而真獨露：妄，妄見。佛教認為一切事物皆非真有，肯定存在就是妄見。真，真境，脫離妄見所達到的涅槃境界。此處是比喻人應排除雜念。

機趣：機是極細緻，趣可作「境地」解。即隱微的境地。

大慚忸（ㄋㄧㄡˇ）：慚忸是羞愧，大慚忸是很慚愧。

悟菜根

作者講真心、妄心，那麼，妄心和真心是何所指呢？所謂真心，就如同水底珍石，光潔潤滑，沒一點雜物遮掩。所謂妄心，就如同漂浮水上的雜物，把珍石掩而不可見。然而妄心和真心的

為人有大志，不修細節。

——《後漢書·班超傳》

關係並不是像水底的珍石和漂流的雜物一樣有著明顯的分離，因為真妄本一體，互不分離，猶如水澄清如鏡時，映射萬物而不藏，這就是真心突顯之時；反之水波起伏不定，這就是妄心突顯之時。所以我們常說聖人之心「靜如止水」，只因凡夫之心對外界事物易起妄念，以致喪失本真之心。

現實生活中，我們總是不停地忙碌，卻還是無法獲得滿足，這就是我們缺乏自省，很少審查自己真心的緣故。所以勸告大家還是多些心靜，少些欲念，同時經常進行自我反省，修身養性。那麼就會多些快樂，少些煩惱。

講菜根

自省帶來勝利

很多年以前，在以色列國土上某次戰爭中，德國率兵入侵一個猶太人居住的地方，雖然當地的猶太首領頑強抵抗，但最終還是被擊敗了。

可是他的屬下都很不服氣，堅持要繼續打到底，但是這位猶太人首領說：「不用了，我的兵比他多，地也比他大，卻被他打敗了，這就說明我的德性肯定不如德軍的那位首領，帶兵的方式也不如他。從現在起，我一定要刻苦地把這些缺點都改正過來。」

從這個事件以後，這位猶太首領每天很早就起床工作，吃的是粗茶淡飯，對百姓非常照顧，只要是有才能的人都任用，尊敬有品德的人。過了一年，當兩軍再次交戰的時候，這位猶太人首領打敗了德軍。

對於自我反省，猶太人曾經說過這樣的話：「一個人每天都要自我反省三次，人只有不停地透過反思和自我反省，方能不迷失，方能提升自我。」

反省，是一種最美好的習慣，只有常常反省的人才會進步。

詩人海涅說：「反省是一面鏡子，它能將我們的錯誤清楚地照出來，使我們有改正的機會。」

白朗寧也說：「能夠反躬自省的人，就一定不是庸俗的人。」

2. 慎功名，悔孽行

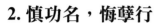

讀菜根

【原文】

蓋世的功勞，當不得一個「矜」字；彌天的罪過，當不得一個「悔」字。

【譯文】

再大的豐功偉績，也抵不過一個「矜」字所產生的銷蝕效果，因為居功自傲便可能功名盡失；滔天的錯誤罪過，也擋不過一個「悔」字所引發的抵銷力量，因為只要真心懺悔，就能獲得他人的寬恕。

【注釋】

彌天：滿天、滔天之意。喻指事或物極大。

悟菜根

古人所說「一將功成萬骨枯」，可見任何豐功偉績並不是憑一人之力所能建立的，都需要無數人一起拋頭顱灑熱血才能完成，不管是功臣還是常人，把一世功勞都占為己有，那他早晚有一天會從高位上摔下來。其實，昨天的功勞只能代表過去，我們大可不必一直緊緊守著，那樣不僅影響自己的發展，說不定還會為自己帶來傷害。

有句佛語說道：「罪性本空由心造，心若滅時罪亦亡，心亡罪滅兩俱空，是則名為真懺悔。」所以一個人的行善與作惡有時在於一念之間，即使犯下滔天大禍，假如能徹底懺悔，洗心革面重新做人，邪念就會全消，罪孽也可能灰飛煙滅。這也就是佛語所言的「放下屠刀，立地成佛」。

一個人應該經常自省，以察自己是否「居功自傲」了，是否造下了罪孽，沒有這些行為很好，有了就要注意「慎」功、「悔」行了。

> 天下難事，必做於易；天下大事，必做於細。
>
> ——老子

講菜根

居功不傲全功名

在中國的歷史上，匈奴一直是讓歷代朝廷都很頭疼的問題。

漢武帝年間，匈奴右賢王不斷地從代郡、定襄（今內蒙古和林格爾）入侵，但這些圖謀都在漢朝廷的堅決反擊下失敗了。

西元前125年，匈奴分兵大舉侵入代郡、定襄、上郡，殺掠了幾千人。第二年春天，漢朝派衛青統領六將軍，帶領十餘萬人，從新根據地朔方進行反攻。

據《史記》記載「青將三萬騎出高闕，衛尉蘇建為遊擊將軍，左內史李沮為強弩將軍，太僕公孫賀為騎將軍，代相李蔡為輕車將軍，皆領屬車騎將軍，俱出朔方。」衛青這次採用夜襲的手段，命令部隊馬不停蹄，兵不卸甲，長途出塞六百餘里，出其不意，閃擊匈奴右賢王部。

匈奴右賢王認為漢軍離得很遠，一時不可能來到，正在帳中擁著美妾，暢飲美酒。忽聽帳外殺聲震天，火光遍野，右賢王驚慌失措，倉惶中忙把美妾抱上馬，帶了幾百壯騎，突出重圍，向北逃去。漢朝輕騎校尉郭成等向北追趕了幾百里，擄獲匈奴裨王（小王）十餘人，男女一萬五千人，牲畜數十萬餘頭。漢軍大獲全勝，凱旋而歸。

當漢軍回到邊關的時候，漢武帝派使者捧著印信，在軍中拜衛青為大將軍，加封食邑八千七百戶，所有將領都歸他指揮。衛青的三個兒子都還在繈褓之中，也被漢武帝封為列侯。衛青非常謙虛，堅決推辭說：「微臣有幸待罪軍中，仰仗陛下的神靈，使得我軍獲得勝利，這全是將士們拚死奮戰的功勞。陛下已加封了我的食邑，我的兒子年紀尚幼，毫無功勞，陛下卻分割土地，封他們為侯，這樣是不能鼓勵將士奮力作戰的，他們三人怎敢接受封賞。」

衛青將榮譽歸功於皇帝和諸將士，此舉讓他在皇帝面前和將士中樹立了同甘共苦的形象，也是衛青之所以為一代名將的重要因素。漢武帝隨後又封賞了隨從衛青作戰的將領。

其實衛青是一位頗具傳奇色彩的歷史人物：從一個遭人嫌棄飽受欺凌的侯府女僕私生子到抗擊匈奴、開疆拓土、戰功赫赫的大將軍；從公主的騎奴到公主的丈夫，權傾朝野，位極人臣。但他卻能得以善終，這完全歸因於他能做到居功不傲，小心謹慎。

3. 昭昭無禍，冥冥不罪

讀菜根

【原文】

肝受病則目不能視，腎受病則耳不能聽。病受於人所不見，必發於人所共見。故君子欲無得罪於昭昭，必先無得罪於冥冥。

【譯文】

肝臟患上疾病，眼睛就看不清；腎臟染上疾病，耳朵就聽不清。疾病雖然生在人們所看不見的地方，但其症狀必然外現於人們所都能看見的地方。所以君子要想顯著處沒有過錯，必須先在不被人關注的細微處無過錯。

【注釋】

昭昭：顯著，明顯可見，公開場合。
冥冥：昏暗不明，隱蔽場所。

悟菜根

「白日不做虧心事，夜晚不怕鬼敲門」，問心無愧，正是說明人欲無錯、無禍於世，不能只是外表的完善，關鍵是內心不可起為禍的念想。「紙包不住火」，不要以為黑暗可以成為罪惡的溫床，所謂「天網恢恢，疏而不漏」，你又怎能逃脫呢？即使你逃脫，你又如何逃脫良心的譴責呢？所以儒家教人修養品德，必須從慎獨功夫做起。所謂慎獨，就是指在別人看不見聽不到的情況下，也絕對不做任何見不得人的壞事。俗話說得好，「要想人不知，除非己莫為」。想要慎獨，最好日日自省，不讓自己的作

叔孫通：
（？—約西元前194）
，又名叔孫何，西漢初期儒家學者，漢族，舊魯地薛（今山東棗莊薛城北）人。曾協助漢高祖制訂漢朝的宮廷禮儀，先後出任太常及太子太傅。

禍念頭有萌發的機會。

講菜根

天知，地也知

漢安帝時，楊震受任為東萊郡（轄今山東半島大部）太守，赴任途中經過昌邑縣（今巨野縣南），縣令王密迎謁。王原先受楊舉薦，對楊感恩戴德，念念不忘，總想報答他，心想這回總算有了機會。

夜裡，王密懷藏十斤黃金，悄悄來到楊震住處，雙手奉上。楊震不看金子，笑問王密：「我們倆也算得上老朋友了，我很了解你，可你卻不了解我，這是為什麼呀？」王密急忙聲明金子是自家物，絕非貪賄所得，敬奉老先生也只為聊表寸心，並說：「現在深更半夜，這事根本無人知道。」楊震不怒自威，一字一句地說：「天知、地知、我知、你知，怎能說是無人知道！」王密彷彿突遭迎頭棒喝，頓時清醒過來，羞得無地自容，連聲感謝楊震的教誨，收起黃金離去。

後來，「四知」太守的故事不脛而走，風傳海內。

當我們在做不可為人知的事時，不妨暫停一下，想想事情真的曝露了，自己會得到什麼樣的下場，我們內心燃起的罪惡火焰就會熄滅。

4. 明心青天，暗念厲鬼

讀菜根

【原文】

心體光明，暗室中有青天；念頭暗昧，白日下有厲鬼。

蜀相
——唐·杜甫
丞相祠堂何處尋，
錦官城外柏森森。
映階碧草自春色，
隔葉黃鸝空好音。
三顧頻煩天下計，
兩朝開濟老臣心。
出師未捷身先死，
長使英雄淚滿襟。

【譯文】

一個人，若心靈光明坦蕩，那他即使處在黑暗世界，也能看到朗朗青天。一個人，若邪念歪思不斷，那他即使生活在光天化日之下，也會像面對惡鬼一般終日膽戰心驚。

【注釋】

心體：指思想。

暗室：隱祕不為他人所見的地方。

暗昧：不光明叫昧。指想法見不得人。

悟菜根

君子坦蕩蕩，小人常戚戚。「心體光明」自會日日坦蕩，良心也如一個溫柔舒服的枕頭；「念頭暗昧」就會終日戚戚，良心也會和一個堅硬不適的枕頭一般。

一個擁有高尚品德的人，他的內心首先應該是正直的，念頭也應該是光明的。當我們擁有了一顆乾淨、光明的心，不僅品德會自然散發光華，外界的一切在進入我們內心時，我們也都會只接受那些自然健康的，而把那些會形成心靈陰影的東西拒之心門之外。同時，無論我們身處何種境況，我們都會發現生活的美好，堅信人生的美麗而不輕易動搖自己的決心，這樣我們就會更加容易接近真理和成功。

所以，我們要注意修省，不讓私欲萌生，讓心時時光明，如此我們遇事才會循正道而行，做事也自能公平合理。

講菜根

佛與牛糞

蘇東坡和佛印和尚是很好的朋友，二人經常坐到一塊談文論禪。

有一天，兩人在一起坐著打禪。

一會兒功夫，蘇東坡睜開眼問佛印：「你看我坐禪的樣子像什麼？」

佛印看了看他，頻頻點頭稱讚：「嗯！你像一尊高貴的佛。」

蘇東坡暗自竊喜。佛印也反問道：「那你看我像什麼呢？」

蘇東坡故意氣佛印：「我看你簡直像一堆牛糞。」佛印居然微微一笑，沒有提出任何反駁。

回到家中，蘇東坡得意地告訴他的妹妹：「今天佛印被我好好地修理了一番。」

當蘇小妹聽了事情原委後，反而笑了出來。蘇東坡好奇地問道：「有什麼好笑的？」

「人家佛印和尚心中有佛，所以看你如佛；而你心中有糞，所以看人如糞，其實輸的是你呀！」

蘇東坡這才恍然大悟。

如果我們心中有「佛」，我們自會看別人像佛，同理，如果我們心中一片陽光，我們自會眼前皆是陽光，不然，哪怕陽光刺眼，我們的心也會一片黑暗。

5. 一絲貪念，萬劫不復

讀菜根

【原文】

人只一念貪私，便銷剛為柔，塞智為昏，變恩為慘，染潔為汙，壞了一生人品。故古人以不貪為寶，所以度越一世。

【譯文】

觀心
——冀自珍
結習真難盡，
觀心屏見聞。
燒香僧出定，
話夢鬼論文。
幽緒不可食，
新詩如亂雲。
魯陽戈縱挽，
萬慮亦紛紛。

一絲私貪的念頭，就可以使一個人原本正直的性格變得很猥瑣，聰明的大腦變得昏庸，慈悲的心腸變得殘酷，純潔的人格變得污穢，從而毀了一生的品行。所以，古代聖賢把「不貪」二字作為修身之本，唯有此才能超越物欲，度過磊落的一生。

【注釋】

一念：一剎那所起的念頭。

度越：超越的意思。

悟菜根

貪乃萬惡之源。殷紂以酒為池，以肉為林，為長夜之飲，這僅僅是傳說而已。而滿漢全席則是名不虛傳。滿漢全席興起於清代，分為六宴，均以清宮著名大宴命名。彙集滿漢眾多名饌，擇取時鮮海錯，搜尋山珍異獸。全席計有冷葷熱餚一百九十六品，點心茶食一百二十四品，餚饌三百二十品。合用全套粉彩萬壽餐具，配以銀器，富貴華麗，用餐環境古雅莊隆。席間專請名師奏古樂伴宴，令客人流連忘返。

　　可是，生活一旦荒淫腐化、極端奢侈、墜入貪淵，就會為禍害埋下種子。所以，古人在修身養性時，十分注重自省，不讓貪念有萌發的機會，以此來求得一世清名。

🌱 講菜根

看你貪不貪

　　吳隱之，東晉末年曾任龍驤將軍、廣州刺史，後調至京城，做過掌管司法、刑獄的大官，據說與當時的丞相官位只差兩級。

　　相傳，吳隱之告老還鄉之後，曾有一樁心願，就是到泰山岱廟天祝殿敬上一次頭炷香，以表對東嶽大帝的虔誠之心。可他趕早去了兩次，岱廟裡都是香火滿案。第三日子時，吳隱之又趕去敬香，依然滿案香火繚繞。誦經道人告訴他，今早並無其他人進殿呀！這就奇了，吳隱之來來回回在殿中走動，靜聽皮靴「逕逕」作響。他忽然省悟，以為神靈厭惡殺生，尤其是宰殺役牛、剝皮製靴。吳隱之對神像默念道：「明日弟子換穿布靴早早前來，當受弟子頭炷香。」

　　翌日，吳隱之穿了布靴再次進殿，果然得進頭炷香。敬畢香，吳隱之轉眼望見殿前那面牛皮大鼓，心中頓感不平，他生性耿直，便對神像說：「東嶽大帝呀，您處事太不公平了！弟子穿了一雙牛皮靴您就耿耿於懷，可您殿前那面牛皮大鼓，在您眼前日日擂響，您卻無動於衷，這是為何？」

　　那東嶽大帝被問得面紅耳赤，尷尬萬分，心中不免對這個吳隱之懷恨不已，立即吩咐門神王令官：「這個狂徒實在可惡，竟敢頂撞本神，氣煞我也！著爾跟隨此人，暗中窺探，看看是不是徒有清廉之名，若有不法之事，先斬後奏，欽此！」王令官接旨，原以為此事容易得很。時值東晉末年，朝堂昏亂，世風日下，官員不法之事隨處可見，這個告老還鄉的吳隱之應也難以免俗，不消幾日即可揪著他的把柄，一鐧結果性命，回殿復旨就是。

　　卻說吳隱之拜過東嶽大帝，帶著家眷、僕人回老家沂州。這日，行至克州界，克州太守丁大人與吳隱之是同窗好友，吳公自然不會越門而過不加探望，

遂入兗州府敘舊。老友相見，丁大人歡喜不已，吩咐快備家宴為吳公接風洗塵。

臨別，丁大人握著吳隱之的手說：「小弟仰慕吳公一世清廉之名，無以為送，丁某挑選四名伶俐女子，能歌善舞，送與仁兄和嫂夫人使喚，聊解清寂苦悶吧……」

那王令官跟隨吳隱之日久，見此情景不由竊喜，暗道：「這四個妙齡女郎，個個色藝雙絕呀！這般精妙禮品，看你受用不受用。只要你接納，我就一鐧下去，砸你個腦漿四濺！」

不想，吳隱之淡然一笑，對丁大人說：「感謝賢弟美意，無奈隱之老朽，只圖鄉野之間清逸安閒，再說這般色藝俱佳的女子，僻野之地也難以養得起呀！賢弟還是把她們遣送回鄉，各覓如意郎君，安居樂業是了……」

惜別兗州太守，兩匹快馬、幾乘輕便小轎曉行夜宿，這日忽遇一條寬闊大河，吳隱之他們只好轉乘舟船。船至河中，未曾想出了變故，原先微波不驚的河面忽然間風急浪高，艄公使盡平生之力，那大船直打轉，紋絲不動。吳隱之思忖再三，沉吟道：「老夫為官之初，曾於廣州石門裡飲下貪泉之水，並賦詩銘志，為官數十載，恪盡職守，勤政為民，今番辭官回鄉，並未有蠅營狗苟、齷齪之舉，船行河中何以興風作浪呢？莫非同船的僕人、家眷之中有什麼不法之事？」

這樣一想，吳隱之便一一查詢起來，僕人們都說：「大伯家法嚴屬，小人絕不敢背著您和夫人胡來。」這時，吳夫人說出了這樣一樁事：自京城啟程，夫人路過東平縣時，那縣令是吳夫人娘家的堂弟，多年未見，臨別前堂弟媳執意送了她一個沉香扇墜，夫人推辭不過，以為是自家人贈送小禮品，這樣的小事不用與大伯說，就收下了。誰想到天意難違，竟出現這遭蹊蹺之事……吳隱之為了這點事動了怒，命夫人取了那沉香扇墜，投入翻湧的波濤之中。說來奇了，先前波濤洶湧的河面頓時風平浪靜，那隻大船如箭般駛向彼岸。

「唉，這番功夫又是瞎子點燈——白費蠟，只待他回鄉之後，再細細查究了！」王令官面對此情此景，不免垂頭喪氣。

卻說這位出身貧寒的吳公回鄉之後，深知百姓的冷暖疾苦，回鄉的第二年就捐獻大半家資，組織四鄉民眾開挖河渠，興修水利，深受當地百姓、官員稱誦。東嶽大帝殿前那位門神王令官，跟了吳隱之整整三年，竟一無所獲，無論他怎樣雞蛋裡挑骨頭，就是抓不到吳公半點把柄，實在難以下手。

不過，機會還是讓王令官等到了。這年夏天，酷暑難當，吳隱之乘了二人小轎去訪友，途中勞頓，尋得一片柳林乘涼小憩。吳隱之焦渴難耐，轎夫趕緊去找

水解渴。他們見林子旁邊有片瓜田，便悄悄摸進瓜田，偷摘了幾個甜瓜回來，先送上一個熟透的瓜給老爺解渴。吳隱之接過圓滾滾的甜瓜，縷縷清香隨風飄過，直鑽鼻孔，忍不住往嘴邊送去⋯⋯

那王令官看在眼裡，喜在心頭，暗想：「嘿嘿，無人摘瓜即盜也！只要你吳老兒咬了瓜，我立刻就舉報你，趕緊回去交差。唉，這個差事可苦煞了我，整整跟了你三年，這回總算可以結束了！」王令官高高舉起那把鋥亮亮的鐵鐧，運足蠻力，隨時準備狠砸下去⋯⋯

就在這節骨眼上，吳隱之那拿瓜的手卻又縮了回來。只見他強咽了下幾已乾澀的口水，盤問起轎夫來了：「爾等這瓜是路邊買的，還是地裡摘的？」

兩個轎夫怯怯地答：「是地裡摘的。」

「摘來的瓜可曾付錢，付了多少啊？」見兩個轎夫不語，吳隱之明白了，便語重心長數叨起來：「農夫種瓜苦，汗滴瓜下土啊！怎麼能忍心去偷呢？實在太不應該了！爾等快去瓜棚，按市價留下瓜錢，如若看瓜人在，誠心誠意跟人家賠禮道歉就是！不然的話，非但不能吃瓜，你們還要吃板子哩！」

那個王令官收了鐵鐧，像洩了氣的皮球。他不願再這麼苦等苦熬下去，只好垂頭喪氣地回泰山岱廟復命去了。

6. 心若無邪，世界亦正

📖 讀菜根

【原文】

此心常看得圓滿，天下自無缺陷之世界；此心常放得寬平，天下自無險側之人情。

【譯文】

內心把世間萬物看得很美好，天下自然也就是毫無缺陷的世界；內心經常處於寬容、公平的狀態，天下自然也就無邪惡不正之情了。

矜功不立，虛願不至。
——《戰國策·齊策四》

【注釋】

險側：邪惡不正。

悟菜根

法國雕塑家羅丹說：「美到處都有，對於我們的眼睛不是缺少美，而是缺少發現。」「大漠孤煙直，長河落日圓」，是自然之美；「憂國憂民，興利除弊」，是社會之美；「詩詞歌賦，琴棋書畫」，是藝術之美。但是你如果缺少發現美的能力，沒有尋找美的眼睛，沒有聆聽美的耳朵，沒有感受美的心靈，那麼，你面對「斷臂維納斯」只能瞠目而視，聆聽「春江花月夜」只會覺得索然無味，置身於蘇州園林也難以領略其中佳妙。作為一個讀者，哪怕你捧讀一篇課文，也難以領悟其中氣象萬千的自然美、異彩紛呈的藝術美和琳琅滿目的生活美。

因此，要想在生活中獲得美，首先要具備一顆赤子之心、美的心，才會感受到天地間無處不在的美和善。

講菜根

世界是自己的

有個人天天鬱鬱寡歡，獨來獨往，他覺得孤獨，卻又畏懼世間的險惡、人情的不測而不敢與人交往。

所以，他每天都祈禱上帝給他一個完美的世界。有一天，上帝實在忍不住了，就決定讓他明白一個道理。

於是，上帝來到了他身邊，找他談心。剛開始，那人完全不想理睬上帝，但上帝沒有放棄，並每天堅持與他打招呼，表明想和他做朋友的想法，儘管他不作聲。一天、兩天……一個星期、兩個星期……

轉眼一個月過去。這天下午，他們像往常一樣又見面了，上帝正準備和他打招呼，他卻開了口：「你好！」上帝很是驚訝，他竟然主動跟自己打招呼了，於是上帝趁機邀他去喝杯茶，他竟欣然應允了。

出乎上帝的預料，他其實很有魅力，連上帝自己都被他吸引住了。他們談了很久，上帝也明白了此人孤獨的癥結所在。

時間長了，他們成了無話不談的好朋友。他也一天天開朗起來了，心裡的陰暗也被陽光一點一點趕出去了。有一天，他終於不再向上帝祈禱了，上帝此時欣慰地笑了。

那晚，上帝進入他的夢境，對他說：「你現在應該明白自己以前為何那麼鬱鬱寡歡了吧？」

那人猛地醒來，自語道：「我以前太不自信了，總覺得所有人都看不起自己，自己就是一個另類，一個怪胎，沒有人願意與自己接觸，覺得自己很無能，什麼都學不會，什麼都做不好！所以沒有勇氣面對自己，更沒有勇氣面對大家，也就選擇了逃避，選擇自我封閉，導致大家都不理解我，並以我看自己的眼光看待我啊！」

這個故事證明了一句西方格言：「別人是以你看待自己的眼光看待你！」

不是嗎？一個從容的人，感受到的多是平和的目光；一個自卑的人，感受到的多是歧視的目光；一個和善的人，感受到的多是友好的目光；一個叛逆的人，感受到的多是挑釁的目光！

7. 自適其性，悠然自得

讀菜根

【原文】

峨冠大帶之士，一旦睹輕蓑小笠飄飄然逸也，未必不動其咨嗟；長筵廣席之豪，一旦遇疏簾淨几悠悠焉靜也，未必不增其綣戀。人奈何驅以火牛，誘以風馬，而不思自適其性哉？

【譯文】

一個身穿蟒袍玉帶的達官貴人，一旦看到身穿蓑衣頭戴斗笠的逸士飄飄然一派安逸的樣子，難免會發出羨慕的感慨；一個經常在富門豪筵間穿梭的人，一旦碰到安然悠閒過著清淨樸素生活的人，心中不由得產生眷戀之情。高官厚祿與富貴榮華既然並不足貴，世人為什麼還要費盡心機去追逐，為什麼不思索如何去過

那種悠然自適、適合本性的生活呢？

【注釋】

小人閒居為不善，
無所不至，見君子
而後厭然，掩其不
善，而著其善。人
之視己，如見其肺
肝然，則何益矣？
此謂誠於中，形於
外，故君子必慎其
獨也。
　　——《大學》

峨冠大帶：峨是高，冠是帽，大帶是寬幅之帶，峨冠大帶是古代高官所穿朝服。

輕蓑小笠：蓑，用草或蓑葉編製的雨衣。笠是用竹皮或竹葉編成用來遮日或遮雨的用具。比喻平民百姓的衣著。

咨嗟：讚歎、感歎。

長筵廣席：形容宴客場面的奢侈豪華。

火牛：此處比喻放縱欲望追逐富貴。

風馬：發情的馬，此處比喻欲望。

悟菜根

人總是很矛盾，過著一種生活又渴望另一種生活。

這時就要看我們內心真正的需求了，如果我們是「不識廬山真面目，只緣身在此山中」，那麼我們就應該學著發現生活的樂趣，給看似單調乏味的生活增添一些色彩。如果我們是真的膩煩了這種生活，那麼不妨換一種生活。有時改變一些對我們的身心和生活都是有好處的。

講菜根

曬太陽的時間

一個富翁去海邊度假，在沙灘上曬太陽，恰巧遇到一位躺在沙灘上曬太陽的老漁夫。

那漁夫只是懶懶地曬著太陽，但他的漁船魚簍都是空空的。於是富翁就勸漁夫說：「你趁著天氣晴好，趕快下海去打魚吧！打到很多魚你就可以有錢買條大一點的漁船，之後你再慢慢累積，你就有錢了。」

漁夫：「然後呢？」

富翁：「你有了錢以後就可以去旅行了，你就可以悠閒地在海灘上曬太陽啦！」

漁夫懶懶地翻了個身，對富翁說：「你看我現在不也在很舒服地曬著太陽

嗎？雖然我比你窮，但此時得到的太陽光也一點不少啊！為什麼還要這時候下海呢？」

富翁無言以對。

我紀錄下這個故事，不是為了批判富翁和漁夫之中的任一個，而是想告訴讀者朋友，選擇什麼樣的生活都可以，只要你用心對待每一天，沒有所謂的對與錯。

8. 靜閒淡間，觀心證道

讀菜根

【原文】

靜中念慮澄澈，見心之真體；閒中氣象從容，識心之真機；淡中意趣沖夷，得心之真味。觀心證道，無如此三者。

【譯文】

一個人靜處的時候，念頭便清澈明亮，這時也才能看見人心的真面目；清閒的時候，人的器度便沉著從容，這時也才能認識人心的真想法；淡泊寡欲的時候，意趣便清靜平和，這時也才能看出人心的真趣味。人們要想反省自己的內心，覺悟世間道理，都不能脫離這三種境界。

【注釋】

澄澈：河水清澈見底。
真體：人性的真正本源。
沖夷：沖是謙虛、淡泊，夷是夷通、和順、和樂。

悟菜根

人生在世，總不免被世俗的喧囂所騷擾，也不免厭倦為了名利所進行的勾心鬥角。於是，渴望能避開世俗的繁華，避開紅塵的喧囂，讓自己的心靈得到片刻的休息，這也許就是所謂的「和自己相處」吧。

楊震：
（西元59年—124年），字伯起，東漢弘農華陰人。他出身名門，八世祖楊喜，在漢高祖時因誅殺項羽有功，被封為「赤泉侯」。

和自己相處也是一種心境。學會了獨處，便能浮生出淡泊。也只有在靜、閒、淡中的心之真體、真機、真味，才能對世上的一切大徹大悟。

講菜根

心靜自得

有時候，「靜」真的有一股魔力。

一個富有的農夫在巡視穀倉時，不慎將一隻名貴的手錶遺失在穀倉裡，他在偌大的穀倉內遍尋不獲，便向附近的小孩發出懸賞：誰能找到手錶，就給他五十美元。

孩子們在重賞之下，無不賣力地四處翻找，但是穀倉內到處都是成堆的穀粒、散置的稻草，要在這當中找尋一隻小小的手錶，實在是大海撈針。孩子們忙

到太陽下山仍無所獲，一個接著一個放棄了五十美元的誘惑，回家吃飯去了。只有一個貧窮的小孩，在眾人離開之後仍不死心，努力地找著那隻手錶，希望能在天黑之前找到它，得到那筆賞金。

穀倉中慢慢變得漆黑，小孩雖然害怕但仍不願意放棄，手不停地摸索著。突然穀倉中出現一個奇特的聲音，「滴答、滴答」，那聲音不停地響著。小孩登時停下所有動作，穀倉裡安靜下來，滴答聲也聽得更加清晰。小孩循著聲音，終於在漆黑的穀倉中找到了那隻名貴手錶。

我想如果你的內心靜下來，你就能得到你想要的。

慎　行

1. 勿上欲路，勿止理路

讀菜根

【原文】

欲路上事，毋樂其便而姑為染指，一染指便深入萬仞；理路上事，毋憚其難而稍為退步，一退步便遠隔千山。

【譯文】

欲望方面的事，不能一時貪圖其便利而姑息為之，一旦沾染上，就會墜入萬丈深淵；真理方面的事，不能由於存在困難而產生退縮的念頭，一旦退縮，就會和真理隔千山萬水。

【注釋】

欲路：泛指欲念、情欲、欲望，也就是佛家所說的「五欲煩惱」的意思。
染指：比喻分得不應得的利益。
仞：古時以八尺為一仞。
理路：泛指義理、真理、道理。

悟菜根

這世上最難填滿的就是人的欲望，最易動搖的就是人不堅的信念。可能，在大的與身心利害相關的方面，人們能有很高的警惕，但當龐然之物化作一點一滴的侵蝕時，人們就往往會失去警惕，不注意自己的行為，然後慢慢墜入欲壑。

這就像民間那句俗話所說的「大雨濕衣裳，小雨空驚慌」。

愛財曰貪，愛食曰婪。
——《楚辭·離騷》

有一個實驗也能說明這個問題。把一隻青蛙冷不防扔進滾燙的油鍋裡，青蛙能出人意料地一躍而出，逃離陷境。然後重新把同一隻青蛙放在逐漸加熱的湯鍋裡，初時牠感到舒服愜意，以致一旦意識到危險來臨時卻欲躍乏力，最終葬身鍋底。由這個實驗我們可以看出，青蛙對眼前的危險反應敏感，對還沒有到來的危險卻反應遲鈍。我們人類又何嘗不是如此呢？

講菜根

真理至上

他出生於義大利那不勒斯附近的諾拉鎮。大概由於他幼年喪失父母，或者是家境貧寒，他依靠神父們收養長大。這個窮孩子自幼好學，十五歲那年當了多米尼修道院的修道士。全憑頑強自學，終於成為當時知識淵博的學者。

這位勤奮好學、大膽而勇敢的青年人，一接觸到哥白尼的《天體運行論》，便立刻激起了他火一般的熱情。從此，他便摒棄宗教思想，只承認科學真理，並為之奮鬥終生。

他信奉哥白尼學說，所以成了宗教的叛逆，被指控為異教徒並革除了他的教籍。西元1576年，年僅二十八歲的他不得不逃出修道院，並且長期漂流在瑞士、法國、英國和德國等國家，他四海為家，在日內瓦、圖盧茲、巴黎、倫敦、維登

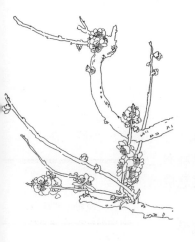

堡和其他許多城市都居住過。儘管如此，他仍然始終不渝地宣傳科學真理。他到處作演講、寫文章，還時常出席一些大學的辯論會，用他的筆和舌毫無畏懼地積極頌揚哥白尼學說，無情地抨擊官方經院哲學的陳腐教條。

他的專業不是天文學也不是數學，但他卻以超人的預見力大大豐富和發展了哥白尼學說。他在《論無限、宇宙及世界》這本書當中，提出了宇宙無限的思想，他認為宇宙是統一的、物質的、無限的和永恆的。在太陽系以外還有無數的天體世界。人類所看到的只是無限宇宙中極為渺小的一部分，地球只不過是無限宇宙中一粒小小的塵埃。

他進而指出，千千萬萬顆恆星都是如同太陽那樣巨大而熾熱的星辰，這些星辰都以巨大的速度向四面八方

疾馳不息。它們的周圍也有許多像我們地球這樣的行星，行星周圍又有許多衛星。生命不僅在我們的地球上有，也可能存在於那些人們看不到的遙遠的行星上……

　　他以勇敢的一擊，將束縛人們思想達幾千年之久的「球殼」搗得粉碎。他的卓越思想使與他同時代的人感到茫然，為之驚愕！一般人認為他的思想簡直是「駭人聽聞」。甚至連那個時代被尊為「天空立法者」的天文學家開普勒也無法接受，開普勒在閱讀他的著作時感到一陣陣頭暈目眩！

　　他在天主教會的眼裡，是極端有害的「異端」和十惡不赦的敵人。他們施展狡詐的陰謀詭計，收買他的朋友，將他誘騙回國，並於西元1592年5月23日逮捕了他，把他囚禁在宗教裁判所的監獄裡，接連不斷的審訊和折磨竟達八年之久！

　　由於他是一位聲望很高的學者，所以天主教企圖迫使他當眾悔悟，聲名狼藉，但他們萬萬沒有想到，一切恐嚇、威脅、利誘都絲毫沒有動搖他執著真理的信念。

　　天主教會的人們絕望了，他們凶相畢露，建議當局將他活活燒死。他似乎早已料到，當他聽完宣判後，面不改色地對這夥兇殘的劊子手輕蔑地說：「你們宣讀判決時的恐懼心理，比我走向火堆還要強烈得多。」西元1600年2月17日，他在羅馬的百花廣場上英勇就義了。

　　他就是科學的殉道士——喬爾丹諾‧布魯諾。

　　由於布魯諾不遺餘力的大力宣傳，哥白尼學說傳遍了整個歐洲。而布魯諾不畏火刑，堅定不屈地與教會、神學作抗爭，真理面前不退縮的精神永存！西元1889年，人們在布魯諾殉難的百花廣場上豎起他的銅像，永遠紀念這位為科學獻身的勇士。

2. 氣寒則享涼，氣暖則福厚

讀菜根

【原文】

　　天地之氣，暖則生，寒則殺。故性氣清冷者，受享亦涼薄。唯和氣暖心之人，其福亦厚，其澤亦長。

【譯文】

大自然四季的更替順應天地之氣的變化，萬物在溫暖的春夏復甦生長，在寒冷的秋冬衰落。人也一樣，一個人，若性情高傲、冷漠，他所能得到的福分自然就淡薄；只有那些個性溫和而又熱情助人的人，他獲得的福分不僅豐厚，留給後代的恩澤也會長久。

吳隱之：
（？—西元414年）
，字處默，東晉濮
陽鄄城人，生當東
晉後期。曾任中書
侍郎，左衛將軍，
廣州刺史等職，官
至度支尚書，著名
廉吏。

【注釋】

天地之氣：指天地間的氣候。

性氣：性情、氣質。

受享：所享有的福分。

涼薄：「涼」與「薄」同義。

悟菜根

人們在參觀廟宇時，會發現一個有趣的現象，在大殿中端坐著彌勒佛，他的身後是繃著面的韋陀。據說，很久以前，並不是由二人共同來坐鎮一個殿堂的，而是彌勒佛單獨一座廟宇，韋陀單獨一座廟宇。可是，彌勒佛笑哈哈地迎著八方來客，所以門前總是人來人往，熱鬧非凡，彌勒佛身心疲累。相反，韋陀卻是「門前冷落車馬稀」。同樣是神仙，卻為何機遇會這樣不同呢，原來奧妙全在一張臉上。

可是待人太熱或太冷都不好。太熱會招人嫉，太冷會使人避。所以言行要不冷不熱、和和氣氣，這樣方能暖暖過一生。

講菜根

和氣留客

有一家經營鞋子的小店，原先由母子二人輪流看店做生意。

母親是營業員出身，又工作多年，和氣待客已成了習慣。顧客進店，她笑臉相迎，「歡迎光臨」脫口而出，一下子就贏得了顧客的好感。顧客挑挑選選，問這問那，她一臉燦爛的笑容，有問必答；顧客討價還價，她耐心解釋，大都能在輕鬆愉快的氣氛中成交。遇著砍價太離譜的顧客時，她也不會繃起「老臉」，還

是維持笑容說：「請到別處看看，貨比三家，歡迎再來。」

如此熱情周到的服務，小店因此贏得不少回頭客。所以母親坐店，總是「門庭若市」。

年輕不經事的兒子看店時，情況則完全相反。顧客進門，他神情淡漠，金口不開，擺出一副「老闆」架勢。顧客挑挑揀揀時，他往往很不耐煩，顧客見狀往往掃興而去；顧客砍價低了，他會罵對方「不識貨」。

因此，兒子看店時，隔三差五就會有顧客鬧店的事情。如此幾次，店裡的生意日漸冷清。母親不得不雇人看店，讓兒子做別的事。

同樣的店面、同樣的貨品、同樣的顧客，但不一樣的待客態度就會產生迥異的結果。

和氣生財，和氣得福。面對性情高傲的人，我們沒有必要和他計較，如果嫌學彌勒佛太累，那何不學學彌勒佛再學學韋陀，把二者的待客態度折中一下呢？

3. 藏巧於拙，寓清於濁

讀菜根

【原文】

藏巧於拙，用晦而明，寓清於濁，以屈為伸，真涉世之一壺，藏身之三窟也。

【譯文】

為人做事要在巧術上覆蓋一層笨拙之舉，巧術運用得越是不露痕跡越是高明，要多些隨和，少些自命清高，也要學會韜光養晦為在屈時作好準備。這才是立身處世最有效的法寶，如狡兔可藏於三窟安能明哲保身。

【注釋】

一壺：壺是指匏，體輕能浮於水。
三窟：通常都說成狡兔三窟，比喻安身救命之處很多。

美都是從靈魂深處發出的。
——俄·別林斯基

悟菜根

老子說：「大象無形，大音希聲，大智若愚。」這不但是中華民族的傳統美德，更是一個人成熟、睿智的標誌。《周易‧上經》之《坤卦》云：「六三，不顯露、炫耀才華，固守柔順之德，即使輔佐君王，亦不居功自傲，會有善終。」這些古訓都在告誡我們，作為一個社會中人，要時刻注意檢討自己的言行，這樣的處事原則會讓你遠離很多是非。倘若立了功，就覺得自己非常了不起，把別人看得一事無成，居功自傲，不可一世，那你就大錯特錯了，長此以往，不但會傷及周圍人的自尊心，而且會損害你自己的利益。

所以，做人不要鋒芒太露，這不是教你偽裝自己，而是辦事要分清主次、講究方法。每個人都渴望成功，但想要成功光有「直方大」的品德、運籌帷幄的能力和令人信服的業績還不足以擔此大任，還要懂得「大音希聲」和「無成有終」的道理。

講菜根

功勞歸誰

龔遂是漢宣帝時代一名能幹的官吏。當時渤海一帶災害連年，百姓不堪忍受饑餓，紛紛聚眾造反，當地官員鎮壓無效，束手無策，宣帝派年已七十餘歲的龔遂去任渤海太守。

龔遂輕車簡從到任，安撫百姓，與民休息，鼓勵農民墾田種桑，規定農家每口種一株榆樹、百顆薤白、五十顆蔥、一畦韭菜，養兩口母豬、五隻雞，對於那些心存戒備，依然帶劍的人，他勸諭道：「為何不把劍賣了去買頭牛？」經過幾年治理，渤海一帶社會穩定，百姓安居樂業，溫飽有餘，龔遂名聲大振。

於是，漢宣帝召他還朝，他有一個屬吏王先生，請求隨他一同去長安，說：「我對您會有好處的！」其他屬吏卻不同意，說：「這個人，一天到晚喝得醉醺醺的，又好說大話，還是別帶他去為好！」龔遂說：「他想去就讓他去吧！」

到了長安後，這位王先生還是終日沉溺狂歡，也不見龔遂。可是有一天，當他聽說皇帝召見龔遂時，便對看門人說：「去將我的主人叫到我的住處來，我有話要對他說！」

龔遂還真來了。王先生問：「天子如果問大人如何治理渤海，大人當如何回答？」

龔遂說：「我就說任用賢才，使人各盡其能，嚴格執法，賞罰分明。」

王先生連連搖頭道「不好！不好！這麼說豈不是自誇其功嗎？請大人這麼回答：『這不是微臣的功勞，而是受天子的神靈威武所感化！』」

龔遂接受了他的建議，按他的話回答了漢宣帝，宣帝果然十分高興，便將龔遂留在身邊，任以顯要而又輕閒的官職。

無論是古代做臣子的，還是當今做下屬的，最忌諱自表其功，自矜其能，凡是這種人，十有八九要遭到猜忌而沒有好下場。記得當年劉邦問韓信：「你看我能帶多少兵？」韓信說：「陛下帶兵最多也不能超過十萬。」劉邦又問：「那麼你呢？」韓信卻十分自信地說：「我是多多益善。」這樣的回答，劉邦怎麼能不耿耿於懷呢？而到最後，韓信死於劉邦手下，主要就是他的自矜其能、居功自傲而致。

4. 惡忌陰，善忌陽

讀菜根

【原文】

惡忌陰，善忌陽，故惡之顯者禍淺，而隱者禍深；善之顯者功小，而隱者功大。

【譯文】

做了壞事最忌諱的是費盡心機不讓人發覺，做了好事最忌諱的是絞盡腦汁讓別人知道。所以，做了壞事如果能及早被發現，那造成的惡果就會相對小些，而不容易被人發現那惡果就會更大；做了好事後如果自己宣揚出去，那功德就會變小，而行善不張揚者功德才是最大的。

也許人就是這樣，有了東西不知道欣賞，沒有的東西又一味追求。
——海倫·凱勒

【注釋】

陰：指事物的背面，這裡指不容易被人發現的地方。

陽：指事物的正面，指大家都能看得到的地方。

悟菜根

「勿以善小而不為，勿以惡小而為之」，然而，人無完人，一旦做了壞事該怎麼辦呢？雖然別人知道了會憎惡自己，但也不能費盡心思掩蓋躲藏，因為壞事越遮掩造成的禍害就越大，反之如果能及早被發現，說不定能找到很好的彌補、預防方法，把禍害降到最低。人也全非聖賢，做了好事總希望別人能知道，可是正如洪賢所說「善之顯者功小，而隱者功大」，另外，你若逢人便說你的善行，對受惠者的自尊也是一種傷害。所以，我們做好事應不求回報，不圖名利，所積的功德才是圓滿完整的。

講菜根

李離伏劍

李離是春秋時晉國的獄官，被譽為史上引咎辭職的第一人。

李離在審理一樁案子時，由於誤聽下屬人員的一面之詞，將一人冤死。

後來經過調查，案情水落石出。明白真相之後的李離認為自己沒有做到公正，使一個無辜的人蒙冤致死，所以欲以死贖罪。

聞聽此事，晉文公召見了李離。

晉文公說：「官有貴賤，罪有輕重，況且這件案子主要錯在下面的辦事人員，非你罪過。」

李離卻說：「我平常沒有跟屬下說我們一起來當這個官；我在這裡拿的俸祿最優厚，也沒有與下面的人員分過。現在犯了錯誤，如果將責任推到下面的辦事人員身上，我又怎麼做得出來！」

晉文公說：「你以為你有罪，我是賜你官的人，那麼我也有罪了！」

此言無疑給李離找了一個最好的台階，可是李離仍固執己見：「國家對我這種官職有規定：錯判人受刑，自己也得受刑；錯判人受死，自己也得受死。國君因為我能察微決疑，所以才讓我到這個職位上來。今日犯錯，罪當死，我死無

悔。」

最終，李離伏劍而死。

事情發生之後，有人會推卸責任，有人會勇敢承擔責任。

李離的做法雖然不值得稱道，但是他敢於承擔責任，不為自己的過失找藉口的精神是永遠值得我們學習的。

5. 庸德庸行，招來和平

讀菜根

【原文】

陰謀怪習、異行奇能，俱是涉世的禍胎。只一個庸德庸行，便可以完混沌而招和平。

【譯文】

陰險的計謀、怪異的習氣、奇異的行為、古怪的技能，是招致災亂禍患的根源。只有平庸的德操和言行，才能保全世道人心的淳樸，並能夠招來平安的福分。

【注釋】

禍胎：指招致禍患的根源。

庸：平凡、普通。

混沌：本指宇宙初開元氣未分之時，藉以比喻自然和無知、淳樸的心神。

> 吾日三省吾身；為人謀而不忠乎？與朋友交而不信乎？傳不習乎？
> ——曾子

悟菜根

「陰謀怪習、異行奇能」總是不好的，因為縱觀歷史，沒有一個心懷陰謀、身染陋習的人能取得最後的成功，即使生前無比輝煌，死後也只落得了萬古淒涼而已。

然而，洪賢所言也要一分為二來看待，一個人要想平平安安過一生，應不求什麼名利，因為老實本分自會安穩一生。可是想要轟轟烈烈過一生，就要敢想敢

為了。只是在追求夢想的時候，那種無謂的奇談怪論、陰謀怪習是不足取的，若為了一生的名利而不擇手段，那就還不如保持一種常人的心態，安然地過一生呢？

🐛 講菜根

> ## 羊祜庸道保和平

羊祜在為西晉鎮守邊防重鎮襄陽時，以慈惠治軍安民，深得江淮地區的民心。

他在軍中，經常身著便服，很少披甲戴冑，身邊侍衛也不過數十人。

與羊祜對峙的是吳國大將陸抗。羊祜身為邊防大將，吳又為敵國，但他對陸抗卻以誠相待，時常與陸抗互致問候，從未企圖去偷襲吳國。對凡是想向他建議陰謀詭計的人，羊祜都賞給美酒，使其大醉不醒，口不能言。

有一年，晉軍缺糧，不得已到吳國境內收割了些糧食，羊祜也用價值相當的絹帛給以抵償。在打獵時，羊祜從不越境，對被吳軍擊傷而被晉軍獵獲的飛禽走獸，他都讓人清點，全部送還吳國。

由於羊祜厚德庸道，保持了晉吳邊境長時間的和平安定。

6. 勿逞己賢，勿恃己財

🐛 讀菜根

當被欲望控制時，你是渺小的；當被熱情激發時，你是偉大的。
——詹姆斯·艾倫

【原文】

天賢一人，以誨眾人之愚，而世反逞所長，以形人之短；天富一人，以濟眾人之困，而世反挾所有，以凌人之貧。真天之戮民哉！

【譯文】

上天讓一個人賢明智慧，是為了讓他教誨世間眾生的愚昧，可是世間有一些人，反而喜歡炫耀自己的才華，來反襯那些不如自己聰明的人；上天讓一個人富有，其目的是讓他來救濟貧苦的人，可是世間一些富人，卻依仗自己的財富來欺

凌窮人。他們真是違逆天意的罪人啊！

【注釋】

誨：當動詞用，是教導的意思。

形：當動詞用，比擬，表露。

戮民：戮，在此處當形容詞用，作有罪解。戮民是有罪之人。

悟菜根

孟子說：「天將下民，作之君，作之師，唯曰其助上帝寵之，四方有罪無罪，唯我在，天下何敢有越級志。」意思是：「天降生一般的人，也替他們降生了君主、師父，這些君主人師的唯一責任是幫助上帝來愛護人民。因此，四方之大，有罪無罪，都由我負責，天下誰敢超越自己的本分胡作非為？」

天命不可違，這不是危言聳聽，你見過多少逞其才而形人的人取得大成就的，你有見過多少恃其財而凌民的人能長久保持財富的，所以有才華的人應盡力薰陶身邊的人也越來越聰明，有財富的人應幫助周圍的人越來越富有，不要以暫時的優勢來賣弄剝削，多積些功德才能使後代的才智、福澤更長久。

講菜根

財富屬於上帝

美國石油大王約翰・洛克菲勒曾經在美國積聚最大的個人財產，比摩根、哈里曼、杜邦、卡內基或者十九世紀任何其他企業家的財產多得多。約翰・洛克菲勒晚年致力於慈善事業。西元1914年洛氏慈善機構創建中國醫學會，於是北京協和醫學院和協和醫院誕生了，小約翰・洛克菲勒親自來到北京參加落成儀式。

洛克菲勒基金會的洛克菲勒醫學研究所先後培養的醫學專家中，有十二位曾經得過諾貝爾獎；洛克菲勒基金會先後培養出達瑞斯、烈斯克、季辛吉三位國務卿，更有無數的科學家、作家、藝術家。

洛克菲勒一生捐獻的資金有七十五億美元之多。

現代富翁比爾‧蓋茲說：「我心目中的英雄只有一個，那就是洛克菲勒。」

被譽為當代最慷慨的慈善家的伊沙克‧沃夫森是一個蘇格蘭猶太人，英國最大的百貨公司大宇宙百貨公司的總裁。該公司擁有三千多家零售商店，同時涉及銀行業、保險業、房地產，還有水陸路運輸業等。

西元1955年，沃夫森設立了以自己名字命名的基金會，在以後的二十年間，為各個方面，主要是教育機構提供了四千五百萬美元的經濟資助。許多大學和學院都頒發給他榮譽證書。英國的牛津和劍橋這兩所大學就各有一個「伊沙克‧沃夫森學院」。

沃夫森非常樂於對人講這樣一個故事。

曾經有一個人問他：「沃夫森這個人既是皇家外科醫師學會會員和皇家內科醫師學會會員，又是牛津大學的教會法規博士和劍橋大學的法學博士，而且還是這所大學的這個博士、那個大學的那個博士，他到底是做什麼的？」

「他是個寫東西的。」

「寫東西？他寫了些什麼？」

「支票。」

「在巨富中死去是一種恥辱。」這是美國早期大慈善家卡內基的名言。洛克菲勒終生銘記著一句猶太箴言：「多賺錢為的是多奉獻。」號稱媒體帝國的三角出版公司的總裁沃爾特‧休伯特‧安勒伯格把自己所有的資產捐獻給了國家，其在遺囑中寫道：「財富不應該集中在少數人手裡。」

為什麼世界富豪都願意捐獻自己的財富？就因為他們明白：上天把財富交到他們手裡，是為了讓他們幫助更多的人贏得財富。

7. 非分之福不享，著眼高些不墮

讀菜根

【原文】

非分之福，無故之獲，非造物之釣餌，即人世之機阱。此處著眼不高，鮮不墮彼術中矣。

【譯文】

不是自己應該享有的福分，或者無緣無故獲得的意外之財，若不是上天有意來誘惑你的釣餌，那就必然是別人為詐騙你設下的機關陷阱。在這種情況下，不把眼光放得高遠一些，很少有不落入他人圈套的人。

【注釋】

造物：上天，自然。

 悟菜根

俗話說：「吃人的嘴短，拿人的手軟。」想清名於世，安然於世，必須做到非我之財不要，明白「非分收穫，陷溺根源」的道理。

> 瑞物皆起和氣而生。
> ——漢·王充

天上掉餡餅的事往往不會發生，即使真掉下來了大都是陷阱。不是自己的東西不要奢望，面對意外收穫需要三思。設陷者都深諳「欲取之先予之」的道理，先給你點甜頭，接下來便是毒藥了。即使是偶爾獲得的意外驚喜，也同樣會給你的生活埋下禍根，守株待兔的教訓還少嗎？明智的人不會受到眼前小利的誘惑，即使真的無意間得到了兔子，也不會整天守在樹旁荒廢了自己的田地。因為他們明白什麼事該做，什麼事做了也不會有好處。

眼界越高、視野越寬，對於陷阱的位置就掌握得越清楚，越能夠從容地躲避。不存非分之想便能泰然處世、安然於世。

講菜根

天下沒有免費的午餐

古時候，一位聰明的老國王召集了聰明的臣子及國內的有識之士，命令他們找一個能確保人民生活幸福的永世法則。

三個月後，這些學者把三本六寸厚的帛書呈上給國王說：「國王陛下，天下的知識都彙集在這三本書內。只要人民讀完它，就能確保他們的生活無憂了。」國王不以為然，因為他認為人民都不會花那麼多時間來看書，所以他命令進行簡化。一個月後，學者把三本簡化為了一本。國王還是不滿意，命令他們繼續簡

化。又一個月後，學者們把一張紙呈上給國王，國王看後非常滿意地說：「很好，只要我的人民日後有真正奉行這寶貴智慧的，我相信他們一定能過上富裕幸福的生活。」

這句千錘百鍊的話就是：「天下沒有免費的午餐。」

記住這句話，那麼無論對方如何處心積慮，拋的釣餌看似多麼美好誘人，我們都不會上鉤。

8. 一念慈祥致和氣，寸心潔白垂清名

讀菜根

狡兔三窟：
語出《戰國策》的名篇《馮諼客孟嘗君》。馮諼說：「狡兔三窟，僅得免其死耳。今有一窟，未得高枕而臥也。」意思是狡兔三窟才免去死亡危險，你只有一處安身之所，不能高枕無憂啊！此即成語「狡兔三窟」的由來。

【原文】

一念慈祥，可以醞釀兩間和氣；寸心潔白，可以昭垂百代清芬。

【譯文】

人一念之間的慈祥，可以創造人與人之間的和平之氣；人若能心地純潔乾淨，就可以千古流芳。

【注釋】

醞釀：本指造酒，此處當「製造調和」解。

兩間和氣：兩間指天地之間，此處指人際關係。

昭垂：昭，明。垂，流傳。

悟菜根

有句俗諺「豹死留皮，人死留名」，說明人要愛惜自己的名譽。一個人真正的價值展現在為社會的貢獻上，而不是自己的財富和利益。

也許我們不能如此偉大，但在日常生活中待人、對己都要注意維護自己的聲譽，保持心靈的完美，並且堅持與人為善，處事勿貪的原則，從而保持寸心潔白，亦可無愧人生，無愧社會。

講菜根

::: 如何成為至人 :::

　　列子，名寇，又名禦寇（又稱「圄寇」、「國寇」），戰國前期思想家，是老子和莊子之外的又一位道家思想代表人物。

　　關尹，字公文，道書中稱其為關令尹喜，或關令尹、尹喜。後得道成仙，號文始先生，道教尊其為無上真人、玉清上相，為天府四相之一，被道教派別之一「樓觀道」奉為祖師。

　　一日，二者相遇。

　　列子問關尹道：「至人在物中潛行而沒有障礙，進入火中而不受灼熱，在萬物之上行走而不恐懼顫抖，請問為什麼能到這個地步。」

　　關尹說：「這是由於他保持了極端的和氣，不是機智、靈巧、果斷、勇敢之徒。凡是有形象、能發聲、有顏色的，都是物，物與物為什麼差別很大？首要的差別是什麼？是形狀、顏色罷了。倘若有一種物質，能做到沒有形狀顏色，也不發生變化，能做到這點並且通曉它，別的物質怎能滯留它呢？這種物質將處於不過分的地位，置身於沒有盡頭的循環中，在萬物的起點和終點漫遊。行動完全出於本性，保養自己的和氣，德性合乎天然，和造就萬物的天然形態相通。像這樣去做，他天性完全，精神凝靜，外物怎能傷害他呢？」

　　「和氣祥瑞，寸心潔白」自然是人們理想中的境界，如何才能達到這種境界呢？應該如關尹所言的「極端的和氣」使然吧！

9. 不染塵煙，野味香冽

 讀菜根

【原文】

　　山餚不受世間灌溉，野禽不受世間豢養，其味皆香而且冽。吾人能不為世法所點染，其臭味不迥然別乎！

【譯文】

山野間的蔬菜不受人類的灌溉施肥，野外的禽獸不受人類的飼養照顧，可是它們的味道卻特別美味可口。同樣，如果我們人能不被功名利祿所污染，品行自然顯得分外純真，和那些充滿銅臭味的人就有明顯的區別。

龔遂：
（生卒年不詳），
字少卿，為山陽郡
南平陽縣（今山東
鄒城市平陽寺）人
，以明經為昌邑王
郎中令。後因政績
顯著，拜水衡都尉
，管理上林禁苑，
皇帝愈加器重，後
卒於官。為記述龔
遂的事蹟，《漢書
》專為其立傳。並
將其置於西漢循吏
之列。

【注釋】

山餚：餚本指葷菜。此處的山餚似指香菇、木耳、竹筍等山產。

豢：飼養。

冽：味強烈。

世法：指世俗的功名利祿，即世間一切法。

迥：相異。

悟菜根

自然的事物總是美的，因為它未失其淳樸的本性。山餚和野禽都是如此，更何況人呢？不染世法、返璞歸真歷來是人們樂於追求的品行。

我們身邊不乏這樣的人：雖然明白富貴榮華使人羨慕和尊敬，自己卻安於過一種貧賤卑微的日子；雖然也知道美味佳餚好吃，自己還是津津有味地吃粗茶淡飯。其實做人就應該像天空一樣，雖然有不少烏雲在它上面飄過，但雨過天晴，烏雲散盡，它仍然還是湛藍如洗，一塵不染。做人也應該像白玉，不管埋在什麼地方都不改變自己潔白的本性。

講菜根

曾子拒禮

曾子是孔子的得意門生。

曾子崇尚田園生活，不為名利動，所以生活自然清苦。

曾子總是穿著破舊的衣服在田裡耕作。魯國的國君知道後，就派人給他送來采邑，並說：「請您用這來置辦些衣物。」曾子堅絕不接受。使者走了又來，一定要給，曾子還是拒不接受。

使者說：「這並不是先生您向別人索求的，而是人家情願主動奉送給您的，為什麼不接受呢？」

曾子說：「接受別人東西的人害怕別人，給予別人東西的人傲視別人。這雖然是君王賜給我的，君王也不傲視於我，但我能不害怕嗎？」

最終，曾子還是未收那份厚禮。

孔子聽說了這事，說：「曾參說的話，足以表明自己的志向、保全他的節操了。」

看看我們身邊陳出不窮的貪污事件，讓人不禁懷疑：這世上是否還有一些不為世法所染的人存在？

達 觀

1. 難出於易，無心自近

讀菜根

政亂國危，君之憂也；軍敗卒亂，將之憂也。夫無能以事君，闇行以臨官，事無功以食祿也。臣不能以虛自誣。

——李離

【原文】

禪宗曰：「饑來吃飯倦來眠。」詩旨曰：「眼前景致口頭語。」盡極高寓於極平，至難出於易；有意者反遠，無心者自近也。

【譯文】

禪宗說：「餓了就吃飯，睏了就睡覺。」而作詩的意旨是：「運用眼前的景致和廣為流傳的俗言諺語。」是因為世間極高深的道理，往往產生於極平凡的事物中；極難的事都是由一些極容易的事構成的。而有意者反倒遠於理，無心者卻近於真。

【注釋】

禪宗：佛教宗派名，又名「佛心宗」或「心宗」，以印度菩提達摩為初祖，中國唐代開始興起，後分成北方神秀的漸悟說和南方慧能的頓悟說兩宗，流行日廣。

詩旨：作詩的旨意、祕訣。

悟菜根

《列子·仲尼》中有段話是這樣說的。

關尹喜說：「自己不要執著，事理自然顯著。事物的動好像水順勢而流，它的靜好像鏡子既平且淨，有什麼，出現什麼，毫不隱藏。它的回答好像回聲，發

出什麼音，迴響什麼音。這就是它能引導事物。事物背離自然之道，自然不會背離事物。善於順道的，不用耳朵，不用眼睛，不用體力，也不用心智，想順道而用視力、聽力、形體和智慧來求得，就不得當了。道，望它似在前，忽然又在後；運用它更覺充塞，上下四方無所不在，但卻不曉得它在哪裡？也不是有心人所能夠遠離，也不是無心人所能夠親近。知道卻不用情，能夠卻不作為，這是真知道真作為。不知，哪能用情？不作為，哪有作為？聚集土塊，累積灰塵，縱是無所作為，卻並非沒有道理。」

這就是平凡中寓有深義，大道理見於小道理之中的緣故。

🥬 講菜根

平常處見深刻

一位老禪師有個弟子，他生性遲鈍，禪師就讓其他聰慧的弟子天天輪流教他學問，可是他仍然一點也不開竅。禪師於是把他叫到前面，逐字逐句地教他一首詩偈：「守口攝意身莫犯，如是行者得度世。」

禪師說：「你不要以為這首偈子很平常，你只要認認真真地學會這首偈子，就相當不容易了啊！」

於是，弟子翻來覆去地就學這首偈子，有一天終於體悟出了其中的禪理。

有一次，禪師派弟子去給附近的僧尼講經說法。那些僧尼早就對他的愚笨有所耳聞，所以心裡都很不服氣，私下說：「這樣愚鈍的人也會講經說法啊？」但是，他們表面上仍然很有禮貌地接待他。

弟子慚愧而謙虛地對僧尼們說：「我生來愚鈍，在老師身邊只學到一個偈子，現在講給大家聽聽。」

接著，弟子就唸那首偈子：「守口攝意身莫犯，如是行者得度世。」

他剛念完，僧尼們就開始哄笑起來，私下說：「竟然只會一首啟蒙偈子，我們早就倒背如流了啊！還用你來講什麼啊？」

但弟子不動聲色，仍然從容地往下講。他說得頭頭是道，而且講出了很多新意，從一首看似普通的偈子道出了

無限深邃的禪理。

這時，僧尼們聽得如癡如醉，連連讚歎起來：「一首啟蒙偈子居然能夠理解到這麼深的程度，實在是高人一等啊！」於是大家對他肅然起敬。

再平常普通的東西，若能全心領悟，也能悟出其蘊涵的極其深刻、奧妙的道理。

2. 春日繁華，不若秋日空明

羊祜：
（西元221年－278年），字叔子，泰山南城（今山東費縣西南）人。西晉開國元勳。博學能文，清廉正直。陸游有詩贊曰：「不見襄陽登覽，磨滅遊人無數，遺恨黯難收。叔子獨千載，名與漢江流。」

📖 讀菜根

【原文】

春日氣象繁華，令人心神駘蕩；不若秋日雲白風清，蘭芳桂馥，水天一色，上下空明，使人神骨俱清也。

【譯文】

春天萬物復甦，百花齊放，百鳥鳴囀，一片欣欣向榮的景象，使人感到精神舒適；但是卻不如秋高氣爽，清風拂面，蘭桂飄香，水天共一色，天地間一片遼闊，使人感到精神爽朗，輕快異常。

【注釋】

駘蕩：舒放散發。

馥：香氣。

空明：比喻天地明朗、遼闊的狀態。

神骨俱清：指精神和形體都感到舒適暢快。

📖 悟菜根

韓愈詩云：「草木知春不久歸，百般紅紫鬥芳菲。楊花榆莢無才思，唯解漫天作雪飛」，劉禹錫詩言：「自古逢秋悲寂寥，我言秋日勝春朝。晴空一鶴排雲上，便引詩情到碧霄」。春有春的姿色，秋有秋的味道，之所以有孰優孰劣之爭，完全是有別於人的不同心情和觀念。

　　而作者於此並非比較春與秋孰美。只是春似乎多了幾分野性，秋略顯成熟理智而已，作者想要讚頌的是秋的成熟，也藉此想表明一個人成熟了之後才會更加有風采。

講菜根

春秋之爭

　　師兄弟一起下山，一路上花香撲鼻，鳥聲不絕於耳。師兄說：「春天真美啊！讓人精神舒暢，充滿活力。」

　　師弟表示反對：「我看春不勝秋，秋天日高氣爽，而且大自然所有的裝飾都卸去了，露出真實的面目，能讓人更加清爽、輕快。」

　　兩個人各抒己見，爭論不休，誰也說服不了誰。最後決定請師父來主持公道，評評理，究竟誰對誰錯，並且還約定輸的一方要請另一方。

　　師兄求勝心切，私下跑到師父那裡，講清了事情的原委，並請師父一定要幫自己的忙。師弟也不含糊，也去請師父幫忙，師父答應了他們。

　　兩人都以為穩操勝券，放心地等待師父的定奪。

　　師父作出了評斷：「春天是種子播種的季節，而秋天是種子收穫的季節，你們說種子會說誰好呢？」

　　師父一席話，讓兩個小和尚明白：春秋無優劣，優劣源於人心不同。

　　想一想，為什麼我們擁有的東西有的讓我們珍藏於箱，而有的被我們隨意擱置。有時並不是它們不珍貴，只是它們所承載的關於我們的經歷不同，而當時的心情有重視、隨意之分，所以才顯得事物有了珍貴、普通之分。

3. 一字不識得真趣，一偈不參悟玄機

讀菜根

【原文】

　　一字不識而有詩意者，得詩家真趣；一偈不參而有禪味者，悟禪教玄機。

【譯文】

目不識丁而作起詩來卻充滿詩意，這種人才算是得到詩家真意；一佛偈也不研究而說起話來卻充滿禪機，這種人才算真正了悟了禪宗的高深佛理。

【注釋】

偈（ㄐㄧˋ）：梵語「偈陀」的音譯，意譯為「頌」的意思，每偈約四句，用來頌揚佛的功德或申明佛的教義。

禪：禪是梵語「禪那」的音譯，也叫「禪定」。意譯是靜慮，而靜就是定，慮就是慧，定慧均等為禪。

玄機：道家語，指深奧不可測的靈機。

慈善事業既是經濟事業發展的晴雨計，也是調節貧富差別的平衡器。透過市場實現收入的第一次分配；透過政府調節實行收入的第二次分配；在習慣與道德的影響下，個人出於自願將可支配收入的一部分或大部分捐贈社會，乃是不可小覷的第三次收入分配。它有助於縮小資產過於兩極分化，減弱「仇富」心理，有利於社會的和諧。

悟菜根

古人云：「酒有別腸，詩有別人。」雖然書本知識是人們的精神食糧，然而，大自然讓人陶冶靈性，都是超越書本的大智大慧。

博讀經典的人不一定懂得真正的道理，善於辯論的人不一定就格外聰明，聖人因而斷然割棄上述種種做法。至於增多了卻不像是有所增加，減少了卻不像是有所減少，那便是聖人所要持守的東西。自然像大海一樣，它沒有終結也沒有開始，萬物的運動全在它的範圍之內，而且從不曾缺少什麼。那麼，世俗君子所談論的道理，恐怕都是些皮毛啊！萬物全都從自然那裡獲取生命的資助，而且從不匱乏。

講菜根

翹尾而鬥的牛

唐代畫家戴嵩，以善畫牛而著名，與韓幹畫馬並稱「韓馬戴牛」，即使如此，由於他觀察不細緻，也不免有疏忽的地方。

蜀中有姓杜的隱士，好書畫，收藏有許多珍品。他特別喜愛戴嵩一幅《牛》圖，錦囊玉軸，隨身攜帶，不時品玩。

一天，隱士將收藏品拿出來晾曬，一牧童見到這幅《牛》圖，不覺撫掌大笑。隱士問其原因，牧童答道：「此畫為鬥牛，鬥牛時力在角，尾搐入兩股之間；而這牛竟翹尾而鬥，大錯了。」

隱士聽罷覺得有理，也跟著笑了。

善畫牛，卻不知牛的習性，讀書又有什麼用呢？只給後人增添一些笑料罷了。

4. 青山自在，時序速替

讀菜根

【原文】

簾櫳高敞，看青山綠水吞吐雲煙，識乾坤之自在；竹樹扶疏，任乳燕鳴鳩送迎時序，知物我之兩忘。

【譯文】

窗簾高高捲起後，望見煙霧迷濛著青山綠水，才明白大自然多麼逍遙自在；窗前翠竹搖曳生姿，燕雀斑鳩凌空飛過，春去秋又來，使人恍然領悟：物我一體，漸入物我兩忘之境。

> 人生在勤，不索何獲？
> ——東漢·張衡

【注釋】

簾櫳：以竹編成用來做窗或閘的遮蔽物叫簾。櫳是寬大有格子的窗戶。

扶疏：枝葉茂盛。

乳燕鳴鳩：燕與鳩都是候鳥，春天南飛，冬天北飛，此代表春秋季節。

悟菜根

人間美景，轉瞬即逝；冬去春來，光陰易逝。人生有好多值得追求的東西，但最真的夢想卻只有一個。懂得欣賞人生美景而又不沉迷，方可創造自己人生中的不衰勝景。

講菜根

┌─────────────────┐
│ **最美在當下** │
└─────────────────┘

有人請教大龍禪師：「有形的東西一定會消失，世上有永恆不變的真理嗎？」

大龍禪師回答：「山花開似錦，澗水湛如藍。」

多麼美妙的一幅山水畫啊！

「山花開似錦」，山上開的花呀！美得像錦緞似的，轉眼即會凋謝，但仍不停地競相綻開。「澗水湛如藍」，溪流深處的水呀！映襯著藍天的景色，溪面卻靜止不變。

這一對句子，隱喻著世界本身就是美的，稍不經意，就將流逝消失。生命的意義在於生的過程。在我們這個有形世界，有一個時間之箭，任何東西都受它的強烈影響。花開的本身，注定要凋落，山花卻不因要凋謝，而不蓬勃開放；清清的澗水不因其流動，而不映襯藍天。時間之箭是單向的，我們這些有生命之物，都要把握住現在、今朝。

5. 人心難降，欲壑難滿

讀菜根

【原文】

眼看西晉之荊榛，猶矜白刃；身屬北邙之狐兔，尚惜黃金。語云：「猛獸易伏，人心難降；溪壑易填，人心難滿。」信哉！

生命的意義在於付出，在於給予，而不是在於接受，也不是在於爭取。
——巴金

【譯文】

眼看著強盛的西晉，已變成了雜草叢生的荒野之地，可還有人在那裡炫耀自己的武力；王公貴族，身體已屬於北邙山陵墓間的狐鼠食物，在世時愛惜自己的財富有什麼用呢？俗語說：

「野獸雖然易制伏，可是人心卻難以降服；溝壑雖然容易填平，人的欲望卻難滿足。」真是經驗之談啊！

【注釋】

荊榛：草木叢生。

矜白：矜，自誇。白是兵器。

北邙（ㄇㄤˊ）：洛陽以北有基地曰北邙，由漢代起即是有名的墓地。

🦌 悟菜根

是非成敗轉頭空，榮華富貴如煙雲。歷史的教訓如此深刻，而總有人妄若未聞，整天算計著如何爬到更高的位置，如何牟取到更多的財富，結果留下終生遺憾。

更可笑的是，我們總是譴責別人，而不反觀自己。殊不知最難制服的是自己的心啊！人人把自己的心降服了，天下不就沒有可責之人了嗎？

🦌 講菜根

┌┄┄┄┄┄┄┄┄┄┄┄┄┐
　　　　真　勇
└┄┄┄┄┄┄┄┄┄┄┄┄┘

齊國有一個叫北宮黝的人很勇敢。肌膚被刺，可以毫不顫抖；眼睛被戳，都不眨一眨；即使受了一點點侮辱，不管對方是國君還是普通人，他都敢於回擊。他把刺殺大國的君主看成與鞭打卑賤的人一樣容易。

這種敢為之勇，就稱不上大勇，而只是一種庸人之勇。這種勇，只要豁出去了，情急之中，傻子也能做到。

6. 人生無常，盛衰何恃

🦌 讀菜根

【原文】

狐眠敗砌，兔走荒台，盡是當年歌舞之地；露冷黃花，煙迷衰草，悉屬舊時爭戰之場。盛衰何常，強弱安在，念此令人心灰。

【譯文】

曾子：
（西元前505年—前436年），姓曾，名參，字子輿，春秋末年魯國南武城（現山東省今濟寧市嘉祥縣）人。曾參上承孔子之道，下啟思孟學派，對孔子的儒學學派思想既有繼承，又有發展和建樹。他的修齊治平的政治觀，省身、慎獨的修養觀，以孝為本，孝道為先的孝道觀影響中國兩千多年。

狐狸作窩的殘壁，野兔奔跑的荒台，都是當年鶯歌燕舞的地方；菊花在寒露中抖擻，枯草在煙霧中搖曳，都是以前英雄爭霸的戰場。興衰成敗多麼無常，而富貴強弱又在哪裡，想到此，令人不禁心灰意冷。

【注釋】

砌：台階。

黃花：菊花。

悟菜根

煙柳畫橋，秦淮粉黛，刀光劍影，鼓角爭鳴，英雄伴著美女，俠骨繞著柔情，劍膽琴心的大氣纏綿引人心醉、神迷。如今卻是，風流總被雨打風吹去，鶯兒燕子俱黃土，英雄不在，盛跡難尋。唯有那斜陽衰草，荒台敗砌，尚帶幾絲舊時痕跡，供後人憑弔。

「滾滾長江東逝水，浪花淘盡英雄」。歷史的長河中你我只是一粟，我們能夠把握的只是每一個今天，能夠許諾給自己的只是盡力做好每一件事，擁有一份快樂的心境！

講菜根

失敗使失敗者更崇高

西元1815年6月18日，以拿破崙為統帥的法國軍隊和以英國人威靈頓公爵為統帥的歐洲聯軍，在滑鐵盧展開了一場驚心動魄的大決戰。

雙方投入的兵力共十四萬多人，戰局幾經反覆，廝殺異常激烈，田野一片血紅。

這場決戰持續了大約十二個小時，第二天清晨，一隻皇家信鴿銜著報捷信飛進了倫敦的白金漢宮，歐洲各國的君主們此時此刻總算鬆了一口氣，他們終於知道自己的軍隊戰勝了那位不可一世的法國皇帝拿破崙。

滑鐵盧大戰幾天後，拿破崙被再次流放。這次他被遠遠地流放到大西洋的一

個孤島上，五年後在島上孤獨地死去。

然而，「失敗反而把失敗者變得更崇高了，倒了的拿破崙彷彿比立著的拿破崙更為高大」。今天，雨果的這句話在滑鐵盧得到了確實的印證，在鐵獅峰下的拿破崙紀念館旁邊、進入滑鐵盧鎮的入口處，這個矮子將軍的銅像傲然聳立在一座高高的圓柱形基座上。這位一向高傲自大的法國皇帝，身著戎裝，身體略微傾斜，兩臂交叉抱胸，兩眼直視前方。那神態瀟灑自信，儼然一副目空一切的勝利者姿態。

7. 苦海無涯，回頭是岸

讀菜根

【原文】

晴空朗月，何天不可翱翔，而飛蛾獨投夜燭；清泉綠竹，何物不可飲啄，而鴟鴞偏嗜腐鼠。噫！世之不為飛蛾鴟鴞者，幾何人哉？

【譯文】

夜空明朗，皓月當空，哪裡不能自由自在飛翔，可飛蛾偏偏撲向夜燭；清澈泉水，翠綠瓜果，什麼東西不能果腹，可鴟鴞卻偏偏喜歡吃腐爛的死鼠。唉！世間不為飛蛾、鴟鴞之事的人，究竟有幾個呢？

> 人法地，地法天，天法道，道法自然。
> ——老子

【注釋】

鴟（彳）鴞（ㄒㄧㄠ）：一種像黃雀的小鳥，俗稱夜貓子。

悟菜根

飛蛾撲火，鴟鴞食腐肉，固然可笑。可正如作者所言「世之不為飛蛾鴟鴞者，幾何人哉？」

在做那些後來才發現是可笑、愚蠢的事的時候，我們又有幾個不是義無反顧，一心只管做自己的而全然不聽別人的勸告。所以在做事之前，不妨深思一下，多聽聽別人的建議。

而那些不知反省的人，只能待在苦海裡了。

講菜根

心中大道

　　一位修道者苦苦不能覺悟，就歷盡千辛萬苦去拜訪老子，以期得到老子的指點和開示。

　　老子對他說：「道無處不在。」

　　老子見其不語，又垂示道：「這道在廚房，在塵土，在糞池。」接著又說了一句：「道家眼裡無貴賤。」

　　我們每個人心中都有一個大道，我們卻不知道。而總是在苦海中苦苦掙扎之後，方能發現，可悲啊！

8. 騎驢覓驢，終難成佛

讀菜根

《春遊曲》
——唐·王涯
萬樹江邊杏，
新開一夜風。
滿園深淺色，
照在綠波中。

【原文】

　　才就筏便思捨筏，方是無事道人；若騎驢又復覓驢，終為不了禪師。

【譯文】

　　剛一踏上竹筏，就想過河後如何丟棄竹筏，這才是不為外物所牽累的道人；假如騎著驢還在找另一匹驢，那終究不能成為明心見性的禪師。

【注釋】

　　筏：一種竹製的渡河工具。

　　無事道人：指不為事物所牽掛而已悟道的人。

　　不了禪師：即不懂佛理的和尚。

悟菜根

　　擁有一顆輕鬆自在的心，不管外在世界如何變化，自己都能擁有一片清靜的天地。農民的生活非常清靜，令人嚮往，但農民的經濟不富裕，所以在農家裡，每一物都有用處，沒有什麼是多餘的。

　　從醇香的田土不禁想到生命。花一樣的生命，自誕生之日起，就一瓣一瓣地綻放她的美麗與清香，可是我們總是努力傾身去嗅別人的花香而忽略了自己的芬芳。若能明白，會發現自己的花兒更醇香啊！

講菜根

盲目效仿別人，遺留千古笑柄

　　春秋時代，越國有一位美女名叫西施。她的美貌簡直到了傾國傾城的程度。無論是她的舉手投足，還是她的細語微笑，樣樣都惹人喜愛。西施略用淡妝，衣著樸素，走到哪裡，哪裡就有很多人向她行「注目禮」，沒有人不驚歎她的美貌。

　　西施患有心口疼的毛病。有一天，她的病又犯了，只見她手捂胸口，雙眉皺起，流露出一種嬌媚柔弱的女性美。當她從鄉間走過的時候，鄉里人無不睜大眼睛注視。

　　同村有一個醜女，名叫東施，不僅相貌難看，而且沒有修養。她平時動作粗俗，說話大聲大氣，卻一天到晚做著當美女的夢。今天穿這樣的衣服，明天梳那樣的髮式，卻仍然沒有一個人說她漂亮。

　　這一天，她看到西施捂著胸口、皺著雙眉的樣子竟博得這麼多人的青睞，因此回去以後，她也學著西施的樣子，手捂胸口、緊皺眉頭，在村裡走來走去。哪知這醜女的矯揉造作使她原本就醜陋的樣子更難看了。其結果，鄉間的富人看見醜女的怪模樣，馬上把門緊緊關上；鄉間的窮人看見醜女走過來，馬上拉著妻子、帶著孩子遠遠地躲開。人們見

了這個怪模怪樣模仿西施心口疼、在村裡走來走去的醜女人，簡直像見了瘟神一般。

每個人都會有缺陷，我們要學會欣賞自己，而不是盲目專注於彌補自己的缺陷，努力地做最好的自己，別人自會關注你的存在。

9. 俗眼觀各異，道眼觀是常

讀菜根

> 大自然的每一個領域都是美妙絕倫的。
> ——亞里斯多德

【原文】

天地中萬物，人倫中萬情，世界中萬事，以俗眼觀，紛紛各異；以道眼觀，種種是常，何須分別，何須取捨？

【譯文】

天地間的萬物，人群之間錯綜複雜的感情，以及不斷發生的事情，如果用世俗眼光去觀察就會感到變幻不定、無法琢磨；如果用超脫世俗的眼光去觀察事物，就會發現其本質永恆不變，那所得所失又何須分別取捨呢？

【注釋】

道眼：超乎尋常的眼光。

悟菜根

莊子說：「才智聰穎的人沒有思慮上的變易與轉換便不會感到快樂，善於辯論的人沒有談說的話題與機會就不會感到快樂，喜於明察的人沒有對別人的冒犯與責問就不會感到快樂，這都是因為受到了外物的局限與束縛。」

世間萬物俱不相同，可卻都遵循一定自然法則。而這些法則，也即所謂的道，不跳出萬物之外，就無法發現。能抽身置於物外，就會發現：萬物看似異常，卻又同一。明白了此理，也就消了一顆區別心啊！心沒有了比較的煩惱，也就會輕盈如雲，得雲之趣了。

講菜根

比較的煩惱

　　有一個人，曾拜孔子為師，他勤奮刻苦，雖然沒有其他弟子聰慧，但孔子一直很看重他。

　　這個弟子經常拿自己與顏回等人比較，發現自己遠遠落在後面，似乎一直都沒長進。於是他向孔子稟告說：「老師！弟子辜負您的垂愛，自從投在您門下參學已有十年之久，但學業並無多大長進。我實在沒有悟性，現在向您老辭行，我將歸鄉種田。」

　　孔子非常驚訝，問：「哦！為什麼要走呢？你怎麼知道自己沒有進步呢？」

　　此弟子誠懇地再稟告說：「我每天除了吃飯、睡覺之外，都勤勉刻苦於學業，但似乎缺乏天生的稟賦。」

　　孔子聽後說：「別人是別人，你求你的學，這是兩回事，為什麼要混為一談呢？」

　　這個弟子說：「老師，您不知道，我跟師兄弟一比，立刻就有小麻雀與大鵬鳥對比的慚愧。」

　　孔子意味深長地問：「大鵬鳥一展翅能飛幾百里，牠已經飛越生死了嗎？」

　　這位弟子想了好久，終於決定繼續跟隨孔子學習了。

　　比較、計較，這是煩惱的來源。小麻雀與大鵬鳥比較之下雖有快慢、遲速之別，但只要付出，我們一定會有收穫的。

閒　適

1. 吾身天地，和致敦睦

讀菜根

【原文】

　　吾身一小天地也，使喜怒不愆，好惡有則，便是燮理的功夫；天地一大父母也，使民無怨咨，物無氛疹，亦是敦睦的氣象。

【譯文】

　　我們的身體就像一個小而完整的世界，使得其在高興和憤怒時都不產生過失，喜歡和厭惡有一定的準則，便是調和、順協的功夫；而大自然就像人類的大父母，使得每個人沒有牢騷怨恨，萬物自然成長而無災害，這也是天地間一片平和的景象。

【注釋】

不能把握現在，就無法獲得永恆。
　　——諺語

愆（ㄑㄧㄢ）：過失、錯誤。

燮（ㄒㄧㄝˋ）理：調和、調理。

怨咨：怨恨、歎息。

氛疹：氛當兇氣解。氛疹就是惡病。

悟菜根

　　自然變化無常，有時晴空萬里，有時風雨交加；有時生機盎然，有時衰落凋零；有時溫暖祥和，有時肅殺淒涼。而在大自然中的人也一樣，不會一直保持一種情緒直到走入生命的盡頭。可是人類總是缺乏大自然的睿智，不懂得迎合時令，所以總會遇到挫折坎坷，而這時，又往往去投入自然的懷抱尋找心的一片清

淨，找到生活的路。

其實，大自然能保持和諧，並沒有什麼高深的奧妙，就兩個字：自然。而我們在內心自然流露時，又總是懷疑，人為地加上人類那些所謂累積的經驗和智慧，這肯定會和周圍產生不和諧。那麼，何不平素多些修身養性，讓吾身這一小天地順應自然，和諧運作呢？

講菜根

順其自然

秋來了，禪院的草地上一片枯黃，小和尚看在眼裡，對師父說：「師父，快撒點草籽吧！這草地太難看了。」

師父說：「不著急，什麼時候有空了，我去買一些草籽。什麼時候都能撒，急什麼呢？隨時！」

中秋的時候，師父把草籽買回來，交給小和尚，對他說：「去吧，把草籽撒在地上。」起風了，小和尚一邊撒，草籽一邊飄。

「不好，許多草籽都被吹走了！」

師父說：「沒關係，吹走的多半是空的，撒下去也發不了芽。擔什麼心呢？隨性！」

草籽撒上了，許多麻雀飛來，在地上專挑飽滿的草籽吃。小和尚看見了，驚慌地說：「不好，草籽都被小鳥吃了！這下完了，明年這片地就沒有小草了。」

師父說：「沒關係，草籽多，小鳥是吃不完的，你就放心吧！明年這裡一定會有小草的！」

夜裡下起了大雨，小和尚一直不能入睡，他心裡暗暗擔心草籽被沖走。第二天早上，他早早跑出了禪房，果然地上的草籽都不見了。於是他馬上跑進師父的禪房說：「師父，昨晚一場大雨把地上的草籽

都沖走了，怎麼辦呀？」

師父不慌不忙地說：「不用著急，草籽被沖到哪裡就在哪裡發芽。隨緣！」

不久，許多青翠的草苗果然破土而出，原來沒有撒到的一些角落裡居然也長出了許多青翠的小苗。

小和尚高興地對師父說：「師父，太好了，我種的草長出來了！」

師父點點頭說：「隨喜！」

這位師父真是位懂得人生樂趣之人。凡事順其自然，不必刻意強求，反倒能有一番收穫。

其實為人何嘗不如此，當我們發現自己的本性，何不隨性、隨緣呢？

2. 靜見真境，淡識本然

讀菜根

【原文】

在世界上我們只活一次，所以應該愛惜光陰。必須過真實的生活，過有價值的生活。
——巴甫洛夫

風恬浪靜中，見人生之真境；味淡聲稀處，識心體之本然。

【譯文】

在寧靜平淡的環境下，一個人才能發現人生的真正境界；在粗茶淡飯的清苦生活中，一個人才能認識到人性的本質。

【注釋】

風恬浪靜：比喻生活的平靜無波。

味淡聲稀：味指食物，聲是聲色。比喻自甘淡泊不沉迷於美食聲色中。

心體：指心的深處，也就是人性的本質。

悟菜根

古時候研究道術的人，總是以恬靜來調養心智；心智生成卻不用智巧行事，可稱它為以心智調養恬靜。心智和恬靜交相調治，因而和諧順應之情從本性中表露而出。

　　一個人過著粗茶淡飯的生活，自然周圍不會圍繞一些趨炎附勢的人，沒有了別人的誇詞讚語，內心也就少了一些迷霧，多了一份清醒，也就很容易看到自己的真心了。

　　有時，生活就是這樣，附加的東西越少，反而真正的收穫會越多。

🦌 講菜根

```
┌┄┄┄┄┄┄┄┄┄┄┄┄┄┄┐
┊　　靜以修身　　┊
└┄┄┄┄┄┄┄┄┄┄┄┄┄┄┘
```

　　諸葛亮在人們的心目中幾乎是智慧的象徵，兼備宰相之器與將略之才，關羽、張飛這些赳赳武夫，在他的鵝毛扇揮動下東征西討，決勝於千里之外。我們一讀《隆中對》，即知諸葛亮對當時全國局勢的認識多麼深刻，對未來歷史走向的預見多麼準確深遠，幾句話就勾畫了三國鼎立的藍圖，尤其令人嘆服。

　　他的智慧為什麼這樣超群，眼界為什麼這樣高遠呢？

　　諸葛亮在寫給他兒子的一封信中，談到了這個問題——「夫君子之行，靜以修身，儉以養德，非淡泊無以明志，非寧靜無以致遠。夫學，須靜也，才，須學也。非學無以廣才，非志無以成學。淫慢則不能勵精，險躁則不能冶性。」

　　諸葛亮認為：大丈夫立身處世，應以靜來提高自己的精神境界，以樸素來培養自己的道德，生活簡樸、恬淡、寡欲，才能顯示出自己的志趣；心境安定冷靜，精神專一不雜，才能見識深遠。要想學習有成就，心境就必須保持絕對的寧靜。要想增長才能，就必須刻苦學習。不學習怎能增長才能，不靜又怎麼能進行學習呢？輕浮懈怠就不能思慮深遠，心境險惡煩躁就不能陶冶性情。

　　可見，靜、淡是多麼重要啊！

3. 聽鐘醒夢，觀影見身

🦌 讀菜根

【原文】

　　聽靜夜之鐘聲，喚醒夢中之夢；觀澄潭之月影，窺見身外之身。

【譯文】

聆聽寂靜的夜裡傳來的鐘聲，可以把沉於虛妄夢幻中的心喚醒；審視清澈的潭水中自己的倒影，可以發現肉身以外的靈性。

道之在天下，猶川
谷之於江海。
——老子

【注釋】

夢中之夢：比喻人生就是一場大夢，一切吉凶禍福更是夢中之夢。

澄潭之月影：虛幻之月，由此可悟一切事物皆虛幻。

身外之身：肉身以外涅槃之身，前身為虛幻，後身為真身，此指人的品德、靈性。

悟菜根

現實的生活充滿魅惑，而我們也總是深陷於名利場中無法自拔。就這樣，人的一生在追逐功名利祿中蹉跎而去，最終留下了什麼呢？除了那一抔墓土，我想再也沒有什麼了吧！

人生短暫，我們都是匆匆過客，既然總要離去，要那麼多身外之物有什麼用處呢？不如放慢腳步，跟著自己的心走完人生旅途。

而想要明白自己的真心，該如何呢？也許靜夜聞鐘、潭中觀影時，那蕭穆的鐘聲能喚回迷失的心，清冽的潭水能滌淨心上蒙的塵，從而顯露一顆真心。

講菜根

保持一顆純潔的心

在一座山上有一座古寺，山下住著一位虔誠的佛教信徒，每天都從自家的花園裡採擷鮮花到山上的寺院供佛。

一天，當她正送花到佛殿時，碰巧遇到禪師從法堂出來，禪師非常欣喜地說道：「你每天都這麼虔誠地來以鮮花供佛，依經典的記載，常以鮮花供佛者，來世當得莊嚴相貌的福報。」

信徒非常歡喜地回答道：「這是應該的，我每天來寺禮佛時，自覺心靈就像洗滌過似的清涼，但回到家中，心就煩亂了，我們一個家庭主婦，如何在煩囂的塵世中保持一顆清淨純潔的心呢？」

禪師沒有回答，反問道：「你以鮮花獻佛，相信你對花草總有一些常識，我現在問你，你如何保持花朵的新鮮呢？」

信徒答道：「保持花朵新鮮的方法，莫過於每天換水，並且於換水時把花梗剪去一截，因花梗的一端在水裡容易腐爛，腐爛之後水分不易吸收，就容易凋謝！」

禪師道：「保持一顆清淨純潔的心，其道理也是一樣，我們的生活環境像瓶裡的水，我們就是花，唯有不停淨化我們的身心，變化我們的氣質，並且不斷地懺悔、檢討、改進陋習、缺點，才能不斷吸收到大自然的食糧。」

信徒聽後，歡喜作禮感謝。

「參禪何須山水地，滅卻心頭火亦涼」。如果自己妄想不除，就算住在深山古寺，一樣無法修持。

4. 萬象皆空幻，達人須達觀

讀菜根

【原文】

山河大地已屬微塵，而況塵中之塵；血肉之軀且歸泡影，而況影外之影。非上上智，無了了心。

【譯文】

著眼於宇宙的無限空間來看，地球只不過是一粒塵埃，更何況我們這些生長在地球上的生物呢？是塵中之塵啊。以立足無限的時間來說，生命只不過猶如短暫的一朵浪花，更不必說那些身外之物了？也是轉眼即逝啊。一個沒有至高智慧的人，是無法擁有這種透澈明瞭的心境的。

夫道，有情有信，無為無形；可傳而不可受，可得而不可見。
　　　　——莊子

【注釋】

塵中之塵：比喻人及一切生物的渺小。

影外之影：指身外的名利權位如鏡中花、水中月轉眼即逝。

上上智：最高智慧。

了了心：了當形容詞用，明白、理解的意思。

悟菜根

記得牛頓曾說，他看得遠，是因為他站在巨人的肩膀上。其實，無論是做學問，還是做人，都需要一種高瞻遠矚的智慧。

將自己抽身世外，或將天地納於胸懷，我們才能悟得人生真意。停止對那些如過眼雲煙的身外之物的追逐，而去追求那些生命至真的東西。那樣我們才能「人過留名」。

講菜根

芥子納須彌

唐朝江州刺使李渤很愛讀書，由於讀書很多，所以人稱其「李萬卷」。

有一次，李渤問智常禪師：「佛經上所說的『須彌藏芥子，芥子納須彌』，

我看未免太玄妙離奇了，小小的芥子，怎麼能容納那麼大的一座須彌山呢？這實在是太不懂常識了，是在騙人吧？」

智常禪師聽了李渤的話後，輕輕一笑，轉而問：「人家說你『讀書破萬卷』，是否真有這麼回事呢？」

「當然了！當然了！我何止讀書破萬卷啊？」李渤顯出一派得意洋洋的樣子。

「那麼你讀過的萬卷書現在都保存在哪裡呢？」智常禪師順著話題問李渤。

李渤抬手指著頭腦說：「當然都保存在這裡了。」

智常禪師說：「奇怪，我看你的頭顱只有椰子那麼大，怎麼可能裝得下萬卷書呢？莫非你也在騙人嗎？」

李渤聽了之後，立即恍然大悟，豁然開朗。

一切的禪理，有時從事上去說明，有時從理上去解釋。所以，要知道宇宙世間，事中有理，理中有事；須彌藏芥子是事實，芥子納須彌是禪理。如果能明白理事本無障礙，也就能游刃有餘地理解禪理了。

人也不過是芸芸眾生中的一粒塵埃，但是若能看破，所擁有的世界卻會大如天穹。

5.雲中世界，靜裡乾坤

讀菜根

【原文】

竹籬下，忽聞犬吠雞鳴，恍似雲中世界；芸窗中，雅聽蟬吟鴉噪，方知靜裡乾坤。

【譯文】

正醉於竹籬外面的山林泉水之時，忽然一聲雞鳴狗叫入耳，就彷彿置身於一個虛無縹緲的神仙境界；正於書房幽窗下沉於書中乾坤之時，忽然一陣蟬鳴鴉啼傳來，也就在此剎那，你體會到寂靜中的另一番天地。

一個人，一件事物，不管是大，還是小，也不管是簡單，還是複雜，不管是聰明，還是愚昧，這些外在的形式毫無影響，他們一律都是和諧的。和諧是和外在形式無關的，所有事物的本質。它即看不見，也摸不著，但必須遵守。

【注釋】

雲中世界：形容自由自在的快樂世界。

芸窗：「芸」是古人藏書避毒常用的一種香草，此藉芸窗以稱書房。

悟菜根

作者描述的生活境界是多麼令人嚮往啊！從「無我」進入「有我」，再從「無我」的反覆過程中，體驗生活的另一番情趣和境地。而「竹籬下，忽聞犬吠雞鳴」，跟陶淵明《歸田園居》中的「曖曖遠人村，依依墟裡煙；狗吠深巷中，雞鳴桑樹顛」同屬文人雅士田園生活中的脫俗生活境界。

🦎 **講菜根**

鳥鳴山更幽

　　若耶溪是浙江紹興境內的一條名溪，南朝詩人王籍的《入若耶溪》，是較早描寫若耶溪的名篇。詩中有名句「蟬噪林愈靜，鳥鳴山更幽」，被後世傳為絕唱。王籍此聯句，是他踏訪若耶溪時，感受山中噪與靜、鳴與幽的對立統一之神而出的妙語。王籍以「蟬噪」襯托「林靜」，用「鳥鳴」顯現「山幽」，動中寫靜，充滿生氣，詩中有畫，畫中有詩，使獨具匠心的文學構思與充滿哲理的人生思辨統貫一體。同時，在幽深的山林之中，「蟬噪」、「鳥鳴」，可令人從心靈深處感受到大自然的靜謐、和諧與深遠；鳥語清脆啁啾的音韻和鳴唱，正是大自然幽深性格的真實展現。

　　宋代詩人王安石對王籍名句心存懷想，著有一首《鍾山即事》：「澗水無聲繞竹流，竹西花草弄春柔。茅簷相對坐終日，一鳥不鳴山更幽。」但王安石之「茅簷相對坐終日，一鳥不鳴山更幽」，不是脫化之語，乃王籍「蟬噪林愈靜，鳥鳴山更幽」的翻案詩句。王安石喜好與古人爭強，由此可見一斑。也許正是王安石的鍾山與王籍的若耶山不可同日而語，王安石此地「終日處閒」，王籍彼時「深山訪幽」，一是坐取小情趣，一為探遊大深邃，主觀意趣和感受相差甚遠。所以，黃庭堅評王安石是「點金成鐵」。

　　其實，以王安石的智商，未必不知「鳥鳴山更幽」的理趣，只是他太愛玩弄文字，有些遊戲文字之感。北宋沈括在《夢溪筆談》中有言：古人詩有「風定花猶落」一句，素來認為無人能對，王安石用「鳥鳴山更幽」來對，集句成妙。可見，王安石是知道「鳥鳴山更

幽」的某些妙處所在的。沈括後來還說，王安石這一集對，比王籍的「蟬噪林愈靜，鳥鳴山更幽」更工穩有味；王籍原句，上下句只是一個意思，而王安石集句「風定花猶落，鳥鳴山更幽」上句靜中有動，下句動中有靜。王安石集句富於變化之美，但是它好像給人以動靜描摹的感覺，表達的只是私家園林的玩味，喪失了深山林間出乎天然的深意。

唐代詩人王維也有一首千古傳誦的名篇《鳥鳴澗》，卻是化境之作。詩曰：「人閒桂花落，夜靜春山空。月出驚山鳥，時鳴春澗中。」這風景優美的鳥鳴澗，其實就在浙江若耶溪邊。因為《鳥鳴澗》這首詩，是王維為居住在若耶溪邊的皇甫嶽而寫的《皇甫嶽雲溪雜題五首》組詩之一，而「雲溪」是王維順其好友徐浩稱呼「若耶溪」（若耶，音若爺，有不敬之嫌）為「五雲溪」而簡而稱之的。

可以說，王維「月出驚山鳥，時鳴春澗中」這兩句詩，是不落痕跡地脫化自王籍的名句「蟬噪林愈靜，鳥鳴山更幽」。但王維這兩句詩，並非像後世的王安石那樣簡單地套襲，而是「靜而制動」，與王籍的「動而制靜」，恰恰相對而出。在意境、理趣方面，王維創造性地繼承了王籍的詩意，且有所發展，他所展現的自然生機—寂靜間交融互動，有洗滌心靈之深味。

也許當時王維遊若耶溪，觸景生情，聯想到了王籍的名句「蟬噪林愈靜，鳥鳴山更幽」，於是他從相反的角度闡釋了「靜極而化動」，顯然是「出於藍」而「勝於藍」的精彩妙語。

為什麼這麼多文人都愛演化或借鑑「鳥鳴山更幽」這句詩呢？除了它本身所渲染的那種意境令人心生無限神往之外，更主要的原因是文人心靈深處裡那種對此境界的嚮往之情。

6. 任流水落花，只身心靜閒

讀菜根

盡可能將渴求的東西減少，你就發現生活不是那麼的累，而是簡單、輕鬆、愉快！

——羅蘭

【原文】

古德云：「竹影掃階塵不動，月輪穿沼水無痕。」吾儒云：「水流任急境常靜，花落雖頻意自閒。」人常持此意，以應事接物，身心何等自在。

【譯文】

古代有德行的哲人說：「竹影雖然從台階上掠過，可是地上的塵土並不飛動；月亮的影子穿過池水映在水中，卻沒在水面上留下痕跡。」今天的文人說：「不論水流如何湍急，而它周圍的環境照樣寧靜；花瓣紛紛凋落，然而觀花之人的意念依舊很悠閒。」人們假如能抱這種處世態度來待人接物，身心該是多麼自由自在啊！

【注釋】

竹影掃階塵不動，月輪穿沼水無痕：這是唐雪峰和尚的上堂語。竹影月影均幻覺，世間一切事物與天上明月才是實體，喻心智。

水流任急境常靜，花落雖頻意自閒：水流和花落都是動的物體，而靜與閒是修養功夫。人的心智能達到學靜的境界，就不會受外界動境的影響而改變。

悟菜根

境由心生，一切虛幻的東西都如同竹影掃階、月輪穿沼一樣是虛無縹緲的，不會有任何實質性的影響。既然這些鏡花水月之事不足為依，那麼一切虛幻的東西就不應以之為動。

看身邊那些忙於追逐功名利祿的人，不禁感慨它們不過如過眼雲煙，何必寄予太多的癡情呢？心靜，物不可使之動；身閒，境不可使之亂。也只有氣定神閒，才能心無掛礙、無欲無求。

若能擁有此智慧、此心境，世上萬境、萬種干擾又能奈我何？時時保有一顆

清醒的頭腦、淡定的心智，又還有什麼能左右得了我呢？

講菜根

心無外物

有一個道人自詡神通，他來到當地最有名望的禪師面前，想做一下驗證。

禪師謙抑地問道：「久聞您能了人心跡，不知是否屬實？」道人答道：「只是些小伎倆而已！」

禪師於是心中想了一件事，問道：「請問老僧現在心在何處？」

道人運用神通，查看了一番，答道：「高山仰止，小河流水。」

禪師微笑著點頭，將心念一轉，又問：「請看老僧現在身在何處？」

道人又做了一番考察，笑著說：「禪師怎麼去和山中猴子玩耍了？」

「果然了得！」禪師面露嘉許之色。稱讚過後，隨即將風行雨散的心念悉數收起，反觀內照，進入禪定的境界，無我相，無人相，無天地相，無動靜相，這才笑吟吟地問：「請問老僧如今又在什麼地方呢？」

道人神通過處，只見晴空無雲，水旱無月，人間無蹤，明鏡無影。他使盡了渾身解數，天上地下徹照，全無禪師心跡，一時惘然不知所措。

禪師緩緩出定，含笑對道人說：「閣下有通心之神力，能知他人一切去處，極好極好！可是卻不能探查我的心跡，您知道是為什麼嗎？」

道人滿臉迷惑。

禪師笑著說：「因為我沒有心跡，既然沒有，如何探查得到？」

無論你的心跡藏得多深，只要存在，別人就可以探查到，只有心無外物，才能讓人無所察覺。

7. 自然心體，融和無間

讀菜根

【原文】

當雪夜月天，心境便爾澄澈；遇春風和氣，意界亦自沖融；造化、人心，混合無間。

【譯文】

雪花飄落，天地間一片銀色；月亮當空，天地間萬籟俱靜，這時，人的心情也會隨之清朗明澈、寧靜平和；在春暖花開，天地間一片祥和的時候，人的情緒自然也會得到適當調劑、放鬆，可見大自然和人的心體是渾然一體的啊。

智者樂山山如畫，
仁者樂水水無涯。
從從容容一杯酒，
平平淡淡一杯茶。
——晉·陶淵明

【注釋】

心境：指心中的情緒。
意界：習意的境界。
造化：創造化育。

悟菜根

孟子說：「環境改變器度，奉養改變氣質。」意思是說：人們修身養性，不可能脫離周圍的環境。尤其就常人而言，如果面對月黑煞人夜，如果面對生死離別場，能要求自己像老僧入定般用意念來控制自己嗎？所以自古騷人墨客，歌頌春而厭惡秋，因為春天一片生機而秋天一片蕭殺，人們歡迎萬物的生長，原因在於人們在蕭瑟淒涼中難以感受人間的溫暖。同樣，人們歌頌白雪而厭惡炎夏。雪是冷天的產物，其性寒而色白，喻人的純潔的性格像雪一樣白，像冷天一樣堅定而安寧。這實際上表達出人的一種願望。用大自然的變化來喻人的性格、人的操持，在這一點上與自然是相融和的。

可見，宇宙萬物蘊含著勃勃生機，人天合一，氣息同步，則能天長地久，萬事亨通。

講菜根

東坡賞月

蘇東坡喜愛自然是出了名的。

《東坡志林》中記載，有一天，東坡熄燈欲睡，這時發現月光照進屋裡，非常美麗，於是又起來到院子裡欣賞月色。想和人分享迷人的景致，可是誰也無法在半夜三更起來，就到當時的承天寺找張懷民，正好他也沒睡，兩人就一起到院子裡，欣賞月夜的美景：

庭下如積水空明，水中藻荇交橫，蓋竹柏影也。何夜無月？何處無竹柏？但少閒人如吾兩人者耳。

今人不見古時月，今月曾經照古人。月光永遠那麼美麗，可是能半夜起來欣賞月光的人太少了。蘇東坡也只能找到一個張懷民，到現在怕是一個張懷民也找不到了。天上的月光像幾千年前一樣美麗，可是我們卻越來越忙，樓房也越來越高，於是心靈離大自然的距離也越來越遠了。

東坡說得好，欣賞自然風光，須是「閒」人。什麼是閒？閒不是身體的閒，而是心靈上的閒，所謂悠閒是也。

8. 耳淨是非謝，心空物我忘

讀菜根

【原文】

耳根似飆谷投音，過而不留，則是非俱謝；心境如月池浸色，空而不著，則物我兩忘。

【譯文】

耳根若能像狂風吹過山谷一般，一陣呼嘯過後什麼也不留下，那麼所有流言蜚語都不能影響自己；內心若能像水中月一般，月亮和水看似融為一體實際各有一方境地，那麼心中自然也就一片空明而無物我之分了。

【注釋】

耳根：佛家語，佛家以眼、耳、鼻、舌、身、意為六根，耳根為六根之一，耳對於聲塵而生耳識（識就是判別的意思）。

谷：自下急上的風暴。飆谷是大風吹過山谷。

月池浸色：月亮在水中的倒影所映出的月色。

物我：外物和自我。

> 「生活在世外桃源，遠離城市喧譁；洗淨鉛華，返璞歸真」也許是當下許多人的夢想，然而，如若心中不寧靜，在哪裡都難以擺脫塵世的紛擾。

悟菜根

一個叫貉稽的人，有一次，他與孟子談話，告訴孟子，自己總是被人說得很

壞。孟子回答得很乾脆。孟子說：「無傷也，士僧茲多口。」「無傷」，就是沒有關係。不把別人的言辭放在心上，也即佛教所說的耳根清淨。

而物我兩忘是使物我相對關係不復存在，這時絕對境界就自然可以出現。可見想要提高人生境界必須除去感官的誘惑。而人的感官不可能一點都不受外物的影響，否則何以判斷是否反映外物了呢？

所以要磨練自己的心志，不排斥外物，但卻能不為外物所擾。

講菜根

放下

有兩個和尚一起雲遊。

一天到了一條河的河邊，這河需要徒步涉水才能到河的對岸。此時旁邊還有一個年輕的小姐。師兄逕自走到小姐面前，屈身讓小姐上背，意思是要背小姐過河。小姐猶豫了一下，趴到了師兄的背上，然後師兄背著小姐過了河。

過了河，師兄把小姐放下，小姐表示感謝，師兄合掌點頭。

然後，兩個和尚就又繼續趕路了。

走過了十里，師弟忍不住問師兄：「男女授受不親，何況我們是和尚，你怎麼能背小姐呢？」

師兄笑道：「我在十里外已經把她放下了。怎麼師弟你卻還把她放在心上。」

我們就像那個師弟，遇見什麼都擱在心上，鬧得自己不能專心專意。而師兄正是我們要學習的，經歷無關緊要的就隨時放下，這樣才能一身輕鬆，繼續趕路啊！

9. 春色為幻境，秋光見真吾

讀菜根

【原文】

蔦花茂而山濃谷豔，總是乾坤之幻境；水木落而石瘦崖枯，才見天地之真吾。

【譯文】

　　春天來臨時，萬花盛開、百鳥齊鳴，為山谷增添了無限迷人景色，然而這種鳥語花香的境況不過是大自然的一種幻象；秋天來臨時，泉水乾涸，樹葉凋落，山崖、石頭都呈現乾枯狀態，然而這種山川的荒涼之境，才能顯露自然界的本來面貌。

外物不移方是學。
——宋·陸游

【注釋】

　　幻境：虛空之境，比喻世事。

　　水木落：水指泉水。秋天時節，天氣乾燥，山水乾涸，樹葉凋落。

　　真吾：我本來的面目。朱熹《四時讀書樂》中也說：「木落水盡千崖枯，迥然我亦見真吾。」

悟菜根

　　正如作者所言鶯啼鳥囀不過是一瞬間的聲音，花發草茂不過是一剎那的景象，等到了花落草衰、川水枯竭，崖岸岩石都露出本來的面目，赤裸裸地毫無掩飾，這時候就出現天地的真體。

　　人生也是如此。所謂名譽，所謂權勢，都不過是人生的裝飾，是一種假的姿態，等到名譽失去了，權勢也衰敗了，才看出來人生的真正價值。所以，朱子說的真吾，就是人的真正價值。人能永不失其真吾，則價值雖歷千古，亦不能磨滅。古代的聖賢不失其德，忠臣不失其節，他們都是不失渾厚天真，所以能傳名百代而不衰，歷時千年而不滅，與天地同在，永垂不朽。

講菜根

花紅柳綠，木落石裸

　　有年春天，蘇東坡與朋友一起在郊外飲酒，當他看到紅花綠柳，聽到泉水潺潺和小鳥鳴囀，又看到朋友興致勃勃沉迷於鳥語花香時，不禁感慨：「唉，柳綠花紅，只不過是自然的裝飾罷了，有誰能看穿這美麗的外表呢？」朋友都笑他成了佛癡了，蘇東坡沒有辯解，一笑了之。然後繼續和朋友們一起賞春之美景。

　　這年秋天，他們又相聚一起去遊山玩水。當他看到光禿禿的枝幹和裸露的岩

石,不僅面露喜色,心情十分激動,就對朋友感歎道:「啊,木落石裸,這才是自然界的真面目啊!」這次,他的朋友沒有嘲笑他,因為他們都有同樣的感覺。

當我們的眼睛被春光美景所吸引,哪還有什麼心情來感受自然真實的面目呢?也只有在肅殺的秋色中,自然沒有了一切裝飾,我們才會去觸摸自然的真性情啊!

人生何嘗不是如此呢?

第二篇

齊家

克 己

1. 誠心和氣，調息觀心

讀菜根

【原文】

家庭有個真佛，日用有種真道。人能誠心和氣、愉色婉言，使父母兄弟間形骸兩釋，意氣交流勝於調息觀心萬倍矣！

【譯文】

每個家庭都有個真佛，任何人的生活都有種真道。一個人如果能保持純真的心性，言談舉止自然溫和愉快，就能與父母兄弟相處得很融洽，勝過靜坐調護身心萬倍。

「天人合一」有兩層意思：一是天人一致。宇宙自然是大天地，人則是一個小天地。二是天人相應，或天人相通。是說人和自然在本質上是相通的，故一切人事均應順乎自然規律，達到人與自然和諧。

【注釋】

真佛：真正的佛，此當信仰講。

真道：真正的道。道，真理。

愉色：臉上所出現的快樂面色。

形骸兩釋：形骸指肉體；釋，消除。形骸兩釋指人我之間沒有身體外形的對立，也就是人與人之間和睦相處。

意氣交流：彼此的意態和氣概互相了解、互相影響。

調息觀心：佛道兩教都把靜坐和坐禪稱為調息，取靜坐和坐禪調理呼吸，保持內部機體運轉自如的意思。觀心是觀察自己行為，也就是反省自己。

悟菜根

　　開朗的心情、樂觀的態度、豁達的心胸是家庭美滿、事業成功、人生幸福的基礎。

　　對於一個家庭來說，和則萬事興，我們在形容一個家庭美滿幸福時，總是用「和和美美」這個成語。可見「和」字多麼重要。況且家人都是我們至愛的，也是我們一生中最重要的人。一絲的傷害都能給親人留下永恆的傷口，記得有句話是這樣說的：當孩子指責母親的殘缺時，不管這殘缺是光榮過，還是恥辱過，對於做母親的都會成為灼傷。

　　永遠不要輕易指責家人，記得以和為貴。

講菜根

劉恆為母嘗湯，王祥臥冰求鯉

　　漢文帝是漢高祖第三子，為薄太后所生。

　　高后八年（西元前179年）即帝位。他以仁孝之名，聞於天下，侍奉母親從不懈怠。

　　母親臥病三年，他常常目不交睫，衣不解帶；母親所服的湯藥，他親口嘗過後才放心讓母親服用。

　　王祥生母早喪，繼母朱氏多次在他父親面前說他的壞話，使他失去父愛。父母患病，他衣不解帶侍候，繼母想吃活鯉魚，適值天寒地凍，他解開衣服臥在冰上，冰忽然自行融化，躍出兩條鯉魚。繼母食後，果然病癒。

　　心是安神的，家是安身的。安身才能立命，安神才能立業。齊家才能立業，一個不愛家人，不以家為寶的人，是無法在職場立身的。

2. 富者多施，智者宜斂

讀菜根

【原文】

富貴家宜寬厚而反忌克，是富貴而貧賤，其行如何能享？聰明人宜斂藏而反炫耀，是聰明而愚懵，其病如何不敗？

【譯文】

富貴的家庭待人接物應該寬容仁厚，可是很多人反而很刻薄，這種家庭雖然暫為富貴之家，可是它的行徑已走向貧賤之路，這樣又如何能享受長久的富貴呢？聰明的人，本來應該不露鋒芒，可是很多人反而到處誇耀自己，這種人是很聰明，可他的言行跟無知的人並沒什麼不同，又怎能不失敗呢？

【注釋】

忌克：忌是猜忌或嫉妒，克是刻薄寡恩。

斂藏：斂含有收、聚、斂束等意。斂藏就是深藏不露。

懵：本意是指心神恍惚，對事物缺乏正確判斷，不明事理。

悟菜根

孔子說：「富貴於我如浮雲。」孟子說：「富貴不能淫，貧賤不能移，威武不能屈。」這種志氣和骨氣，也成了歷代知識份子追求理想境界而蔑視榮華富貴的座右銘。所以，凡是有志氣的人都不以清貧為恥。

在現實生活中，有的人是「富」而不「貴」。家境富裕了，就開始看不起以前的窮鄰居，有了學問就開始輕視身邊目不識丁的人，這樣的富裕和聰明又能維持多久呢？所以，當家境清貧時，要不以為意；而當家庭走上了富裕之路，就應思如何寬待鄉鄰；當有了聰明的學識之後，不應大肆炫耀，應思如何運用到生活中。

《東坡志林》：宋蘇軾著。此書所載為作者自元豐至元符年間二十年中之雜說史論，內容廣泛，無所不談。其文則長短不拘，或千言或數語，而以短小為多。皆信筆寫來，揮灑自如，展現了作者行雲流水涉筆成趣的文學風格。

講菜根

┌─────────────┐
　　　　清貧人生
└─────────────┘

追昔兼撫今，每讀「清貧」，不禁感慨萬千。

兩個兵從另一個較富裕的人身上只搜到工作所用的一塊懷錶和一枝鋼筆，此外分文沒有。一個兵馬上在他的褲腳、衣縫仔細地搜找起來，認為肯定有金戒指之類的東西；另一個兵則揮動手榴彈叫道：「你們當大官的會沒有錢？快把錢拿出來！不然就炸死你！」

結果，這兩個人直到搜累了也毫無收穫。

清貧也擋不住我們擁有一身傲骨，保有一顆樂觀的心，從而擁有一個其樂融融的家，建立一項其功赫赫的事業。

3. 多心招禍，少事為福

 讀菜根

【原文】

福莫福於少事，禍莫禍於多心。唯苦事者方知少事之為福；唯平心者始知多心之為禍。

【譯文】

最大的福分莫過於無憂心的瑣事可牽掛，什麼災禍都沒有疑神疑鬼可怕。只有那些整天奔波勞碌、瑣事纏身的人，才明白「沒有閒事繫心頭」是最大的幸福；只有那些經常心平氣和的人，才知道猜疑是最大的災禍。

【注釋】

少事：指沒有煩心的瑣事。

朱熹：（西元1130年—1200年），字元晦，一字仲晦，號晦庵、晦翁、考亭先生、雲谷老人、滄洲病叟、遯翁，漢族，南宋江南東路徽州府婺源縣（今江西省婺源）人。南宋著名的理學家、思想家、哲學家、教育家、詩人、閩學派的代表人物，世稱朱子，是孔子、孟子以來最傑出的弘揚儒學的大師。

悟菜根

英國著名思想家培根在《論猜疑》一文中說道：「猜疑使人精神迷惘，疏遠朋友，而且擾亂事務，使之不能順利有恆。」他明確指出猜疑「是一種腦病」。的確，一個人如果時時處處無端猜疑，勢必思慮過度，而「思慮過度則智識亂」。

一個家庭想要幸福，也不能容有猜疑，只有真誠才是最好的持家之道，親人之間如若沒有了信任，其他一切也就會隨之消失的。

講菜根

多疑和豁達

曹操是一個性格多疑的人。

有一次，他想除掉董卓，卻被他發現，董卓就派人追殺曹操，正是危急時刻，他父親的好朋友呂伯奢救下了他，為了給他壓驚，呂伯奢就磨刀殺豬要來招待他，可沒想到曹操卻認為是要暗殺他，就先下手，把呂伯奢一家全部殺掉了。

事後，陳宮問曹操為什麼要殺呂伯奢一家。這時，曹操雖然明白了事情的真相，但還是說了這樣一句話：「寧教我負天下人，休教天下人負我。」

可見曹操的狠毒、殘忍。

還有一次，有個士兵晚上給他蓋被子，他卻裝成是做夢把士兵給殺了，過後又給士兵舉行了盛大的葬禮。

西元193年，曹操用借刀殺人之計除掉了二十五歲的禰衡；西元208年，曹操殺了當時很有名的北海太守孔融；西元216年，曹操殺了繼孔融之後在士大夫間頗有聲望的崔琰；西元219年，曹操又將楊修送上斷頭台。

而和他形成鮮明對比的就是諸葛亮，俗話說：「宰相肚裡能撐船」，諸葛亮七擒七縱孟

獲，最後孟獲衷心擁戴蜀漢，既證明孔明的寬宏，又表明孟獲的深明大義，由此足見雙方都明大義，識大體，顧大局，留下了民族團結的千古佳話。

要想豁達大度，就要做到有善不自誇，有怨不計較，以情感人，以理服人，以德化人，切忌忘恩負義，恩將仇報，以怨報德。豁達大度是一種非常重要的品德修養。如果我們心胸狹隘、鼠肚雞腸，又怎能心懷國家、放眼世界呢？又怎麼顧全大局、做成大事呢？

善待家人，善待同事，善待鄰里，善待所有與我們朝夕相處的人們吧！

4. 富而足，拙而真

讀菜根

【原文】

奢者富而不足，何如儉者貧而有餘；能者勞而伏怨，何如拙者逸而全真。

> 夫孝，德之本也。又，天之經也，民之行也。
> ——《孝經》

【譯文】

過分奢侈的人擁有再多的財富也不滿足，怎麼能和雖然貧窮卻生活節儉而感到滿足的人相比呢；有才能的人假如由於過度的勞苦而招致大眾怨恨，又如何比得上笨拙的人安閒無事而擁有純真本性呢？

【注釋】

勞而伏怨：勞苦而怨謗集身。

逸而全真：安閒而能保全本性，本為道家語，因為道家把完美無缺的人稱為真人。

悟菜根

生活奢侈的人，無論有多少財產，到頭來也都揮霍精光，表面看來他好像很快樂，其實他內心常常感到不滿足，因為他的財產越多欲望越強，而「欲壑難滿」啊！生活節儉的人，他們平日能量入為出，雖然並非富有，但是在金錢上從來沒有感到不足，因此在欲望上也就沒有非分之想，平平安安過著極快樂的日

子。

　　生活上要能知足，這樣才能身處一個清貧的家而又充滿樂趣。

講菜根

名利船

　　乾隆下江南的時候，看見江上熙來攘往的船隻，問紀曉嵐：「長江一日有多少船往來？」

　　紀曉嵐說：「只有兩條船往來！」

　　乾隆不解地問：「你怎麼知道只有兩條船呢？」

　　紀曉嵐說：「一條船為名，一條船為利！」

　　當今的人們是「忙」了，可是人們卻一直沒有逃脫「名、利」的羈絆，面對名山名水名鎮名碑名林，雖然山巒起伏，泉水潺潺，海天一色，景色壯美，卻不曉得己身仍然深鎖於「名、利」之中。這「浮生半日閒」又從何而來呢？

　　名利船駛了幾千年還依然堅固如初，可見其很難被摧毀。其實，只要人心一足，它也就灰飛煙滅了，可是有些人永不知足啊！

5. 勿羨貴顯，勿慮饑餓

讀菜根

【原文】

　　人知名位為樂，不知無名無位之樂為最真；人知饑寒為憂，不知不饑不寒之憂為更甚。

【譯文】

　　人都知道求得名譽和官位是人生一大樂事，卻不知道沒有名聲沒有官位的樂趣才是最真切的；人只知道饑餓寒冷是值得憂慮的事，卻不知道在不愁衣食後的由於欲望而產生的憂慮更加痛苦。

冷淡猜疑毀壞友誼，粗魯愚蠢毀壞幸福，久客不歸毀壞愛情，酗毀壞羞惡之心，粗心大意毀壞田地，好施捨不勤勉把財產花光。
——《五卷書》

【注釋】

名位：泛指名譽和官位，也就是功名利祿。

 悟菜根

現代人的物質生活豐富了，而精神上卻空虛了，人們在享受到以前夢想追求的東西時，心靈上卻像一張白紙，總感到失落。

今天的我們只知拚命存積金錢財富，全部身心都沉浸在財富的追逐中。然而，我們追逐到的財富越多，我們的心靈就越空虛，本性喪失得就越厲害，己身的精神就越貧乏，生命表現就越少。

所以，我們還是「勿羨名位，勿憂饑寒」，腳踏實地地生活吧！

講菜根

高尚的追求

名譽其實是一朵花，一朵很美很美的花。人們可以把這朵花戴在你的頭上，也可以把它從你的頭上摘下來，戴在別人的頭上，還可以將它丟到地上，踩得粉碎。然而，花朵就是花朵，其形不再，其香猶存！

「五四」時，青年們高喊著「打倒孔家店」的口號，於是乎「文成宣王」、「至聖先師」統統被掃地出門。但如今看看全世界的孔子學院，看看海峽兩岸的經典導讀，孔子依然是孔子：萬世師表、至聖先師！

我們贊成高尚的人生追求，如若不是，我們也不會譴責，因為你自己已經深深陷於塵世苦海，體驗不到一絲人生之趣了。

6. 富可召，禍可遠

讀菜根

【原文】

福不可徼，養喜神以為召福之本而已；禍不可避，去殺機以為遠禍之方而已。

不羨黃金罍，不羨
白玉杯，不羨朝入
省，不羨暮登臺，
千羨萬羨西江水，
曾向竟陵城下來。
——陸羽

【譯文】

幸福不可強求，只能經常保持愉悅的心情來細心感受人生的幸福；災禍難以避免，應消除怨恨他人的念頭而作為遠離災禍的良策。

【注釋】

徼（一ㄠ）：當「祈福」解。

喜神：喜氣洋洋的神態。

殺機：在暗中下定決心要殺害他人的動機。

悟菜根

幸福不可強求，一個人要想追求幸福還須靠自己奮鬥。在奮鬥時抱著只問耕耘不問收穫的達觀態度才能保持一種樂觀。這樣即使不是刻意追求幸福，幸福也會因你的努力而到來。幸福總是很招人喜愛，相比之下，災禍就討厭多了，因為世人總是一遇災禍都想逃避，但逃避不是解決問題的辦法，只有心存忠厚，多反省自己，少怨恨別人，才可能遠離災禍。這樣雖然不一定有福降臨，但也絕不至於招來禍患。

幸福在哪裡？對於一個家庭而言，幸福在於包容，幸福在於奉獻。

災禍怎消除？對於一個家庭而言，多警惕，多諒解，災禍就遠了。

講菜根

換一個角度

京都南禪寺門前，曾有一位綽號「哭婆」的老婆婆，雨時哭，天晴時她也哭，邊許願邊哭個不停。

南禪寺的和尚就問她：「老婆婆，您為什麼哭呢？」

老婆婆邊哭邊說：「老禪師，你有所不知，我有兩個女兒，大女兒嫁給了賣鞋的，二女兒嫁給了賣傘的。天氣好的日子我就想到小女兒的雨傘一定賣不出去；下雨天，我就想到大女兒，雨天哪會有顧客上門呢？想起這些，我就傷心落淚。」

和尚勸她說：「老婆婆，您應該高興啊！天晴時，您的大女兒的鞋店生意興隆；天陰時，您小女兒的傘一定賣得好。」

老婆婆當即開顏破涕。從此，這位「哭婆」整天都樂呵呵的，日子過得很美滿。

生活就是這樣，換個角度，得到的答案就是幸福。

7. 從容處變，剴切規失

讀菜根

【原文】

處父兄骨肉之變，宜從容不宜激烈；遇朋友交遊之失，宜剴切不宜優遊。

窮則獨善其身，達則兼善天下。
——《孟子·盡心上》

【譯文】

如果不幸遭遇父母兄弟或骨肉至親之間發生家庭糾紛或人倫慘變的事故，應該保持冷靜沉著的態度，絕對不可衝動，因為衝動反而會使事情更糟糕；和朋友交往遇到朋友犯錯誤，應該誠懇地加以規勸，絕對不可任由他繼續錯下去。

【注釋】

剴切：懇切規諫。

優遊：順其變化，任其發展。

悟菜根

　　父母兄弟雖是自己的至親，但對家人的事情不能感情用事，朋友雖是自己的知己，但對朋友的事情不能意氣用事，尤其是碰到親朋做錯事的時候，更要遵守這一原則。對家人的錯誤要做到不偏祖，透過耐心開導使他醒悟，對朋友的過失要從善意出發懇切規諫，不能無原則地為朋友兩肋插刀，從而避免不必要的糾紛，這就是治家、處世的藝術。

講菜根

糾錯的藝術

　　有一日，蘇東坡去王安石的書房烏齋找王安石，王安石不在，見烏齋台桌上擺著一首只寫著兩句尚未寫完的詩：「明月枝頭叫，黃狗臥花心。」

　　蘇東坡瞧了又瞧，好生質疑，覺得明月怎能在枝頭叫呢？黃狗又怎麼會在花心上臥呢？以為不妥。於是提筆一改，將詩句改為「明月當空照，黃狗臥花蔭。」王安石回來後，發現自己的詩被蘇東坡改了，沒有動怒，只是笑笑而已。

　　這一年，蘇東坡被貶謫到合浦。蘇東坡到合浦後，一天，他走出室外散步，見一群小孩子圍在一堆花叢前猛喊：「黃狗羅羅，黑狗羅羅，快出來呀？羅羅羅，羅羅羅。」蘇東坡出於好奇心，走過去問小孩喊什麼，小孩說：「我們叫蟲子快點出來，好捉牠。」蘇東坡湊近花前一看，見有幾條黃色、黑色像芝麻大的小蟲在花蕊裡蠕動。又問小孩說這是什麼蟲。小孩說：「黃狗蟲、黑狗蟲。」蘇東坡離開花叢，來到一棵榕樹下，正碰到樹上一陣清脆的鳥叫聲，問旁人：「這是什麼鳥在叫？」旁人答道：「這叫明月鳥。」此刻蘇東坡才恍然大悟，知自己錯改了王安石的詩，想向太師賠罪，只是找不到進京的機會。

　　一年後，馬太守決定把冬至節派官上朝進賀表的事交給蘇東坡，賀表也由蘇東坡來寫，東坡得到這個機會很高興，想起到黃州上任時王安石囑咐他取瞿塘中峽水之事。當時因對被貶黃州心中不服，竟忘了這件事，現在想一定要辦妥。於是從水路走，可順便取中峽之水。順流而下，一瀉千里，因鞍馬顛簸、身體睏倦，不覺睡過去了，沒有吩咐水手打水，到醒來時已是下峽，過了中峽。東坡趕

緊吩咐掉轉船頭，要取中峽水，但逆水行舟，很是費勁，而且用不上力。遇見一個老者，問三峽哪一峽水好。老者說：「三峽水晝夜不斷，難分好壞。」東坡想：「何必一定要取中峽水呢？」於是叫水手將下峽水裝滿了一甕，回到黃州，寫好了進表。之後星夜趕到東京，到了相府見了荊公，東坡對錯改詩句一事，拜伏於地，表示謝罪。王安石說：「你沒看見過，這不怪你。」便問帶中峽水的事情。東坡說已經帶來了。王安石趕緊取來甕，命令下人生火煮水，沖泡陽羨茶，但茶色半晌方見。王安石問：「此水何處取來？」東坡答：「巫峽。」王安石：「是中峽水嗎？」東坡答：「正是。」王安石笑著說：「又來欺老夫了，此乃下峽之水，如何假名中峽？」蘇東坡大驚，說是問過當地有經驗的老者，告訴三峽之水都一樣。於是聽信了他取了下峽之水，並問：「老太師怎麼辨別出來的？」王安石教育他讀書人不可輕妄，凡事要尋根究底，並向他解釋：「上峽水性太急，下峽水太緩，只有中峽緩急相半。太醫院官乃明醫，知老夫患中脘變症，故用中峽水引經。此水煮陽羨茶，上峽味濃，下峽味淡，中峽濃淡之間。今見茶色半晌方見，故知是下峽。」東坡聽後，心悅誠服，離席謝罪。王安石安慰他說沒有什麼罪，並指出他因過於聰明，容易疏略。

王安石對蘇東坡這次做錯了事，而且一開始還想掩蓋過去，沒有斥責他，而是一方面中肯地指出東坡過於聰明，反而不能尋根究柢，容易犯自以為是的毛病，另一方面又向東坡介紹三峽之水上中下的區別，使東坡心悅誠服。

我們不可恃才而輕易否定別人的見解，也不可恃理而抓住別人的錯不放。自己有錯要勇於承認，他人有錯要敢於指出。這樣才能建立良好的人際關係。

8. 愛重為仇，薄極成喜

🍃 讀菜根

【原文】

千金難結一時之歡，一飯竟致終身之感，蓋愛重反為仇，薄極反成喜也。

> 家庭應該是愛、歡樂和笑的殿堂。
> ——木村久一

【譯文】

再多的金錢，有時也難以換得一時的快樂，一碗飯的饋贈，能使人一生感

激，只因為愛到了極點很可能會成為恨，不相識的陌生人給予的一點惠助，反而能使你欣喜不已。

【注釋】

一飯竟致終身之感：據《史記‧淮陰侯列傳》中記載，韓信窮困的時候，沒有人瞧得起他，但有一老太太看他餓，就給他飯吃。韓信當然說了感激的話，這老太太很生氣地回答說：「大丈夫不能自食其力，我不過同情你，誰指望你報答？」韓信以後顯貴發達始終記得這一飯之恩。

悟菜根

給予我們最多愛的是誰？我們的家人。幫助我們不求回報的又是誰？還是我們的家人。可是我們給了家人什麼？除了無盡的任性，無窮的擔憂，無限的失望，還有什麼？甚至有時只因為一次無心的傷害而和他們冷淡一生。可憐的人啊！為什麼對陌生人一次微小的幫助會感激一生，而就不肯拿一顆同樣的心來對待家人呢？

講菜根

陌生人和親人的關懷

那天，她跟媽媽又吵架了，她感覺媽媽不愛她，想著想著，內心的怒氣就升了起來，結果，一氣之下，她走出了家門。

她走了很長時間，路過一個麵攤，嗅到麵湯的香味，才感覺到肚子餓了。可是，她摸遍了身上的口袋，連一個硬幣也沒有。

麵攤的主人是一個看上去很和藹的阿姨，她看到她站在那裡，就問：「孩子，你是不是要吃麵？」「可是，我忘了帶錢。」她有些不好意思地回答。「沒關係，我請你吃。」

阿姨端來一碗餛飩和一碟小菜。她滿懷感激，剛吃了幾口，眼淚就掉了下來，紛紛落在碗裡。「你怎麼了？」阿姨關切地問。「我沒事，我只是很感激！」她忙擦眼淚，對阿姨說，「我們不認識，而你卻對我這麼好，願意煮餛飩給我吃。可是我媽媽，我跟她吵架，她竟然把我趕出來，還叫我不要再回去！」

阿姨聽了，平靜地說道：「孩子，你怎麼會這麼想呢？你想想看，我只不過

煮了一碗餛飩給你吃，你就這麼感激我，那你媽媽煮了十多年的飯給你吃，你怎麼會不感激她呢？還要跟她吵架？」

女孩愣住了。

女孩匆匆吃完了餛飩，開始往家走去。當她走到家附近時，一下就看到了疲憊不堪的母親正在路口四處張望……母親看到她，臉上立刻露出了喜色：「趕快回來吧！飯早就做好了，你再不回來吃，菜都要涼了！」

這時，女孩的眼淚又開始掉下來！

有時候，我們就是這樣，對別人給予的小恩小惠「感激不盡」，卻對親人一輩子的關懷「視而不見」。對家人也持有一顆感恩的心吧！因為這世上最值得你感激的就是你的家人啊！

9. 冷腸平氣，無煩惱障

🍃 讀菜根

【原文】

炎涼之態，富貴更甚於貧賤；妒忌之心，骨肉尤狠於外人。此處若不當以冷腸，禦以平氣，鮮不日坐煩惱障中矣。

> 當於極盛之時，
> 預作衰時設想；
> 當百事平順之際，
> 預為百事拂逆地步。
> ——曾國藩

【譯文】

世態冷暖的變化，富貴的家庭比貧窮的家庭顯得更加鮮明；猜忌的心理，親人之間比陌生人間顯得更厲害。處在這種場合如果不能用冷靜的態度、平和的心態來面對，那就極可能終日陷入無窮無盡的煩惱深淵了。

【注釋】

冷腸：本指缺乏熱情，此處當「冷靜」解。

煩惱障：佛家語，例如貪、嗔、癡、慢、疑、邪見等都能擾亂人的情緒而生煩惱，對佛家來說這些都是涅槃之障，故名「煩惱障」。

悟菜根

翻開皇家歷史，簡直是一部骨肉相殘的歷史：漢武帝、武則天、唐太宗等無不為了權力而曾骨肉相殘。可是「萬里長城今猶在，不見當年秦始皇」，「是非成敗轉頭空」，那些又有什麼意義呢？

如今這個社會，個人的私欲處於無限的膨脹狀態。如此現實，怎能不讓人反思如何才能改良社會風氣，否則親情何在，富貴何存？

講菜根

骨肉相殘

約瑟從小與父親形影不離，備受呵護和疼愛。這是他第一次遵照父親的吩咐出遠門。一連幾天的長途跋涉，饑渴與疲憊，寂寞與孤獨，使他更加懷念與父親在一起的日子。他在山野裡多次迷路，好不容易找到名叫示劍的地方，卻不見十個哥哥和羊群的蹤影。他逢人便打聽他哥哥們的去向，終於有人告訴他：「你的哥哥們趕著羊群到多坍去了。」

約瑟已經走了這麼長的路，多麼想停下來歇一歇啊！聽說還得再走幾十里路，他感到自己的雙腿發酸，舉步維艱，實在不想前行了。可是父親交給他的任務還沒完成呢！他此時不正在家裡等待著哥哥們的消息嗎？為了不辜負父親的重托，約瑟不顧疲勞，繼續趕路。他一邊走一邊想：前面不遠處就是哥哥們放牧的地方，再堅持一會兒就可以與他們見面了。能與久別的哥哥們重逢，得到他們的善待，那是多麼美好的事啊！他們一定與自己一樣開心吧！

然而，令約瑟感到萬分吃驚的是，當哥哥們遠遠地看到弟弟風塵僕僕地過來時，不但沒有高興地前去迎接，反而用鄙視的眼神看著他。他們認為弟弟身上所穿的那一件彩衣，就是父親偏愛的證據，便譏誚說：「你們看哪！那做夢的來了。」他們心裡埋藏已久的嫉恨這時爆發了。他們說：「來吧，我們將他殺了，丟在一個坑裡，就說是讓惡獸給吃了，看他的夢怎麼實現！」只因其中有人念及手足之情，出面制止，才暫時保住了約瑟的性命。但不管約瑟怎樣苦苦哀求，無情的哥哥們還是剝掉他的大衣，冷酷地把他扔在路邊的土坑裡。

血濃於水，可是一旦利益出現，那血就冷了，冷得讓人發抖。

教 子

1. 天地需和氣，人間需喜神

讀菜根

【原文】

疾風怒雨，禽鳥戚戚；霽日光風，草木欣欣，可見天地不可一日無和氣，人心不可一日無喜神。

【譯文】

狂風暴雨中，飛禽會感到哀傷、憂慮、惶惶不安；晴空萬里時，草木茂盛欣欣向榮。由此可見，天地之間不可以一天沒有祥和之氣，而人也不可以一天沒有歡暢的心情。

【注釋】

戚戚：憂愁而惶惶不安。

霽日光風：霽，雨後轉晴。指天氣晴朗，風和日麗。

欣欣：草木茂盛的樣子。

喜神：心神愉快。

悟菜根

沒人喜歡整天板著臉的人，子女也是，你的「暴政」總有一天會把你的子女對你的尊敬和熱愛消耗殆盡。

孩子總會做錯事，這時，你再嚴厲也都無濟於事了，反而會讓孩子產生叛逆心。不如心平氣和，先給孩子以安慰，再幫助孩子改正、彌補錯誤，讓孩子的心有如沐春風的感覺，孩子自然就會接受你的建議，也願意親近你。而你的家庭也

會一團和氣，成為你立業的堅實後盾。

🌿 **講菜根**

::::::::::::::::::::
暴而失民
::::::::::::::::::::

秦始皇的暴政有四：

1.「徭役繁重」。秦朝不僅廢除了什一之稅、三日之役，「又加月為更卒，已復為正一歲，屯戍一歲，力役三十倍於古。田租、口賦、鹽鐵之利二十倍於古。或耕豪民之田，見稅什五。故貧民常衣牛馬之衣而食犬彘之食。」

2.「刑罰酷虐」。賈誼說：「秦王置天下於法令刑罰，德澤亡一有，而怨毒盈於世，下憎惡之如仇讎，禍幾及身，子孫誅絕，此天下之所共見也。」

3.「暴兵露師」。「遣蒙恬築長城，東西數千里，暴兵露師常數十萬，死者不可勝數，僵屍千里，流血頃畝，百姓力竭，欲為亂者十家而五。」，「以至於秦，興兵遠攻，貪外虛內，務欲廣地，不慮其害。然地南不過閩越，北不過太原，而天下潰畔禍卒在於二世之末，《長城之歌》至今未絕。」

4.「焚百家之言」。秦始皇銷毀除秦記以外的所有六國史書和私藏於民間的詩書，天下敢有藏詩書、百家語者，悉詣守、尉雜等燒之。有敢偶語詩書者棄市。以古非今者族。吏見知不舉者與其同罪。令下三十日不燒，黥為城旦。所不去者，醫藥、卜筮、種樹之書。若欲有學法令，以吏為師。秦始皇焚詩書、坑儒士的目的在於根絕先王之道，廢除先王之制。

秦始皇的暴政使其民心盡失，起義連連，而最終因此禍根走向滅亡。

我們若不汲取教訓，又怎能擁有一個和和美美的家庭呢？

2. 教弟子，嚴出入，謹交遊

🌿 **讀菜根**

【原文】

教弟子如養閨女，最要嚴出入，謹交遊。若一接近匪人，是清靜田中下一不淨的種子，便終生難植嘉禾矣。

【譯文】

　　教導子弟，就像養育一個女孩那樣，最關鍵的是要嚴格管束她們的出入和注意她們所交往的朋友。如果一旦結交了行為不正的人，就好像是在良田裡播下了一粒壞種子，也就一生難以成為有用之才了。

【注釋】

　　弟子：此處同「子弟」。

　　匪人：泛指行為不正的人。

　　嘉禾：指長得特別茂盛的稻穀。

悟菜根

　　古人云：「與邪佞人交，如雪入墨池，雖融為水，其色愈汙；與端方人處，如炭入熏爐，雖化為灰，其香不滅。」荀子曾曰：「匹夫不可以不慎取友。」說的也是這個道理，不論是誰都應該「近君子、遠小人」，「先擇而後交」，不加選擇地交友是不可取的。

　　如果不教會子女如何選擇真正的朋友，可能他們將來的某一天就會「栽」倒在「損友」的陷阱裡。

講菜根

交「友」不慎

　　近年來，高官倒在「有錢人」用金錢鋪就的犯罪之路上的事例不在少數。

　　印尼農業部驚傳進口牛肉賄賂案，案情不斷向上燃燒、愈演愈烈。印尼公正福利黨評議理事會主席的兒子哈基姆（Ridwan Hakim）日前因進口牛肉賄賂案出庭作證時表示，有一名叫森曼的中間人，收受了進口農產品公司約370萬美元（約台幣1.1億元）賄款，而森曼是總統尤多約諾（Susilo Bambang Yudhoyono）的親信及特使，將收賄層級向上推到總統。

　　可見，在賄賂案得到大筆貸款的當事者，對其低下人格也是看不起的，只是為了牟利而利用他。也正是這些「有錢人」，扮演著「釣者」的角色，一步步地把他引向「斷頭台」。

交友不可不慎啊！我們要從孩子小時就教育他們：擯兇險之類，拒邪佞之朋，絕貪冒之黨，避苟且之徒。寧可不交，也不可濫交。

3. 地穢生物，水清無魚

讀菜根

【原文】

地之穢者多生物，水之清者常無魚，故君子當存含垢納汙之量，不可持好潔獨行之操。

土扶可成牆，積德為厚地。
——唐·李白

【譯文】

土地上盡是腐草和糞便才能生長出許多植物，河流清澈見底反而不會有魚蝦來繁殖，所以君子應該有容忍庸俗的器度和寬恕他人的度量，絕不可過持自命清高、獨善其身的節操。

【注釋】

水清無魚：《孔子家語》中有「水至清則無魚，人至察則無徒」。

含垢納汙：本意是一切髒的東西都能容納，此處是比喻器度寬宏而有容忍的度量。

好潔獨行之操：生活中喜歡保持獨善其身的態度。操是節操或志向。

悟菜根

世間並無絕對的真理，而且正邪善惡共存，所有美好和惡劣的東西都沒有清晰的界限。所以我們立身處世的基本態度，必須有清濁並容的雅量。想要擁有一個幸福美滿的家庭，就必須有恢弘的器度，做個大肚彌勒佛，在笑聲中，建立和諧融洽的關係，子女健康自由成長，夫妻互敬互愛。

講菜根

過於乾淨未必是好事

在日本的一家動物園，有位飼養員特別愛乾淨，對動物也特別有愛心，每天都把小動物住的小屋打掃得乾乾淨淨的。

結果呢？那些小動物一點也不領他的情，在乾淨舒適的環境裡，動物們漸漸變得萎靡不振了，有的厭食消瘦，有的生病拒食，有的甚至死了。

一個家庭若總是充斥著責備的聲音，久而久之，在這種壓抑的環境中，誰還能保持一個健康的心態呢？

4. 念祖宗德澤，思子孫福祉

讀菜根

【原文】

問祖宗之德澤，吾身所享者，是當念其累積之難；問子孫之福祉，吾身所貽者，是要思其傾覆之易。

> 溫和的語言，是善良人家庭中絕不可缺少的。
> ——《摩奴法典》

【譯文】

要問我們的祖先是否給我們留下有恩德，就要看看我們現在所享有的生活，如果恩德不淺，應當感念祖先留下這些德澤的不易；要問我們的子孫將來是否能生活幸福，就必須先看看自己給子孫留下的德澤究竟有多少，如果恩澤不多，就要想到子孫勢將無法守成而容易使家業衰敗。

【注釋】

德澤：恩惠。

福祉：「福」、「祉」同義，幸福。

貽：和「遺」的意思相通，可作遺留解。

悟菜根

俗語說：「積善之家，必有餘慶；積不善之家，必有餘殃。」子孫所蒙受幸福的深淺多少，不但要看我們修積與遺留的多少，也要看我們於現世本身的幸福吉祥跟危險災難，以及自己進德修業的工夫大小。

所以，人必須時時曉諭子孫守業維艱，對子孫要善為教導，要以戒慎敬懼的態度從事，方可上昭祖業的光大，下及子孫的榮耀。

講菜根

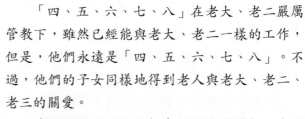

老人與子孫

老人有許多孩子，老大是打鐵製作工作用具的；老二是種田捕魚的；老三武藝好，是保家平安的；老四、老五、老六、老七、老八都很調皮搗蛋，所以，都歸老大、老二管教，或學打鐵，或學種田。家中老九最有智慧，卻樣樣都要學，老人愛老九，又怕老九學「四、五、六、七、八」，學些破壞家規的事。

老人帶著孩子們沿著江河朝東走，一直走到了大陸的邊緣，大海的岸邊。老人要求孩子止步，並告誡他們說：「海中有怪，入海，或渡海，危險。」於是，他們在大陸的邊緣和大海的邊緣繁衍歇息了。

「四、五、六、七、八」在老大、老二嚴屬管教下，雖然已經能與老大、老二一樣的工作，但是，他們永遠是「四、五、六、七、八」。不過，他們的子女同樣地得到老人與老大、老二、老三的關愛。

時光飛逝，孩子們都有了自己的孩子，老人對孫子是一視同仁的，都把他們送到老九這兒讀書，然後，又把他們一個個或交給老大學工、或交給老二學農，或交給老三學武。同時，又讓老大、老二管教好老九，不讓老九被「四、五、六、七、八」帶壞。

老大的子女多了，打鐵鋪沒增大，所以，只能送到老二那兒。老二的田地沒增加，卻還能容

納一些人。所以，老人規定：只許老大的子女作農作，不允許老二及子女上打鐵鋪；「四、五、六、七、八」的子女當然以作農作為主。

打鐵鋪擁擠了，田地也擠滿了人。所以，一些人忙，一些人閒著。當然，誰也不是傻瓜，都想成為空閒的人。於是，吃穿成問題了。老人決定讓老大和老二強化子孫們的思想教育。結果，子孫們互相指責，並把矛頭指向老九說：「都是他過去教育的毒害。」「老九不能走！」——老人發話了！

過了幾年。一天，老九對老人說：「大海有的是魚，我們為什麼不去捕呢！」老人深思熟慮後，決定讓子孫後代下大海捕魚了。此令一出，子孫中有憂的，也有喜的。憂者認為：大海有怪物，我們無打怪物的工具；喜者認為：寧可去大海冒險，也不願在人堆中受罪。老人說：「聽說大海有怪物，所以，我們就蹲在大海邊，寧可受罪，也要讓傳說中的怪物去享受大海資源。這是膽小鬼的邏輯！我們從黑暗的西面到光明的東方，不就透過浴血奮戰的嗎？我們死都不怕了，還怕這從未見的怪物嗎？子孫們，我們打開門窗，衝向大海吧！有怪物，我們就搏鬥，沒怪物，我們就捕魚。我們要與怪物在大海上搏鬥！要回屬於我們的財富！」老人的子孫團結了起來，沒有了老人的兒子們，只有子孫大軍。

老人家的魚多了起來，為了保存成果，許多魚醃好入了庫。老人大家族富足了，成了世上最富足的老人。

又過了幾年。一天，老九對老人說：「庫中的鹹魚多了。可是，大海也就這麼大，捕的魚也就這麼多，捕魚者有限，有許多人閒著，如果把庫中鹹魚平均分給眾子孫，那麼，能讓所有子孫飽一段日子。假如把一些鹹魚換一些『漁』，那麼，又能讓更多子孫去捕魚。」老人頓悟：「對！大海中的魚是有限的，大海中能吃的東西卻是豐富的；大海的資源是有限的，宇宙的資源卻是無盡的。」此時，老大和老二說了：「我們更缺吸收子孫智慧和力量的『漁』。與其讓他們啃老，還不如給他們新型的『漁』，讓他們去他們願意去的地方捕宇宙資源。」

老人頓悟：「子孫們為什麼沒法工作？不僅是因為我們對他們嬌慣，還因為我們沒有給他們留下新型的生存方法。」

5. 家人有過，春風解凍

讀菜根

【原文】

家人有過不宜暴怒，不宜輕棄。此事難言，借他事隱諷之。今日不悟，俟來日再警之。如春風之解凍，如和氣之消冰，才是家庭的型範。

有比快樂、藝術、財富、權勢、知識、天才更寶貴的東西值得我們去追求，這極為寶貴的東西就是優秀而純潔的品德。
——薩繆爾·斯邁爾斯

【譯文】

家裡人有了過失，不應當隨便大發脾氣，更不應當置若罔聞。如果他的過失不便直接指出，就要假借其他類似的事情加以暗示讓他明白自己的過錯。如果他一時半會不能醒悟，就要耐心等待時機再進行勸告。這樣，就好比溫暖的春風能逐漸消除冰天雪地的寒氣，也如溫暖的氣流能融化冬天所結的冰，而且這樣充滿和氣的家庭才算得上是模範家庭。

悟菜根

「人非聖賢，孰能無過」，也不知什麼原因，對於犯錯的陌生人，我們能很容易地原諒，可是對於很親近的人，一旦他們犯了錯，我們就會很悲傷，不願輕易原諒他們，有時甚至成為終身的遺憾。其實，家人如此愛我們，即使犯錯有時也是出於好心，只是方法不對，所以造成過失。這時，我們不應該只看到錯的結果，要想想他們為什麼會犯下過失，說不定其中也有我們的責任呢！

當子女犯了錯，大發雷霆和不管不問都是不明智的，要循循善誘，讓他們認識到自己的錯誤才是最好的解決之道，也能不破壞家中融洽的氣氛。

講菜根

孩子最珍貴

有一位父親很愛讀書，日積月累也就收藏了很多的書，他非常珍視這些書，每年都要曬一遍、擦拭一遍。他五歲的兒子見父親這麼愛書，也經常看書，並且

每次都會興奮地幫爸爸一起曬書、擦拭書。父親看到孩子受到自己的影響也這麼愛看書，心裡非常欣慰，而且對兒子如此幼小就知道體諒大人感到非常滿足。

有一年，因為工作問題，這位父親一直很忙，也很累，雖然書積落了很厚一層灰塵，但他實在沒空像往年一樣擦拭書了，心想，等明年工作穩定了，再清理書吧！他的兒子見父親這麼累，就琢磨著自己幫父親曬書、擦拭書。

那天他自己一人把書搬到外邊，並且仔細地擦拭每一本書。等他做完後，累得趴在書上就睡著了。誰知突然下起了雨，等他發現下雨，就跳了起來，趕緊將書往屋裡搬，然而有的書還是被淋濕了。他看著父親珍貴的書，「哇」地失聲大哭，並站在那裡等父親回來，準備接受父親的懲罰。

這位父親一進屋，看見滿地的書和站在一旁的兒子，立刻明白了是怎麼回事。他生氣地跪在地上禱告：「上帝呀！請您告訴我，我該怎麼做？那些我心愛的書，突然變成這樣，我該怎麼處罰我的孩子？」

他剛禱告完，在他心裡忽然響起了一個聲音：「不要為灑在地上的牛奶而哭泣。」

突然間，他像是被點醒了。

他走向兒子，兒子正害怕地流著淚，動也不敢動。

他急忙把孩子擁在懷裡，並且說：「謝謝你幫爸爸曬書，爸爸愛你，勝過那些書。」

親情無價，對我們一生影響、幫助最大的就是家人。明白了這一點，還有什麼不可原諒的過錯呢？

6. 富貴之家，心存清涼

讀菜根

【原文】

生長富貴家中，嗜欲如猛火，權勢似烈炎，若不帶些清冷氣味，其火炎不至焚人，心將自爍矣。

【譯文】

生長在豪富家庭的人，不良嗜好的習性猶如烈火，專權弄勢的脾氣猶如烈

焰。假如不用清淡的心念緩和一下，那猛烈的欲火雖然不至於粉身碎骨，心最終
也會被焚毀。

【注釋】

　　嗜欲：多指放縱自己對酒色財氣的嗜好。

悟菜根

治家嚴，家乃和；
居鄉恕，鄉乃睦。
——清·王豫

　　　　這世上難填滿的不是大自然的溝壑，而是心田的欲壑。如果
家庭殷實，就要警惕子女將在富貴環境中養成不好的心性和脾
氣。要讓孩子知書達理，成為君子，具備讓人羨慕的高尚情操，
如若不然，孩子一生的禍根就在富貴鄉中埋下了，而且終有一天會毀了孩子。

講菜根

孔子教子

　　有一回，孔子獨自站在庭中，看見伯魚趨身而過，就問兒子說：「你學
《詩》了嗎？」伯魚說道：「尚未學《詩》。」

　　孔子說：「不學《詩》，不知與人言語應對。」

　　伯魚便退到自己房中，趕緊學《詩》。

　　《詩》有比興答對酬酢，學了之後，能夠事理通達而心氣平和，所以孔子教
兒子要學《詩》。

　　又有一次，伯魚趨而過庭，孔子問他：「你學《禮》了嗎？」

　　　　伯魚答道：「尚未學《禮》。」

　　　　孔子說：「不學《禮》，不知立身
處事之道。」

　　　　伯魚謹遵庭訓，退而學禮。

　　　　禮是恭儉莊敬立身之本，人有禮則
安，無禮則危，若不學禮則無以立身。
學《詩》、學《禮》是孔子教子之義
方，值得後人學習。

7. 心為根，善是肥

讀菜根

【原文】

心者後裔之根，未有根不植而枝葉榮茂者。

【譯文】

我們一顆善良的心，是後代子孫幸福的根苗，就像栽花植樹一樣，有根才能開花結果，還沒見過沒有根而騰空開出鮮花，結出果實的情景呢！

陶宗儀：
（西元1329年—約1412年），字九成，號南村，浙江黄岩人（今清陶鄉）。陶宗儀是中國歷史上著名的史學家、文學家，著有《輟耕錄》、《古唐類苑》、《草莽私乘》、《遊志續編》等。被譽為「立身之潔，始終弗渝，真天下節義之士。」

悟菜根

一個人的高尚品德是他一生事業的基礎，也是子孫後代幸福的根基，就如同興建高樓大廈一樣，假如不事先把地基打牢，即使高樓大廈平地而起，也終有一天會坍塌的。

我們自己要具有一顆善良正直的心，才能給我們的後代打下幸福的根基，同時子孫尚有子孫，我們也要給予自己的子孫一顆美好的心，才能使幸福之泉永不枯竭。

講菜根

勿以善小而不為

一場暴風雨過後，成千上萬條魚被捲到一個海灘上。

一個小男孩每撿到一條便送到大海裡，他不厭其煩地撿著。

一位恰好路過的老人對他說：「你一天也撿不了幾條。」

小男孩一邊撿著一邊說道：「起碼我撿到的魚，牠們得到了新的生命。」

一時間，老人為之語塞。

是呀！「勿以善小而不為」，可能你眼中小小的善舉，對別人來說卻是關乎生死之行。

8. 幼不學，不成器

讀菜根

貴有恆，何必三更
眠五更起，
最無益，只怕一日
曝十日寒。

【原文】

　　子弟者大人之胚胎，秀才者士夫之胚胎。此時若火力不到，陶鑄不純，他日涉世立朝，終難成個令器。

【譯文】

　　孩子是大人的前身，秀才是官吏的前身。假如在孩童、求學階段磨練不夠，那將來踏入社會、入朝為官，就很難成為一個有用的人才。

【注釋】

　　胚胎：指生命之開端。

　　秀才：指在學學生。

　　令器：美好的棟樑之材。

悟菜根

　　人一生最幸福的時期是童年，而最關鍵的時期也是這個時候，如果所有關於童年時光的美好記憶只是玩樂嬉戲，那麼不用見此人，你就能判定這人只是泛泛之輩。因為正如作者所說的那樣，一個人幼年時期的磨練和教育不夠火候，將來也很難成大器。

講菜根

> 幼有學，才成器

　　我國古代特別重視幼教蒙訓。

　　東漢桓榮，字春卿，著名的儒學家。他年輕時，拜歐陽歙為師，學習《尚書》。後來，漢光武帝任他為議郎，向太子傳授儒學經典，再後來當上了太學博士。

　　光武帝常常去太學探訪，視察中，常讓各博士闡述對各自所教儒學經典的理解，並且互相提問辯論。桓榮在辯論中總是彬彬有禮，以理服人，從不強調本位，很得光武帝賞識。

　　後來，光武帝挑選桓榮當太子的老師，任命他為太子少傅，並賞賜給他輜車乘馬。桓榮獲賞後，召集太學的學生們，指著皇帝賞賜的車馬官印綬帶說：「現在我所得到的這些東西，全是深入鑽研古代歷史的結果。你們能不努力學習嗎？」

　　太子即位後，仍然用老師的禮節尊崇他。

　　桓榮為何能成為太子的老師，除了他本身所具有的才華之外，主要原因是因為光武帝對皇子啟蒙教育的重視，他不僅為皇子們請來才識很高的老師，還親自監督，他對孩子教育的重視可見一斑。

9. 為官公廉，居家恕儉

讀菜根

【原文】

　　居官有二語曰：「唯公則生明，唯廉則生威。」居家有二語曰：「唯恕則情平，唯儉則用足。」

> 吾有知乎哉？蒙昧也。有鄙夫問於我，空空如也。我叩其兩頭而竭焉。
> ——孔子

【譯文】

　　做官的有兩句箴言說：「只有態度公正無私，判斷才能明確；唯有行為清白廉潔，才能使人敬服。」治家也有兩句箴言說：「擁有一顆寬恕的心，心情自然平和；平日生活節儉樸素，家用自然充足。」

悟菜根

　　翻開歷史，總有一個詞讓我們感慨不已，那就是「清官」；環顧歷史，也總有一個詞被我們看到，那就是「勤儉」。一個為官治國，一個居家齊家。可是談起清官我們如數家珍，論起勤儉我們唉聲嘆氣……

　　是呀！百姓父母官清廉勤政者，實在令人敬佩；持家節儉、寬厚待人者，實在可貴可敬！

講菜根

　　記得洛克菲勒剛創業時，某天在報紙上看到一則啟示說，看了他們的書並按照書中的原則要求自己，就能贏得財富。結果洛克菲勒買回書打開一看，就只有一個字——勤，洛克菲勒當時很氣憤，可靜下心來一想，確實如此啊！

第三篇

立業

求 知

1. 修德忘功名，讀書要深心

讀菜根

【原文】

　　學者要收拾精神並歸一路。如修德而留意於事功名譽，必無實詣；讀書而寄興於吟詠風雅，定不深心。

【譯文】

學而不思則罔，思
而不學則殆。
——《論語·為政》

　　求取知識一定要集中精神，排除一切雜念，將精力灌注於一處。如果想修養品德而又擺脫不了功名利祿，必然不會有很高的真正造詣；如果想讀書而又把心思放到吟詠詩詞等風雅事上，也必然不會獲得很高的成就。

【注釋】

　　收拾精神：指收拾散漫不能集中的意志。
　　並歸一路：指合併在一個方面，也就是專心研究學問。
　　事功：事業。
　　實詣：實際的造詣。
　　風雅：風流儒雅。

悟菜根

　　讀書只知道吟風弄月講求風雅，尋章摘句不務實學，不求甚解，也不深入，永遠不可能求到真才實學。修德若只為了裝點自己的門面，附庸風雅，而不是為了提高自己的內在涵養，這種人不可能擁有高尚的品德。

修德、讀書猶如種莊稼，有一分耕耘才能有一分收穫，有一分專注才能有一分成功。

陶宗儀勤於讀書，勤於寫作，身上總是隨身帶著筆墨，就是下田工作也不例外。李賀每天清晨就出去，常常帶著一個小書童，騎著瘦驢，背著又舊又破的錦囊，碰到有心得感受的，就寫下來投入囊中。

其實，從古到今，無論是做學問還是其他，都講究「勤」、「專」二字，勤中苦，苦中樂，專中悟，悟中得。不明白這個道理，就不能真正進步。

講菜根

鎖定目標，執著追求

有這樣一個禪宗故事。

慧遠禪師年輕時，喜歡四處雲遊。有一次，他遇到一位嗜菸的行人。兩人走了很長一段山路，然後，坐在河邊休息。那位行人給了慧遠禪師一袋菸，慧遠禪師高興地接受了行人的饋贈。然後，他們就在那裡談話。由於談得頗為投機，行人又送給他一根菸管和一些菸草。

慧遠禪師與行人辭別以後，心想：「這個東西令人十分舒服，肯定會打擾我禪定，時間長了一定會惡習難改，還是趁早戒掉的好。」於是，他就把菸管和菸草都扔掉了。

又過了幾年，他又迷上了《易經》。那時候正是冬天，天寒地凍。於是，他寫信給他的老師，向老師索要一些寒衣。然後，將信託人送到老師那裡。但是信寄出去很長時間了，冬天已經過去，山上的雪都開始融化了，老師還沒有寄衣服來，也沒有任何的音信。慧遠禪師遂用「易經」為自己占卜了一卦，結果算出那封信並沒有送到。

他心想：「《易經》占卜固然玄奇，但如果我沉迷此道，怎麼能夠全心全意地參禪呢？」從此以後他再也不接觸「易經」之術了。

爾後，他又迷上了書法。每天鑽研，居然小有所成。有幾個書法家竟然也對他的書法讚不絕口。他轉念想到：「我又偏離了自己的正道，再這樣下去，我很有可能就成為書法家，而成不了禪師了。」

從此以後，他一心參悟，放棄了一切與禪無關的東西，終於成為了一位禪宗大師。

我們要像慧遠禪師那樣，一旦知道了自己的所為與原目標相悖逆，輒要犀燃燭照，幡然改正，明確自己的原定目標，放棄一切與原目標無關的東西。做一個純粹的人、有道德的人、脫離低級趣味的人。同時，我們要加強道德修養，保持自身定力，拿定沉潛的心境，善於鎖定目標，執著追求，專心致志，全心全意，堅持不懈，全力以赴地成就自己的目標。只有這樣，我們的學問才能做得深，取得更多的斐然成就。

2. 虛心明義理，實心卻物欲

讀菜根

【原文】

心不可不虛，虛則義理來居；心不可不實，實則物欲不入。

鍥而舍之，朽木不折；鍥而不舍，金石可鏤。
——荀況

【譯文】

一個人的胸懷要「虛懷若谷」，只有虛心了，那些真正的學問和道理才能進來，安然居之；同時，一個人的內心也要充實，只有每天保持心靈充實，那些物欲雜念才不會有進入內心的機會。

【注釋】

義理：合乎一定倫理道德的行事準則，亦指講求儒家經義的學問。

悟菜根

「尺有所短，寸有所長」，沒有一個人是十全十美的。孔子曰：「三人行必有我師焉。」不僅指明人是不完美的，還為我們提高自身修養指明了道路：那就是向他人虛心學習，「有則改之，無則加勉」。

向他人學習，首先自己的心要有空餘，那就要求我們時時自省，把一些物欲雜念清除，讓心有多餘的空間來容納真正有益於人生的東西。如果我們任其恣意生長，那麼我們的心靈就會雜草叢生，又怎能迎來人生的大豐收呢？

講菜根

茶滿了

一日，一個年輕人因為事業上的困擾而去向當時他認為最成功的老者那裡請教經驗。

年輕人坐在老者跟前，開門見山地談了許多，而老者一言不語，微笑著給他倒茶，並且茶水漫出茶杯滴落到桌面上了，可老者還沒有停止的跡象。年輕人迷惑地走了。

第二天，年輕人又來了，他坐在老者跟前，開誠佈公地說了許多，可是老者仍是一言不語，只是微笑地給他倒茶，並且依舊只見茶水漫出茶杯滴落到桌面上了，老者仍沒有停止的情景。年輕人更加迷惑了。

第三天，年輕人不甘心又來了，他更加恭敬虔誠地跪在老者跟前，當他開口說到一半，茶杯滿了，老者還在繼續倒茶的一幕又映入了他的眼簾。

頓時，年輕人站立起來，畢恭畢敬地給老者連鞠三躬後離開了。

從那以後，年輕人始終放低姿態，並不斷放空自己，虛心向他人學習請教，最終事業有成。

我們的生活又何嘗不是這樣，我們總是抱怨自己學術不見長進，生活不夠完美，其實這都是我們自己一手造成的。我們不捨得丟掉那些過時的知識，結果那些新知識肯定進不來啊！我們不把生活當回事，每天得過且過，又怎能不被物欲所誘惑、困擾呢？只有我們的心杯不滿，我們就會求得真知；也只有我們內心充實，物欲才不會擾亂內心的平靜。

3. 學貴有恆，道在有智

讀菜根

【原文】

憑意興作為者，隨作則隨止，豈是不退之輪？從情識解悟者，有悟則有迷，終非常明之燈。

【譯文】

憑一時衝動和興致去做事的人，等到興致一退，所做之事也就跟著停頓下來，這哪裡是不退之輪呢？從情感出發去領悟真理的人，有時能領悟的地方也會有被感情所迷惑的地方，這種做法也終究是缺乏智慧的展現。

【注釋】

不退之輪：佛家語，輪指法輪。佛家認為，佛法能摧毀眾生的罪惡，所以佛法就像法寶，能碾碎山嶽岩石和一切邪魔惡鬼，而且認為法輪並不停在一處，就像一般的車輪那樣到處輾轉，所以才稱為不退之輪，據《維摩經‧佛國品》說「三轉法輪於大千，其輪本來常清淨。」

常明之燈：指佛家所說本智的光明，用以比喻為智的光明之燈，寺廟所點的燈都叫常明燈。

悟菜根

這是作者在用佛理喻世事。如來說法時，經常運用佛法摧毀眾生的執迷邪惡，使眾生恍然大悟之後轉成正見，這種道理很像車輪壓過的地方，一切邪念都被摧毀。好比下決心做一件事是容易的，但能夠做完一件事就不那麼容易了。堅持是贏得成功的必備素質之一，你拋棄了堅持，成功也就拋棄了你！

有時，人們做事很少從理性出發，往往憑藉一時的興致，難持之以恆。這也終難取得成功。

講菜根

學貴有恆

古時候有個叫樂羊子的人，他的妻子不僅勤勞賢慧，而且知書達理，她總是鼓勵丈夫力求上進，做個有抱負的人。

她常常跟樂羊子說：「你是一個七尺男子漢，要多學些有用的知識，將來好做大事，天天待在家裡或者只在鄉里四鄰一處之下，開闊不了眼界，長不了見識，不會有什麼出息的。不如帶些盤纏，到遠方去找名師學習本領來充實自己，也不枉活一生啊！」

日子一長，樂羊子被說動了，就按照妻子的話收拾好行李出遠門去了。自從那天和樂羊子依依惜別後，妻子一天比一天思念自己的丈夫，記掛他在異鄉求學的情況，但她把這份惦念埋在心底，只是每天不停地織布工作來排遣這份心情，好讓樂羊子安心學習，不牽掛自己和家裡。

一天，妻子正織著布，忽然聽見有人敲門。她過去開了門一看，簡直不敢相信自己的眼睛，站在面前的竟然是自己日夜思念的丈夫。她高興極了，忙將丈夫迎進屋坐下。可是驚喜了沒多久，妻子似乎想起了什麼，疑惑地問：「才剛剛過了一年，你怎麼就回來了，是出了什麼事嗎？」樂羊子望著妻子笑答：「沒什麼事，只是離別的日子太久了，我對你朝思暮想，實在忍受不了，就回來了。」

妻子聽了這話，半晌無語，表情很是難過。她抓起剪刀，快步走到織布機前「咔嚓咔嚓」地把織了一大半的布都剪斷了。樂羊子吃了一驚，問道：「你這是做什麼？」妻子回答說：「這匹布是我日日夜夜不停地織呀織呀，它才一絲一縷地累積起來，一分一毫地變長起來，終於織成了一整匹布。現在我把它剪斷了，白白浪費了寶貴的光陰，它也永遠不能恢復為整匹布了。做學問也是一樣的道理，要一點一點地累積知識才能成功。你現在半途而廢，不願堅持到底，不是和我剪斷布一樣可惜嗎？」

樂羊子聽了這話恍然大悟，意識到自己錯了，不由得羞愧不已。他再次離開家去求學，整整過了七年才終於學成而返。

樂羊子妻以她的遠見和勇氣幫助丈夫堅定了求學的意志，而樂羊子也終於以驚人的毅力克服困難，堅持學習，並最終學有所成。

學習需要持之以恆的精神，不是一蹴而就的事，我們應該磨練自己的意志，不懈地努力。

4. 居盈忌欲，處危忌動

讀菜根

【原文】

居盈滿者，如水之將溢未溢，切忌再加一滴；處危急者，如木之將折未折，切忌再加一搦。

休息是為了更好的工作。
——列寧

【譯文】

處在幸福美滿的環境中，就像是裝滿水的缸將要溢出，這時千萬不能再增加一點點，以免流出來；處在危險急迫的環境中，就像快要折斷的樹木，千萬不能再施加一點壓力，以免折斷。

【注釋】

搤：壓抑。

悟菜根

一個貪得無厭的人，就像一個水缸，雖然本身的容量有限，但自己卻不知道，結果由於欲望的增加，反而把幸福都流失了。可是人們很難明白這個盈虧循環的道理。當然，事情要一分為二看待，有些事需要適可而止，但是有些事卻不能有滿足的心理，比如做學問，你越不滿足自己所學，自己所獲就越多。

講菜根

滿而不覆的智慧

有一次，孔子在魯桓公的廟裡參觀。

當孔子看見一種傾斜而不易放平的容器時，就向守廟人詢問道：「這是什麼器具？」守廟人說：「這大概是人君放在座位右邊的一種器具。」

孔子說：「我聽說這種器具，空著的時候就傾斜，灌進一半水就正立著，灌滿了就翻倒了。」孔子回頭對學生說：「灌水吧！」

學生就舀水灌進容器裡面，水灌到一半，容器就正立著，注滿水就翻倒了，空著的時候就傾斜。孔子喟然長歎：「唉！哪有滿了不翻倒的呢？」

子路問道：「請問保持富貴的地位，如同保持水滿而不翻一樣，有什麼辦法呢？」孔子說：「自己聰明智慧，要保持愚笨的樣子；功勞覆蓋天下，

要保持謙讓的樣子；既勇敢而力氣蓋世，要保持怯弱的樣子；財富擁有全天下，要保持謙遜的樣子，這就是所謂謙讓了再謙讓的辦法。」

後來，子貢又問孔子道：「我想做到對人謙虛，但不知如何做才好？」孔子說：「要對人謙虛，那就要像土地一樣，深深地挖掘，就可以得到甘泉；種植，就可以五穀繁茂；草木繁殖了，禽鳥和野獸就在這裡繁育，草木禽獸生長時就立在地上，死了就埋進土地中。土地的功勞很大，但它不自認為有德性。對人謙虛就應該像土地一樣。」

滿而不覆，需要智慧，這智慧說白了就是知足的智慧、謙遜的智慧。

5. 神用非跡用，琴書真妙趣

讀菜根

【原文】

人解讀有字書，不解讀無字書；知彈有弦琴，不知彈無弦琴。以跡用不以神用，何以得琴書之趣？

> 先淡後濃，先疏後親，先遠後近，交友道也。
> ——古諺

【譯文】

人們只知閱讀有文字的書，卻不懂得去閱讀大自然這本無字書；人們只會彈奏普通有弦琴，卻不知道欣賞大自然這個無弦琴的美妙琴音。就好比只知道運用有形跡的事物，而不懂領悟無形的神韻，這又怎麼能理解音樂和學問的真趣呢？

【注釋】

無弦琴：此指宇宙中萬物的一切聲響。
跡用：以運用形體為主。

悟菜根

我們平常看人，總是憑外貌、言行判斷一個人。其實，人的性格總是被他自己深深掩藏在外表之下的，所以我們總是看錯人。學習也一樣，我們往往淺嚐輒止，以為讀了那些「大部頭」就學得了真知。其實，真正的學問不能用文字描述，要不然人怎麼說「讀萬卷書，行萬里路」呢？沒有自己的實踐和理解，永遠

無法收穫真正有用的知識。

講菜根

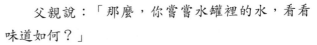

書本上的是別人的知識

羅伊滿十二歲後，被送往國外學習。

二十四歲時，他完成學業後，滿身傲氣地回到自己的家。父親看到自己的兒子如此神氣，以為他真的學到了知識，就想測試一下他，於是對他說：「我們怎麼知道上帝這位全能者無所不在呢？」

這個男孩開始背誦《聖經》中的經文，但是他的父親卻從中打斷：「你背的東西太複雜，難道沒有更簡單的方式可以習得上帝存在的道理嗎？」

「爸爸，據我所知，是沒有的。現在我是個有知識的人，我需要從《聖經》中找出解釋神聖智慧的奧祕。」

父親抱怨道：「把兒子送到修道院學習，真是浪費時間和金錢。」

於是，父親將羅伊帶往廚房，在一個陶罐內注滿水，並撒下一點鹽。父親要求羅伊：「請從水罐中取出我剛才撒下的鹽。」

羅伊找不到鹽，因為鹽都溶解於水中了。

父親說：「那麼，你嘗嘗水罐裡的水，看看味道如何？」

「是鹹的。」

「你再嘗嘗水罐深處的水？」

「同樣是鹹的。」

父親說道：「你讀了這麼多年書，卻不懂上帝雖不可見，卻無所不在的道理。簡單地用水中的『鹽』代稱上帝，就說明了這個道理。請你還是拋棄你的傲氣，做些實實在在的事情吧！」

我們又何嘗不是呢？然而，只有心領神會，才能真正體味知識的妙趣啊！

6. 見道皆文，觸物有得

讀菜根

【原文】

鳥語蟲聲，總是傳心之訣；花英草色，無非見道之文。學者要天機清澈，胸次玲瓏，觸物皆有會心處。

> 撲滿者，以土為器，以蓄錢具，其有入竅而無出竅，滿則撲之。
> ——《西京雜記》

【譯文】

鳥的語言和蟲的鳴聲，都是傳達情意的方法；花的豔麗和草的青翠，都是呈現妙道的文章。因此讀書做學問的人，就不可以局限於書本。他要讓自己的靈性智慧清明澄澈，還要使胸懷光明磊落，這樣接觸萬事萬物時，才能揭示自然的真諦。

【注釋】

傳心：指心靈的領會。

花英：英，當動詞用，是開放的意思。花英指百花開放。

見道：佛家語，初生離煩惱垢染之清淨智，照見真諦者，即見道。

天機：本指天道機密而言，此指人的靈性智慧。

胸次玲瓏：胸次是胸懷，玲瓏本指玉的聲音，此處作「光明磊落」解。

悟菜根

世間萬物，都值得人們探究。同樣，只要我們用心，什麼都可以成為我們學習的對象，我們才不會被書本的知識所局限，才會有更寬闊的視野，學到的知識也才是全面的，而非片面的、不完整的。

講菜根

世事皆學問

唐代大畫家韓幹，天寶年間被召入宮中充任供奉。

當時朝中有位畫師叫陳閎，以善畫馬知名，於是，唐明皇命韓幹師從陳閎學畫馬。

一天，唐明皇見到韓幹所畫之馬，覺得駿逸飄灑，四蹄生風，與老師陳閎畫風不同，十分詫異，問其原因。

韓幹奏道：「我還有老師，陛下馬廄裡的馬，都是我的老師。」

原來，韓幹重視寫生，常久駐馬廄觀察馬的習性動靜，所以他畫的馬達到了高妙傳神的境界。

唐代還有一書法家，名叫張旭，擅長草書，大凡喜怒、哀樂、窮窘、憂愁、怨恨、思慕、娛樂、酣醉、無聊等不平之情，必在草書中抒發出來。他靜觀世間萬物，默察人間萬象，凡山水崖谷、鳥獸蟲魚、草木花實、日月列星、風雨雷電、天地萬物的變故，只要能喚起高興、驚異之情的，都一一寄寓在書法之中。所以，張旭的草書，變化萬千，如鬼斧神工，不著痕跡。他以此終其一生而名垂後世。荀子說，不登高山，不知天之高；不臨深溪，不知地之厚。敞開心靈，用眼睛去觀察，用耳朵去傾聽，就會發現大千世界，萬事萬物，風雲變幻，神出鬼沒，充滿喧譁與騷動。所謂一花一世界，一葉一如來。

世事洞明皆學問。善於讀書的人，世間一切都是書：山水是書，魚蟲是書，花月也是書。一般人只會讀有字之書，卻看不見世上這些無字之書；一般人只聽見琴弦之聲，卻聽不見天地瀰漫著無弦之聲。

7. 徹見自性，不必談禪

📖 讀菜根

晏嬰：
（西元前578年—前500年），字仲，謚平，習慣上多稱平仲，又稱晏子，夷維人（今山東萊州）。春秋後期一位重要的政治家、思想家、外交家。

【原文】

性天澄澈，即饑餐渴飲，無非康濟身心；心地沉迷，縱談禪演偈，總是播弄精魂。

【譯文】

一個天性淳樸的人，只是餓了便吃飯，渴了便喝水，這也無非是為了增進身心健康；一個沉迷物欲的人，即使講佛論禪，也不過是在玩弄自己的靈魂而已。

【注釋】

性天：即天性、本性。

康濟：本指安民濟眾，此處作增進健康講。

演偈：偈在梵語是伽佗，又可譯為「頌」，有一定字數，四句為一節，是演法義贊佛德的一種詩句，演偈就是解釋偈語。

悟菜根

一個修行的人如果只是形式上每天上香磕頭，而不在心中真正消除各種欲念，是很難修成正果的。同理，一個人學習也是這樣，不能只流於表面的功夫，要深入進去，戒除浮躁，排除內心一切雜念，才能在知識的殿堂習得真學問。

講菜根

> **摒棄浮躁，方見真知**

有位愛好詩歌的青年，一直進行詩歌創作，但因為缺乏名師的指點，所以似乎一直不得要領。

有一年夏天，因仰慕一位文學大師的才華，他千里迢迢地去拜訪這位年事已高的文學大師，希望這位大師給他點指導。

文學大師見其談吐優雅，器度不凡，並且如此謙虛好學，就決心全力提攜他。

文學大師將那些詩稿推薦給文學刊物發表，但迴響不大。他鼓勵這位年輕人，付出總會有回報的。

後來，由於大師的幫助，青年詩人在文壇有了一點小小的名氣。但是，隨後的日子裡，這位青年詩人奇思異想層出不窮，言語中開始以著名詩人自居，語氣也越來越傲慢。

文學大師開始感到了不安。憑著多年的人生閱歷，憑著對人性的深刻認識，他發現一種危險

的傾向正在逼近這位年輕人。因此，文學大師的態度日漸變得冷淡，最後只是一個傾聽者。

有一次，文學大師寫信邀請這位青年詩人前來參加一個文學聚會，年輕人興奮至極，如期而至。

在這位文學大師的書房裡，大師得知，他在寫一部長篇史詩。但其實，他的抒情詩很有特色。只是年輕人認為：「要成為一個大詩人就必須寫長篇史詩，小文章是毫無意義的。」

最後，大師悄悄地歎了口氣。

文學聚會上，青年詩人大出風頭，他逢人便談他的偉大作品，鋒芒咄咄逼人，神情儼然已經是一位大詩人。幾乎每個人都認為這位年輕人必將前途無量，難怪文學大師如此賞識他。

很快，半年的時間就過去了。

有一天，青年詩人來到大師面前，誠懇地說道：「一直以來我就渴望成為一個大作家，周圍所有的人都認為我是個有才華、有前途的人，我自己也這麼認為。我曾經寫過一些詩，自覺還不錯，並有幸獲得了您的讚賞，那對於我來說是一種極大的榮幸。可是自從我被所謂的名譽迷惑後，不知為什麼，每當面對稿紙時，我的腦中便一片空白。我開始失去信心，開始鄙視自己，因為狂妄無知，我親手扼殺了自己的才華。」

他也終於在信中承認，以前所謂的大作品完全是他的空想，因為後來的一段時間他心浮氣躁，已經什麼都寫不出來了。

讀書、做事、做人的道理是一樣的，沒有什麼比腳踏實地更可貴。只有摒棄了浮躁，走進寧靜的人才能真正體會到奮鬥之美。

8. 昏散處提醒，吃緊時放下

讀菜根

【原文】

念頭昏散處，要知提醒；念頭吃緊時，要知放下。不然恐去昏昏之病，又來憧憧之擾矣。

【譯文】

思緒感到昏沉紛亂時，應該平靜下來讓頭腦冷靜清醒；事情煩瑣致使情緒緊張時，要懂得把事情稍微放下，以便使情緒恢復鎮定輕鬆。否則恐怕剛治好昏沉紛亂的毛病，便又處在思緒搖擺不定的困境了。

【注釋】

昏散：迷惑。

憧憧：心意搖擺不定。

 悟菜根

讀書要講方法、求效率，不能認為整天捧著書本就是努力，讀書不止而又心領神會，方稱得上學習方法得當，學習效率高。所以一個人要學會自我調節，勞逸結合。刻苦努力固然很重要，但是總是過分勞累，過度緊張，就會如一根繃得太緊的弦，早晚會失去彈性或突然斷裂。

人的大腦也是需要休息的，大腦沒有足夠的休息就會萎靡，腦子都糊塗了，還談什麼讀書啊！這也是做學問不可取的。

講菜根

辛苦也要有個尺度

周朝有個姓尹的人，把精力都用在了增加家產上，他下面的奴僕從天不亮到天黑地工作，勞累得沒有片刻休息的機會。

有個老奴精力已經消磨得所剩無幾了，卻仍被不停地使喚，白天唉聲嘆氣地工作，黑夜疲憊勞頓地熟睡。

他精神散漫，每天夜晚都會夢見自己做了一國君王，在千百萬百姓之上，把持一國朝政。宮殿園林、離宮別墅，要什麼，有什麼，快活得無以復加。醒來又坦然地辛苦工作。

別人有說他過於勤苦的，他說：「人生不過一百年，白天黑夜差不多各占一半，我白天做奴僕辛苦是辛苦一點了，晚間做國君，快樂得誰都比不上，還埋怨什麼呢？」

> 選擇朋友要謹慎！地道的自私自利，會戴上友誼的假面具，卻又設好陷阱來坑你。
>
> ——克雷洛夫

　　而姓尹的一心經營世上俗事，思慮集中於經營家產，心也勞累，身也疲乏，夜晚也因精力消乏而沉睡。每天夜晚都夢見自己做奴僕，奔走跟隨，伺候照顧，什麼都幹，挨打挨罵，被嚇唬，被譏笑，都得忍受。睡眠中痛苦地哀歎呻吟，一直到天亮。

　　姓尹的以此為苦，便以此訪問朋友。朋友說：「你地位夠高了，自己也夠有名氣了，錢財夠多了，強於別人太遠了。晚上夢做奴僕，樂極一定回到苦，那苦人便會回到樂，一苦一樂，這才公平，這是自然。你想醒時快樂，做夢也快樂，哪裡能得到這種好事？」

　　姓尹的聽了朋友的話，放鬆了對老奴的勞役，減少了自己的思慮，兩個的夢境都覺得輕微了些。

　　辛苦固然可歎，但如果整天機械地忙個不停，頭腦不清醒，就會適得其反，更談不上事業了。

交　友

1. 義俠交友，純心做人

讀菜根

【原文】

　　交友須帶三分義俠，做人要存一點素心。

【譯文】

　　與朋友相處時必須懷有三分患難與共、拔刀相助的俠義心腸，做人要存有一顆天真淳樸、自然善良的赤子之心。

【注釋】

　　義俠：義，指對朋友患難相助的義氣；俠是指拔刀相助的俠義精神。

　　素心：素本來是指未經染色的純白細絹，引申為純潔，也就是通常所說的赤子之心。

悟菜根

　　人說「患難之中見真情」，為什麼呢？真正的朋友在平時不會和你多親密，但是當你身陷困境，他卻會第一個伸出援助之手，這就是「義」。而我們交朋友就要交這樣的朋友，如果發現有些朋友只是甘甜朋友，就早些收心。交友還應該保持一顆純潔的赤子之心，只講耕耘，不問收穫，才能贏得真正的朋友。同理，做人也要如此，你只想向生活索取，生活是不會回報你的。

🌿 講菜根

諍友

《孝經》：「大夫有諍臣三人，雖無道，不失其家。士有諍友，則身不離於令名。」諍友之所以可貴，就在於他們能以高度真摯的態度，坦誠相見，對朋友的缺點、錯誤絕不粉飾，敢於力陳其弊，促其改之。魏徵與李世民可謂亦君亦臣亦師亦友，雖以直諫著稱，卻十分講究言語藝術，他有時也能以文才雅興暗喻諷勸，委婉地開導太宗，使其醒悟改過。

貞觀十一年，太宗到洛陽巡視，魏徵隨百官同行。太宗在洛陽宮西苑宴請群臣，又帶群臣泛舟積翠池。太宗指著兩岸的景色和宮殿，對大臣們說：「隋煬帝窮奢極欲，大興土木，宮殿園苑遍布京都，結果官逼民反，身死異鄉。而今這些宮殿、園苑盡歸於我。煬帝亡國，與佞臣阿諛奉承、弄虛作假、助紂為虐有很大關係，你們可要引以為戒啊！」魏徵立即回答道：「臣等以宇文述等佞臣為戒，理固當然；望陛下以煬帝為鑑，則國家太平，萬民幸甚！」唐太宗一聽魏徵之言，覺得很有道理，主張君臣共勉。他又要求群臣賦詩助興，群臣恭請太宗先賦，太宗略一沉思，立即朗聲吟道：

日昃玩百篇，臨燈披五典。

夏康既逸豫，商辛亦流湎。

恣情昏主多，克己明君鮮。

天身資累惡，成名由積善。

這首詩，太宗命名為「尚書」，他以《尚書》中的驕奢淫逸的昏君為例，指出他們身敗名裂、國破家亡是由於作惡多端，咎由自取。那些克己儉樸、勤政愛民的明君，儘管在歷史上不多，但卻名垂千古、青史流芳，這就在於他們注意修養，不斷做好事，為民謀利所致。太宗此詩，透過詠史，抒發了自己立志做一個「克己明君」的襟懷。魏徵聽後獻詩曰：

受降臨軹道，爭長趣鴻門。

驅傳渭橋上，觀兵細柳屯。

夜宴經柏谷，朝游出杜原。

終籍叔孫禮，方知皇帝尊。

這首詩，魏徵以西漢初年幾個有作為的皇帝高祖、文帝、景帝、武帝為例，

說明帝王賢明，勤勞國事，既建武功，又修文治，才能受到百姓的愛戴。魏徵希望太宗向劉邦等帝王學習，既「受降」於秦王子嬰，建滅秦之武功；又禮遇儒生叔孫通，開文治之基業。太宗聰穎過人，一聽此詩，便知魏徵暗含諷意，他激動地說：「魏徵忠心耿耿，不僅以奏疏諫我，而且賦詩時，又以禮儀開導於我，真可謂知古德的忠直之臣。」

　　一生能有一個魏徵這樣的諍友，我們就能少走許多彎路，少犯許多錯誤。所以，遇到敢於指出你的不足的人，不要遠離他，而要更加接近他。

2. 立身高一步，處世退一步

讀菜根

【原文】

　　立身不高一步立，如塵裡振衣，泥中濯足，如何超達？處世不退一步處，如飛蛾投燭，羝羊觸藩，如何安樂？

君子之接如水，
小人之接如醴。
　　——戴聖

【譯文】

　　立身如果不能站高、看遠一些，就好比在灰塵裡拂拭衣服，在泥水裡清洗雙腳，又如何能超凡脫俗呢？處世假如不做留一些餘地的打算，就好比飛蛾撲火，公羊撞籬笆（角被卡住），哪裡能夠使自己愉快生活呢？

【注釋】

　　立身：在社會上立足，接人待物。

　　塵裡振衣：振衣是抖掉衣服上沾染的灰塵，故在灰塵中抖去塵土會越抖越多，喻做事沒有成效，甚至相反。

　　泥中濯足：在泥巴裡洗腳，必然是越洗越髒，比喻做事白費力氣。

　　超達：超脫流俗，見解高明。

　　飛蛾投燭：飛蛾是一種喜歡近火的昆蟲。因此又名「燈蛾」，每當飛蛾接近燈火往往葬身火中，喻自取滅亡。

　　羝羊觸藩：羝，指公羊。藩是竹籬笆。比喻做事進退兩難。

悟菜根

孔子的弟子子夏喜愛同比自己賢明的人在一起，所以他的道德修養也很高；而子貢喜歡同才質比不上自己的人相處，因此他的道德修養日見喪失。原因何在呢？孔子指出了原因：因為「與善人居，如入芝蘭之室，久而不聞其香，即與之化矣」而「與不善人居，如入鮑魚之肆」啊！

所以一定要有一個高的標準來選擇朋友，給自己留有選擇的餘地，也能避免自己出現「塵中振衣」的情況。

講菜根

羊祜不求功名

晉武帝司馬炎稱帝後，因為羊祜有輔助之功，被任命為中軍將軍，加官散騎常侍，封為郡公，食邑三千戶。但他堅持辭讓，於是由原爵晉升為侯，其間設置郎中令，備設九官之職。他對於王佑、賈充、裴秀等前朝有名望的大臣，總是十分謙讓，不敢屬其上。

後來因為他都督荊州諸軍事等功勞，加官到車騎將軍，地位與三公相同，但他上表堅決推辭，說：「我入仕才十幾年，就身取顯要的位置，因此日日夜夜為自己的高位戰戰兢兢，把榮華當作憂患。我身為外戚，事事都碰到好運，應該警誡受到過分的寵愛。但陛下屢屢降下詔書，給我太多的榮耀，使我怎麼能承受？怎麼能心安？現在有不少才德之士，如光祿大夫李憙高風亮節，魯藝潔身寡欲，李胤清廉樸素，都沒有獲得高位，而我無能無德，地位卻超過他們，這怎麼能平息天下人的怨憤呢？因此乞望皇上收回成命！」但是皇帝沒有同意。

晉武帝咸寧三年，皇帝又封羊祜為南城侯，羊祜堅辭不受。羊祜每次晉升，常常辭讓，態度懇切，因此名聲遠播，朝野人士都對他推崇備至，認為他應居宰相的高位。晉武帝當時正想兼併東吳，要倚仗羊祜承擔平定江南的大任，所以此事被擱置下來。羊祜歷職二朝，掌握機要大權，但他本人對於權勢卻從不鑽營。他籌畫的良計妙策和議論的稿子，過後都焚毀，所以世人不知道其中的內容。凡是他所推薦而晉升的人，他從不張揚，被推薦者也不知道是羊祜薦舉的。有人認為羊祜過於縝密了，他說：「這是什麼話啊！古人的訓誡：入朝與君王促膝談心，出朝則佯稱不知——這我還恐怕做不到呢！不能舉賢任能，有愧於知人之難

啊！況且在朝廷簽署任命，官員到私門拜謝，這是我所不取的。」

羊祜立身高、留退路，不是他傻，而是很明智。他一再辭讓皇帝的嘉賞，而且舉賢助人不留名，正是他高尚節操的表現。然而「不求名來名自揚」，有時，你越不想讓別人記得你的功和名，別人偏要給你更好的名和譽。

3. 謙虛受益，滿盈招損

讀菜根

【原文】

欹器以滿覆，撲滿以空全。故君子寧居無不居有，處缺不處完。

> 和以處眾，寬以待下，恕以待人，君子人也。
> ——林逋

【譯文】

欹器，因為裝滿了水才會傾覆；撲滿，因為腹中空無一物才得以保全。所以君子寧願處於無爭無為的地位，也不願站在你爭我奪的場所；日常生活所需寧可欠缺一些，也不願過分完滿。

【注釋】

欹（一）器：欹，不正的意思。欹器是古代用來汲水的陶罐，因提繩位於罐體中部，所以，一旦裝滿了水就會翻倒，當水滿一半時能端正直立，當水空時就會傾斜。

撲滿：用來存零錢用的陶罐，有入口無出口，滿則撲破取出。

悟菜根

一個有追求的人，會覺得學問越做越深，真理之路越走越難，所以深信「滿招損，謙受益」的道理。細細品味，覺得真是如此。如果拿一顆滿滿的心來做學問，就會因為傲慢而無法靜下心來，心不靜也就很難學到真知；如果抱著一顆空心，那麼態度也自然會謙虛、認真，那麼就能深入下去，唯有此才能把學到的東西真正轉化為自己的東西。

講菜根

孔子謙遜好學

一次，孔子在廟裡見到欹器時感歎道：「欹器不注水時是斜的，注一半水時則變正，注滿了水就要翻倒。可知哪有滿而不翻的呢？」

欹器到底是個什麼樣的東西呢？欹器外形呈葫蘆狀或橄欖狀，底部在直立時的承受面小，重心調節物在內置空腔上半部分的一側，內置空腔由外口、盛液空腔等組成。欹器在未盛液體之前，只能側躺；注入液體至空腔容積的一半時，能直立；注入液體至滿時則自然側翻，然後又恢復至未盛液體之前的樣子。

孔子有很好的音樂素養，「三百五篇孔子皆弦歌之」，他仍跟大家師襄子學琴。師襄子教了他一首曲子後，他每日彈奏，毫不厭倦，過了十天，師襄子對他說：「這首曲子你已經彈得很不錯了，可以學新曲子了！」孔子站起身來，恭恭敬敬地說：「可我還沒有學會彈奏的技巧啊！」又過了許多天，師襄子對孔子說：「你已經掌握了彈奏技巧，可以學新曲子了！」孔子說：「可我還沒有領會這首曲子的思想情感！」又過了許多天，師襄子來到孔子家裡，聽他彈琴，一曲終了，師襄子長長吁了一口氣說：「你已經領會了這首曲子的思想情感，可以學新曲子了！」孔子還是說：「可我還沒有體會出作曲者是一位怎樣的人啊！」又過了很多天，孔子請師襄子來聽琴。一曲既罷，師襄子感慨地問：「你已經知道作曲者是誰了吧？」孔子興奮地說：「是的！此人魁梧的身軀，黝黑的臉龐，兩眼仰望天空，一心要感化四方。他莫非是周文王嗎？」師襄子說：「你說得很對！你百學不厭，才能達到如此高的境界啊！」

「滿招損，謙受益，時乃天道。」我們何不時常想一想欹器之易傾呢？我們何不學習孔夫子之謙遜呢？

4. 人之短處毋揚，人之頑固毋疾

讀菜根

【原文】

人之短處，要曲為彌縫，如暴而揚之，是以短攻短；人有頑處，要善為化

誨，如忿而疾之，是以頑濟頑。

【譯文】

　　發現別人的短處或缺陷，要婉轉地為他掩飾或規勸他，假如去到處宣揚，那也就等於顯露了自己的無知和缺德，就好像是用自己的短處來攻擊別人的短處；發現某人個性比較愚蠢、固執時，要耐心地去誘導啟發，假如生氣厭惡，不僅無法改變他的固執，同時也表露了自己的愚蠢固執，就如同是用愚蠢救助愚蠢。

【注釋】

　　曲：含蓄、婉轉盡力。
　　彌縫：修補、掩飾。
　　暴而揚之：揭發而加以傳揚。
　　頑處：愚蠢之處。

> 不要想說什麼就說什麼，凡事必須三思而行，對人要和氣，可是不要過分狎昵。
> ——莎士比亞

悟菜根

　　人無完人，朋友也一樣。我們在初和別人打交道時，發現他有令我們討厭的地方，我們該怎麼辦呢？是用一顆包容的心去接納，還是因此斷絕以後的交往呢？我想一個真正有修養的人，不會因為一塊玉上的一處瑕疵而捨棄它，所以他們也會包容他人無關緊要的小毛病。其實，你看看你比較親密的朋友，你會發現，即使再知心的朋友，肯定也有我們看不順眼的地方，但是他依舊是我們的好朋友，是我們願意用整顆心去愛護、去幫助的人。

　　所以，在交友以及和朋友交往時，應該本著尊重別人個性習慣的原則，而不是討厭，這樣我們才不會錯過真正屬於我們的朋友。

講菜根

人之過，曲為彌

　　春秋時代，當了三十年齊國大臣的晏嬰，是位著名的政治家。《左傳》中，有很多關於晏嬰的記載。

　　有一次，齊景公強令民工造高台，鬧得齊國民不聊生，眾百姓苦不堪言。正巧晏嬰出使回來目睹了這一情景，他馬上進言齊景公不要造台，齊景公總算同意

了。

晏嬰卻不急於回家，而是立即趕到工地，催促民工把握工作，稍有懈怠，就以鞭子抽打。晏嬰罵累了、打累了，這才回家。

他剛離開工地，齊景公的傳令官就到了，下令停止施工，民工解散，可以回去和家人團聚了。民工一聽此令，齊聲歡呼，好像遇到大赦一般，高高興興地趕回家去了。

晏嬰這樣做，是故意把「賢名」讓給君王，把「惡名」留給自己。然而，這正是晏子的聰明之處，所以孔子對他大為欣賞，說他既糾正了君王的過失，又使百姓感受到了君王的仁義。

在孔子眾多有才華的弟子中，幾乎每個都有些「瑕疵」，如冉雍不善言辭，子路愛好勇武，司馬牛生性急躁。

可見，人無完人，而聰明的人會看到整塊玉的價值，愚蠢的人則只看到玉上的那個瑕疵。

5. 親善防讒，除惡恐禍

🦌 讀菜根

【原文】

善人未能急親，不宜預揚，恐來讒譖之奸；惡人未能輕去，不宜先發，恐招媒孽之禍。

【譯文】

人家幫我，永志不忘；我幫人家，莫記心上。
——華羅庚

對於一個有修養的人不能立即和他親近，也不必事先來宣揚他，避免引起壞人的嫉妒而在背後汙衊你；如果一個心地險惡的壞人不易擺脫，絕對不可以草率行事隨便把他打發走，以免遭受報復、陷害等災禍。

【注釋】

急親：急切與之親近。

預揚：預先宣揚其善行。

讒譖：顛倒是非，惡言誹謗。

媒孽：藉故陷害人而釀成其罪。

悟菜根

孔子說：「人心的險惡，超過了山川。想了解它，比了解天還難。天的春夏秋冬與白天黑夜還有個規律，人的外貌像厚厚的外殼，深深地掩蓋真情……」

在結交朋友的過程中，如果你顯出想與君子、善人急於交往而過分親密，小人很可能因為被冷落而嫉恨生出破壞的念頭。如果你想和一個小人斷絕來往，弄不好會遭其報復，遠小人不易啊！所以不論是親善還是遠小，首先是自己須光明磊落大公無私，這樣才不害怕奸詐小人的惡意報復。這是交友的基礎。

講菜根

交心如水

范仲淹在泰州當官的時候，認識了當時年僅二十歲的富弼。一見之後范仲淹對富弼大為欣賞，認為他有王佐之才，便把他的文章推薦給當時的宰相晏殊，還替他作媒，讓他做了晏殊的女婿。

幾年以後，因為當時在山東一帶多有兵變，有些州縣的長官看見亂兵來攻打卻並不進行抵抗，而是開門延納，以禮相送，所以兵變被鎮壓以後，朝廷派人追究這些州縣長官的責任。

富弼很生氣地說：「這些人都應該判處死罪，否則的話，就沒有人再提倡正氣了。」

范仲淹則說：「這些縣官抵抗的話，又沒有兵力，只有讓百姓白白受苦罷了，他們這種做法，大概是為了保護百姓而採取的權宜之計吧！」

富弼聽後便和范仲淹爭論起來說：「先生大概是想做佛了。」

這時有人勸富弼說：「你這麼說也太過分了，你難道忘記范先生對你的大恩大德嗎？你考中進士以後，皇帝就下詔求賢，要親自考天下的士人，范先生聽到這個消息以後，馬上派人把你追了回來，還給你準備好了書房和書籍，讓你安心溫書考試，你因此被皇帝賞識，難道你都忘了嗎？」

富弼回答說：「我和范先生是君子之交，范先生舉薦我並不是因為我觀點始終和他一樣，而是因為我遇到事情都有自己的觀點，我怎麼能因為要報答他舉薦

的情誼，而放棄自己的主張呢？」

范仲淹聽後說：「我欣賞富弼就是因為這個原因。」

朋友是人與人之間除了親情外最重要的人際關係。把友情建立在互相了解的基礎上，交往時，堅持自己的主張，不盲從，不隨便附和。這樣的友情看似平淡，卻可以更加長久。

生命的意義，最終會從合作精神中展現出來，合作中的決定因素要取決於平淡的心態，只有在平淡中建立起來的友誼，才可以創造敬業精神，人生才可以輝煌。

6. 人心一真，金石可鏤

讀菜根

既不要妄自菲薄，
又不盲目自誇。
——茅盾

【原文】

人心一真，便霜可飛，城可隕，金石可鏤。若偽妄之人，形骸徒具，真宰已亡。對人則面目可憎，獨居則形影自愧。

【譯文】

人內心的情感一旦達到至真至誠的地步，便可以變不可能為可能，當初鄒衍受了委屈，感動了上天而竟在盛夏降霜為他打抱不平，杞植的妻子由於丈夫戰死而悲痛欲絕，竟然哭塌了城牆，「精誠所至，金石為開」啊！而如果一個人心存虛偽邪惡的念頭，他就是空有一具形體架勢而已，而靈魂已經消亡了，與人相處會使人覺得面目可憎；自己獨處，不僅心靈，連影子都會覺得萬分羞愧。

【注釋】

霜可飛：本意是說天下霜，實際是比喻人的真誠可以感動上天，變不可能為可能而在夏天降霜。

城可隕：本來是說城牆可以拆毀崩潰，此處是比喻至誠可感動上天而使城牆崩毀。

鏤：雕刻。

偽妄：虛偽，心懷鬼胎。

真宰：宰是主宰。真宰，此指人的靈魂。

悟菜根

精誠所至，金石為開。真誠是人際交往最基本的原則，生活中需要真誠。真誠對待生活的人，生活也會真誠地對待他。同樣，人與人之間有個「真」字，很多事情就會往好的方向發展。真心實意，坦誠對待自己周圍的人，以從心底感動他人，最終就會獲得信任。

「誠於中，必能形於外。」內心純淨無染，一片至誠，外在就坦蕩正直，可敬、可信、可靠。真誠能使我們打開心扉，化解矛盾，理解體諒，廣結善緣。真誠是立身處世的法寶之一。

講菜根

真性情最感人

高倉健是日本影視界一顆耀眼的巨星。

然而，高倉健年輕時有一種笨拙和羞澀，與當時流行的翩翩小生形象大相逕庭，但導演敏銳地發現了他的真實：沉默寡言的外表下，有顆真摯質樸的心，吃苦耐勞，剛毅又爽朗。

回顧高倉健的演藝生涯，他超越別人的地方，不是賣弄演技，而是把自己的人生體驗融入角色，把靈魂融入電影，他塑造的充滿真情實感的男子漢形象深入人心。

在榮譽的光環下，高倉健也從不夸夸其談、得意忘形，孤高的性格使他擺脫了喧鬧虛榮的侵擾，一直過著離群索居的生活。

西元2005年，高倉健到中國拍電影，已七十四歲的老人依然非常敬業，現場不用替身，甚至不願意坐下來休息。

臨別前，他給劇組裡每一個人送禮物。高倉健位居天皇巨星般的地位，還關心最普通、最底層的人，那麼真誠親切，沒有絲毫敷衍，使得劇組上下都感動得哭了。

一個演員能長期受到尊崇愛戴，不是單靠演技，更重要的是人格魅力，真性情最感人。一個人想要長期擁有良好的人際關係，也不是靠偽裝，真誠最長久。

7.勿待興盡，適可而止

讀菜根

【原文】

笙歌正濃處，便自拂衣長往，羨達人撒手懸崖；更漏已殘時，猶然夜行不休，笑俗士沉身苦海。

漢高祖：
（西元前256年或前247年—前195年），名劉邦，字季（一說原名季），沛郡豐邑中陽里（今江蘇豐縣）人。漢朝開國皇帝，漢民族和漢文化偉大的開拓者之一、我國歷史上傑出的政治家、卓越的軍事家和楚辭家。

【譯文】

有些人在音樂歌舞盛宴最高潮時，就整好衣衫毫不留戀地離開，真羨慕這些達人能在這種緊要處猛回頭；而夜深人靜仍然忙於應酬的人，已經陷入無邊痛苦卻不自知，真是可笑。

【注釋】

拂衣長往：毫不留戀。

更漏已殘：古代計時將一夜分為五更，漏是古代用來計時的儀器。更漏已殘是形容夜已深。

夜行不休：此指應酬繁忙。

悟菜根

「花要半開，酒要半醉」，才能享受到其中的真正樂趣。朋友也是，真正的朋友並不是彼此透明的，那種真正的知己的關係就如「猶抱琵琶半遮面」，很美，有彼此不可見的地方，這不是隱瞞，而是給自己留一片天空盡情舒展。

所以，我們在交友時，不必苛求朋友對我們無話不說，他們亦有隱私，我們要學會尊重，如果抱著朋友必須無話不說的想法，可能會使自己失去很多朋友。要懂得適可而止、恰到好處的妙處。

講菜根

朋友間亦有禁地

小北是個內向的女孩，小南是個開朗的女孩。

那天，小北從外面回來，一推門，看到小南慌地把手背到了後面。小北就問小南把什麼好東西藏起來了，小南一愣，繼而笑道，沒什麼。說著站起身，直喊餓，要小北陪她一起去吃飯。

從那以後，小北總是想起那一幕，並且認為小南對自己隱瞞了什麼，她有些傷心，往後，她慢慢地關閉了那扇為小南時刻敞開著的心扉。

結果，可想而知，兩人就這樣疏遠了。

每個人都有隱私，朋友也不例外，我們無權知道朋友的點點滴滴，朋友有些話、有些事不告訴你，並不代表他不把你當做好朋友，只是那些只能屬於他自己。所以，我們在和朋友交往時，一定要把握好該有的那個距離。

8. 交結山翁，得樂更多

讀菜根

【原文】

交市人不如友山翁，謁朱門不如親白屋；聽街談巷語，不如聞樵歌牧詠，談今人失德過舉，不如述古人看嘉言懿行。

> 善從何處而來，惡也從何處而生，但避免邪惡的方法也會應運而生。
> ——德謨克利特

【譯文】

和市井之人做朋友，不如和一個隱居山野的老人交朋友；巴結富貴豪門，不如親近平民百姓；聽街頭巷尾的是非，不如多聽一些樵夫的民謠和牧童的山歌；批評今人錯誤，不如多講古聖先賢的格言善行。

【注釋】

山翁：此指隱居山林的老人。

朱門：本指紅色的大門，比喻富貴之家。

白屋：平民窮苦人家的房屋，用簡陋的材料搭建，因此就用「白屋」來代稱。

悟菜根

朋友是我們一生最不可缺的人。朋友的品質也決定了我們的品質，換句大家常聽的話就是「看一個人，只要看他的朋友如何就行了」。如果我們能看到自身的不足，就要在結交朋友時，有意識地去結交那些能改善我們不足的人，而不要因為一己好惡而遠離那些對自己有幫助的人，即使不結交這些人，也應該結交那些天性淳樸，能以一顆誠心對待我們的人。

講菜根

不愛達官愛農民

陶淵明是東晉後期有名的大詩人兼散文家。他自小接受了儒家忠君報國思想的薰陶，頗有「濟世救民」志向。從政後，由於他的脾氣倔強，不為五斗米而折腰，鄙視官場逢迎拍馬那一套，憤怒之下辭官歸隱了。

陶淵明回家後，開始從事農業生產。在工作之餘，他除了把田園生活的切身體會寫成詩詞之外，還和村裡農民結下了深厚情誼。在詩中，他寫自己與農民們談論農事，「相見無雜言，但道桑麻長」。

陶淵明同農民的關係很好，他對那些達官貴人卻是另一副樣子。當地刺史王弘想結識他，派人來請他去。可是陶淵明不予理睬，讓他碰了釘子。後來王弘想了一個辦法，叫陶淵明的老熟人在半路上準備好酒食，等陶淵明經過時把他攔下來喝酒。陶淵明一見酒果然停下來。當他們兩人喝得正有興致的時候，王弘搖搖擺擺過來，假裝是偶然碰到的，也來加入一起喝酒。這樣總算認識了，也沒惹陶淵明生

氣。又隔了幾年，江州刺史換上檀道濟，這是一位名將。檀道濟上任不久，就親自登門拜訪陶淵明。當時陶淵明生著病，正躺在床上。檀道濟就對他說：「賢人安身立命的哲學應該是：世道壞就隱居，世道好就出去做官。現在你生活在光明的世道裡，為什麼非要隱居不可，自己和自己過不去呢？」陶淵明回答說：「我哪裡能夠照賢人的樣子去做呢？我的志向趕不上他們。」婉轉地拒絕了檀道濟的勸說。檀道濟臨走時要送給他糧食和肉，他也謝絕了。

　　陶淵明對待王弘、檀道濟的這種冷漠態度，反映了他甘於貧賤、不慕榮華和隱居的決心。同時也給我們留下了啟示：如果不想涉足某一境地，就不要結交其中的人做朋友。而想要獲得樂趣，也應該多多結交天性淳樸的人。

9. 操履嚴明，勿近小人

讀菜根

【原文】

　　士君子處權門要路，操履要嚴明，心氣要和易。毋少隨而近腥膻之黨，亦毋過激而犯蜂蠆之毒。

> 那些私下和你談到你的錯誤的人，可放心和他做朋友，因為他甘冒不韙。
> ——刺里

【譯文】

　　君子手握重權，身居要位，操守須嚴謹，心氣要平和，絕對不可接近營私舞弊的奸邪之輩，也不要因偏激而引發衝突，觸怒那些陰險狠毒之徒。

【注釋】

　　權門要路：權門指有權有勢的政要。
　　操履：操守和行事。
　　腥膻：魚臭叫腥，羊臭叫膻，比喻操守不好的人。
　　蜂蠆（ㄔㄞ丶）之毒：蠆，毒蟲名，屬蠍科，比喻人心陰險惡毒。

悟菜根

　　人的一生有身居廟堂的可能，也有落魄一生的可能；生活中有接近君子的機會，也難免會接觸小人。而無論處於哪一種境況，都要操履嚴明，尤其是在面對

小人時。孔子曾說：「唯女子與小人難養也，近之則不遜，遠之則怨！」

對於小人，如果你和他親近了，就會出言不遜，而如果疏遠了呢，又會怨恨你。想想當今的生活和工作中，有多少這樣的人。我們自己不能有類似的小人形跡，也要和小人保持適當的距離，以免被小人盯上，給自己帶來麻煩。

講菜根

郭子儀慎對小人

安史之亂平定後，功高權重的郭子儀並不居功自傲，為防小人嫉妒，他非常小心謹慎。

有一次郭子儀正在病中，有個叫盧杞的官員前來探望。此人乃歷史上聲名狼藉的奸詐小人，並且相貌奇醜，時人都把他看成活鬼。正因為如此，一般婦女看到他都不免掩口失笑。

郭子儀聽到門人的報告，立即讓家人避到一旁不許露面，他獨自在客廳待

客。盧杞走後，姬妾們回到病榻前問郭子儀：「許多官員都來探望您的病，您從來不讓我們躲避，為什麼此人前來就讓我們都躲起來呢？」郭子儀微笑著說：「你們有所不知，這個人相貌極為醜陋而內心又十分陰險。你們看到他萬一忍不住失聲大笑，那麼他一定會心存嫉恨。如果此人將來掌權，我們的家族就要遭殃了。」

後來，盧杞當了宰相，極盡報復之能事，把以前所有得罪過他的人統統除掉，唯獨對郭子儀還算比較尊重。

可見，不得罪小人，能夠使自己避免許多不必要的糾紛和麻煩。

人 際

1. 留些餘地，涉世樂法

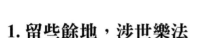

【原文】

路徑窄處，留一步與人行；滋味濃的，減三分讓人食。此是涉世一極樂法。

> 衣服新的好，朋友舊的好。
> ——莎士比亞

【譯文】

在狹窄的路上行走，要留一步寬讓別人走；遇到味道可口的食物，要留出三分讓給別人吃。這就是一個人立身處世最快樂的方法。

【注釋】

路徑：小路。

悟菜根

留一步，讓三分，是提倡一種謹慎的處世方式，也是通常所說的謙讓美德。適當的謙讓不僅不會招致危險，反而是尋求安寧的有效方法。無論在個人生活中，還是職場生活裡，除了原則問題必須堅持，對小事、個人利益相互謙讓就會帶來個人的身心愉快，帶來和諧的人際關係。

其實「讓」是為了更好地生存。當然也得看別人的「讓」是否有什麼附加條件。不論是「謙讓」還是「辭讓」，都需要智慧，都要講藝術。

講菜根

┌┄┄┄┄┄┄┄┄┄┄┄┄┐
┊ 將相和，和中智 ┊
└┄┄┄┄┄┄┄┄┄┄┄┄┘

藺相如兩次出使秦國，保全趙國不受屈辱，立了大功。趙惠文王十分信任藺相如，拜他為上卿，地位在大將廉頗之上。

廉頗很不服氣，私下對自己的門客說：「我是趙國大將，立了多少汗馬功勞。藺相如有什麼了不起？倒爬到我頭上來了。哼！我見到藺相如，總要給他點顏色看看。」

這句話傳到藺相如耳朵裡，藺相如就裝病不去上朝。

有一天，藺相如帶著門客坐車出門，正是冤家路窄，老遠就瞧見廉頗的車馬迎面而來。他叫趕車的退到小巷裡去躲一躲，讓廉頗的車馬先過去。

這件事可把藺相如手下的門客氣壞了，他們責怪藺相如不該這樣膽小怕事。

藺相如對他們說：「你們看廉將軍跟秦王比，哪一個勢力大？」

他們說：「當然是秦王勢力大。」

藺相如說：「對呀！天下的諸侯都怕秦王。為了保衛趙國，我敢當面責備他。怎麼我見了廉將軍反倒怕了呢？因為我想過，強大的秦國不敢來侵犯趙國，就因為有我和廉將軍兩人在。要是我們兩人不和，秦國知道了，就會趁機來侵犯趙國。就為了這個，我寧願容忍讓步。」

有人把這件事傳到廉頗那兒，廉頗聽後感到十分慚愧。他就裸著上身，背著荊條，跑到藺相如的家裡去請罪。他見了藺相如說：「我是個粗魯人，見識少，器量窄，哪兒知道您竟這麼容讓我，我實在沒臉來見您。請您責打我吧！」

藺相如連忙扶起廉頗，說：「我們們兩個人都是趙國的大臣。將軍能體諒我，我已經萬分感激了，怎麼還來給我賠禮呢？」

從此，兩人就做了知心朋友。

這是歷史上有名的故事「將相和」。在工作和生活中我們肯定也和藺相如一樣遇到過廉頗這樣的人，那麼不妨沉默，也不要抱怨，依然用一顆平常心對待，那麼你的上司會看到你的大度，你的同事或朋友會被你的度量感化。

2. 不惡小人，禮待君子

讀菜根

【原文】

待小人不難於嚴，而難於不惡；待君子不難於恭，而難於有禮。

【譯文】

對待小人，持有嚴厲的態度並不困難，困難的是在內心不憎恨他們；對待君子，要做到尊敬他們並不困難，困難的是真正對他們以禮相待。

【注釋】

小人：泛指一般無知的人，此處含品行不端的壞人的意思。

> 如果女性因為感情而嫉妒起來，那是很可怕的。
> ——莎士比亞

悟菜根

人都是可以感化的，我們因為小人做壞事或品德上的不足而憎恨他們，不去教育，那麼小人依然會是小人。反之，對待品德高尚的人，恭敬不可過，如果太禮敬就會流於諂媚，使自己由於過分自卑而處於卑微地位，這就不是應有的禮貌，應使禮貌都能合乎節度。

本著感化小人的心和小人接觸，用一個同樣高的人格來和君子來往，就能使自己不偏不倚、不卑不亢，贏得好人緣。

講菜根

對小人不惡

在中國歷史上，郭子儀對於心術不正的小人來見他，縱然他的地位很卑微（郭子儀那時已封王），他也一定見，而且一定坐得很端莊，穿上禮服來接見。有很多人覺得奇怪，就問他：「許多達官貴人來見您，您都很隨意，為什麼這些小官來見您，您這樣嚴肅？」郭子儀回答道：「這些人心術不正又很聰明，還很

會巴結，不能得罪，萬一他將來做了大官，得了志，我們得罪他，他懷恨在心會報復。」

他的話後來果然應驗，擅長於巴結的這些人，很容易討得帝王的歡心，後來在這些人得志的時候，凡是得罪他的人，都沒有好結果。

郭子儀一生能夠平平安安度過，有他的一套學問見識：對情感較薄的人要寬厚，對情感太過的人要方正，好比水太熱要加點冷水，水冷了要加點熱水。人既不能離群獨居，處世要中道，冷冰冰或過分熱情都不好。我們何不保持超然的態度，免去世俗的污染，「對小人不惡，待眾人有禮」？

如果在人際交往中，我們能擁有郭子儀的智慧，必定會全譽完身的。

3. 處世須方圓，待人宜寬嚴

讀菜根

【原文】

處治世宜方，處亂世宜圓，處叔季之世當方圓並用；待善人宜寬，待惡人宜嚴，待庸眾之人當寬嚴互存。

【譯文】

處在政治清明天下太平時期，待人接物應正直；處在政治黑暗天下紛爭的時期，待人接物應圓滑；而在國家行將衰亡的末世，待人接物就要剛直與圓滑並用。對待善良的君子要寬厚，對待邪惡的小人要嚴厲，對待一般平民大眾要寬嚴互用。

與人交往時，讓我們記得，我們不是同理智的動物交往，我們是同感情動物交往，與豎著偏見刺毛、且滿心驕傲虛榮的動物交往。

——卡內基

【注釋】

治世：指太平盛世，政治清明，人民安居樂業。

方：指品行端正。

亂世：治世的對立面。

圓：沒有稜角，圓通，圓滑，隨機應變。

叔季之世：古時少長順序按伯、仲、叔、季排列，叔季是兄弟中排行最後，比喻末世將亂的時代。

悟菜根

古代的時事格局很容易發生變化，今天我們的社會是一個穩定和諧的社會，但這並不表明作者的勸誡無用武之地了。我們完全可以把它視為人世交際的一個良方。

如果處在和諧的環境中，就要運用寬嚴之術待人，才能和別人建立良好的關係。反之，如果處在處處充滿了勾心鬥角、爾虞我詐的環境裡，我們需要處處小心，學會明哲保身，不要和別人過不去，自己的行為應圓滑一些、老練一些，這樣才能不至於使自己處於被動的地位，或者是遭到別人的打擊報復，才能夠求得生存。

講菜根

薛寶釵方圓之術

薛寶釵是曹雪芹在《紅樓夢》一書中一個塑造得相當成功的人物。

她容貌「比黛玉另具一種嫵媚」，而且十分博學，諸子百家無所不知，唐詩宋詞元曲百種無所不通，甚至但凡書上提及的草木之名也無所不曉，同時藝術造詣也極深。

其為人處事：年歲雖未多大，然品格端方，容貌豐美，人多謂黛玉所不及，而且寶釵行為豁達，隨分從時，不比黛玉孤高自許，目下無塵，故比黛玉大得人心。便是那些小丫頭們，亦多喜與寶釵去玩。

可見，她在《紅樓夢》諸多人物中是一個較受歡迎、得人心的人物。上至賈母，下至小丫頭，不管是被歸為正面人物的林黛玉，還是屬於反面人物的趙姨娘，無一不喜歡她。在《紅樓夢》偌大的家庭裡，能做到不與一人為敵，受眾人尊重，確非易事，實屬難得。

人立於世，少不了要和人打交道。為人處事無方，會使你到處碰壁，寸步難行；為人處事得法，會使你柳暗花明，左右逢源。薛寶釵就屬於後者，現代稱之為「方圓處世」。

薛寶釵的「方」：

「方」是一個人的品質、境界、素養等所有內在修為的綜合反映，是做人的根基。一個人如果自己都不尊重自己，別人又怎麼會尊重你呢？

寶釵一樣和姐妹們一處談說，笑樂，卻從來沒有忘記一個客觀的尺度，她不會如黛玉的逞強、湘雲的放縱或寶玉的癡迷，而是有自己的生活信念。書中表現出來的更多是「寧靜以致遠，淡泊以明志」。儘管她不會與他人爭，與他人鬥，但也不容許他人對她隨意踐踏。

夏金桂先前不過挾制薛蟠，後來倚嬌作媚，將及薛姨媽，後將至薛寶釵。寶釵久察其不軌之心，隨機應變，暗以言語彈壓其志。金桂知其不可犯，便欲尋隙，又無隙可乘，只得曲意俯就。

對於薛家的潑婦金桂，幾近反轉薛家上下，唯獨對寶釵無可奈何。這不能不歸功於寶釵對其人格尊嚴的維護。

對於其他事，寶釵亦有一套自己的原則。如作詩，她有一套自己的理論，「作詩不論何題，只要善翻古人之意，若要隨人腳蹤走去，縱使字句精工，已落第二義，究竟算不得好詩」；對於閨房擺設，穿著打扮，她也是極具個性，不與園中姐妹相比。

做自己，活出自己，是對人格尊嚴維護的重要表現。

薛寶釵的「圓」：

圓是處世的錦囊，它不是圓滑、狡詐，而是一種圓融的處世態度，是一種隨機應變的處世哲學，是一種以不變應萬變的處世技巧。

薛寶釵雖是一位名門小姐，但不管是對上，還是對下，她都向人流露出關懷之情。

金釧投井自殺，王夫人傷心。她說：「姨娘是慈善人，固然這麼想，據我看來，她並不是賭氣投井，多半是她下去住著，或是在井跟前貪玩，失了足掉下去的。她在上頭拘束慣了，這一出去，自然要到各處去玩玩逛逛，豈有這樣大氣性的理？縱然有這樣大氣，也不過是個糊塗人，也不為可惜……姨娘不勞念念於茲，十分過不去，不過多賞她幾兩銀子發送她，也就了了主僕之情了。」後寶釵主動拿兩套自己的衣服替王夫人給金釧妝裏，也不忌諱衣服給死人。或許有人看了薛寶釵對王夫人講的一席話氣憤她冷血，非但為王夫人洗脫與金釧之死有關的罪名，而且一

條人命也只是打發幾兩銀子完事。但請停下來想想，在這裡，薛寶釵的目的是安慰人。如果你是去安慰一個人，那個人或許真的有錯，他也正在為自己的行為自責，你還會去責備他的過錯，說這不該那不該，倘若一開始沒怎麼樣如今就不會這樣之類的話嗎？請記住，你是見其難過才去安慰他的，在那個情景中，你要做的也是安慰人，使其心裡好受些，不要太難過。當然，不是說人做錯事就不應責備，只是這責備也要看時候。至少，寶釵在那時那景下，說的話，做的事，是可以理解的。人都有犯錯的時候，知道自己犯錯並後悔難過的時候，更需要他人誠摯的關懷。

人是社會的人，要生存，你就得適應社會，即使你對社會現狀不滿，想要改變它，但前提也是你要在那生存下來，適應它，否則更無所謂什麼改變了。現實是複雜的，它無聲無息地運轉著「適者生存，不適者淘汰」這一永恆的定律。要在這複雜的世界裡游刃有餘，你要有「方」，但絕不能沒有「圓」。

4. 忘己功念人恩，念己過忘人怨

讀菜根

【原文】

我有功於人不可念，而過則不可不念；人有恩於我不可忘，而怨則不可不忘。

> 閒適是暫時擺脫了生活重壓的一種難得的自由狀態。
> ——佚名

【譯文】

自己如果對別人有了幫助等恩惠，不要常常掛在嘴上或記在心頭，但是對不起別人的地方卻不可不經常反省；別人如果對自己有了恩惠，不可以輕易忘記，可是對別人冒犯自己的過錯不可不忘掉。

【注釋】

功：對他人有恩或幫助的事。

過：對他人的歉疚或冒犯言行。

悟菜根

心裡老是記著自己的功勞，就會滋生驕狂，不時時反思自己的過錯，就會鑄成大錯。魏信陵君（名無忌）殺了晉鄙（魏國帶兵官），擊破秦軍，解除邯鄲被圍困的危機，救了趙國，趙王親自出郊迎接。唐雎對信陵君說：「我聽人說：『有些事無法得知，但有些事不可不知，有些事不能忘，但有些事不能不忘。』」信陵君說：「怎麼說呢？」唐雎說：「有人恨我，我無法得知，但我恨人，卻不可不知；別人有恩於我，不能忘記，但有恩於人，就不能不忘。先生殺了晉鄙，解除邯鄲受困的危機，救了趙國，這是大恩，希望您能忘記對趙國的恩惠。心裡老是記著對別人的恩德，勢必帶來恩大仇大的危險；對別人的怨恨不能及時化解，只能給自己帶來更多的煩惱。」

我們是否也該向唐雎學習呢？

講菜根

孟嘗君釋恨

孟嘗君被逐之後，又恢復相位，重回齊國。

譚拾子到邊境去迎接，對孟嘗君說：「您會不會埋怨齊國的士大夫放逐您，而想殺人呢？」

孟嘗君說：「會。」

譚拾子說：「有件事是一定會發生的，有個道理是必然的，你知道嗎？」

孟嘗君說：「不知道。」

譚拾子說：「死，是一定會發生的事；而追求富貴、摒棄貧賤則是必然的道理。拿市場來打比方，早上的時候，市場人潮洶湧；到了晚上，市場就空蕩了，這並不是人們對於市場喜歡早上而憎恨晚上啊！為了求生存所以就爭著去，為了避免危亡所以就逃離，這是同樣的道理啊！希望您不要心懷怨恨。」

孟嘗君聽了，就銷毀一份記有五百個他所怨恨的人的名單，表示不再報復了。

幫助或救助過別人不要掛在嘴上或記在心頭，做了對不起別人的事要經常反省，別人對不起自己時，要立刻忘記。這樣才能活得逍遙自在。

5. 寧直惡人忌，毋曲善人譽

讀菜根

【原文】

　　曲意而使人喜，不若直躬而使人忌；無善而致人譽，不若無惡而致人毀。

> 生活只有在平淡無味的人看來才是空虛而平淡無味的。
> ——車爾尼‧雪夫斯基

【譯文】

　　與其委屈自己的意願去博取他人的歡心，還不如以剛正不阿的言行而遭受小人的嫉恨，使人們能讚賞你的正直；與其沒有善行而接受他人的讚美，還不如沒有惡行劣跡卻遭受小人的誹謗，使人們能敬佩你的品行。

【注釋】

　　曲意：委屈自己的意志。
　　直躬：剛正不阿的行為。

悟菜根

　　在和人交往時，我們總會遇到形形色色的人：有的人喜歡曲意迎合，有的人喜歡直言不諱。然而要想真正結交到君子，就要秉持剛直、善良的本性，因為只有小人才會樂於聽奉承話，才會嫉妒那些做人為善的人，而君子是討厭這樣的行為的。我們固然逃脫不了有小人的場所，但是我們完全可以不親近他們，也不用迎合他們，因為真正對你有幫助的不是小人而是君子。若小人造謠言誹謗你，你完全可以不聽，做事攻擊你，你也完全可以不予回擊，那樣他自會感覺無趣，對你也就無計可施了。

講菜根

假裝糊塗

　　在北宋的宰相中，富弼和文彥博是老壽星：文彥博活到九十二歲，富弼活到

八十歲。八十載悠悠歲月，六十年官宦生涯，富弼的人生長河可謂波瀾壯闊。下面是一則關於富弼年輕時的趣事。

一天，富弼走在洛陽大街上，有人過來悄聲說：「某某在背後罵你！」

富弼說：「大概是罵別人吧！」

那人又說：「人家指名道姓在罵你呢！」

富弼想了想說：「怕是在罵別人吧！或許是有人跟我同名同姓。」

罵他的人「聞之大慚」，趕緊向富弼道歉。

年少的富弼分明是假裝糊塗，卻顯示了他的聰明睿智。

孔子說，君子莊敬自重，而與人無所爭。

荀子說，君子才德過人，但不因此傲人，與人爭高下，就像一個人力大如牛而不與牛鬥力量，走速似馬而不與馬比速度那樣，他聰明過人但並不與人比聰明。

6. 陰者勿交心，傲者須防口

讀菜根

【原文】

遇沉沉不語之士，且莫輸心；見悻悻自好之人，應須防口。

【譯文】

做人做事須留有餘地，方便自己，方便他人。
——佚名

遇到一個表情陰沉、默默寡言的人，千萬不要一見面就推心置腹顯示真情，這樣的人看似可信賴，卻會暗地利用你；遇到一個自以為了不起又固執己見的人，一定要小心謹慎，盡量少說話，這樣的人不僅聽不進去意見，也極容易嫉恨別人。

【注釋】

沉沉：陰險冷酷的表情。

輸心：推心置腹顯示真情。

悻悻：生氣時憤恨不平的樣子。此處比喻人的傲慢、固執己見。

悟菜根

　　如果沒有過人的識人本領，是很難在初次見面就能看透一個人的品行、摸透一個人的內心的。所以，在社交場合遇到一些生面孔時，必須多多加以觀察和提防。由於人際關係的複雜，人在處世時，不能不多些圓滑。俗話說：「逢人只說三分話，莫要全拋一片心。」不經過一段時間的觀察，是看不出一個人品行好壞的，也就很難決定交往的程度、說話的深淺。所以，要謹慎，除了多觀察，還要在心裡多琢磨。不然一旦遇到心地險惡的歹徒，就會深受其害。

講菜根

呂公相劉邦為婿

　　漢高祖這個人，高鼻子，長頸項，面貌有龍相，鬚髯特美，左大腿上有七十二顆黑痣。為人仁厚，喜歡施與，意志豁達，胸襟開闊，常表現出寬宏大度，不肯同家人一樣從事生產農作各業。到了壯年，試做官吏，為泗水亭長。

　　漢高祖官任亭長時，對其衙中吏人，無不加以輕侮。高祖好酒好女色，常常向王媼、武負二人的酒館賒酒。有時，高祖喝醉，臥不能起。武負、王媼常看見高祖身體上面有龍出現，甚以為怪異。以前高祖每次來買酒，留在酒館中暢飲時，二人按酒價數倍計價。等二人見高祖醉臥而有龍出現的怪事以後，到年底算帳的時候，這兩家酒館經常撕了帳單，不向高祖索債。

　　漢高祖曾經出差到秦都咸陽，當時恣意遊覽名勝，看到了始皇帝的威儀盛勢，他很是感慨。

　　單父縣人呂公與沛縣縣令相友善。呂公為了避仇人，遷到沛縣來，隨沛縣縣令為客，因而在沛縣落戶。沛縣中豪傑吏人，聽

說沛縣令有貴客來，都前往道賀，當時蕭何為主吏，他向貴賓們說：「凡是致贈禮金，不滿一千錢的，就請他坐在堂下。」

漢高祖當時做亭長，平日輕視沛縣衙中吏人。於是他假寫了一張禮帖，上寫：「賀錢一萬。」實際他連一文錢都沒有帶去。這個禮帖送到呂公手上，呂公看了大驚，自己起身，迎接高祖於門前。呂公好給人相面，看見高祖的狀貌特殊，因而特別敬重，引高祖入座。蕭何向呂公說：「劉季這個人，常是說大話很多，能做成的事很少。」高祖因呂公對他的敬重，便輕侮諸客，高坐上座，毫不謙讓。

呂公因高祖狀貌之奇，乃在席間以目示意，堅留高祖不要退席。於是高祖便留下來，在客人都散去之後，呂公對高祖說：「我從年少的時候，就好給人相面。我相過的人太多了，但是沒有一位像劉季你的相貌這樣高貴的。劉季，我希望你能多多自愛！」呂公稍停說：「我有一個女兒，願意做你執箕帚的妻子。」

酒席宴罷，呂媼對呂公決定以女兒嫁高祖的事，非常生氣。呂媼怒向呂公說：「你平素總是說：這個女兒是奇特不尋常的，應該嫁與貴人。沛縣縣令和你相交極好，求我們女兒，你不肯。為什麼自己胡亂地就把女兒許給劉季了？」呂公說：「這就不是孩童女子所能了解的事了！」呂公最後把女兒嫁與劉季。呂公的女兒就是後來的呂后，生了孝惠皇帝和魯元公主。

7. 去害心存防心，寧人欺毋逆人

讀菜根

【原文】

岳武穆王墓
——葉紹翁（宋）
萬古知心只老天，
英雄堪恨復堪憐。
如公少緩須臾死，
此虜安能八十年！
漠漠凝塵空偃月，
堂堂遺像在凌煙。
早知埋骨西湖路，
悔不鴟夷理釣船！

害人之心不可有，防人之心不可無，此戒疏於慮者；寧受人之欺，毋逆人之詐，此警傷於察者。二語並存，精明渾厚矣。

【譯文】

「害人之心不可有，防人之心不可無」，這句話是用來警戒那些在與人交往時思考不深入細緻的人的；寧可忍受他人的欺騙，也不事先拆穿人家的騙局，這是用來勸誡那些警惕性過高、思考太細緻的人的。在和人交往時能做到這兩句話才算是精明而

又良厚的為人之道。

【注釋】

逆：預先推測。

察：本意是觀察，此處作偏見解，有自以為是的意思。

悟菜根

我們都知道淡泊名利、忠厚老實是最基本的生活準則，但也不能太過。過於忠厚老實，在生活中就會不善於周旋應付，顯得單調乏味，別人也不願與之多有接觸，即使是勉強交往，感情也不易加深，只會覺得枯燥乏味，因此，辦事往往不順利。由此可知，生活中也必需要有一點圓滑和心機。圓滑不能太過，太過則顯得油腔滑調，輕浮膚淺，做事時不易使人產生信任感，因而事情很難辦成。心機不能太深，太深就是陰險和狡詐了。總而言之，在現實生活中，要恬淡中帶有幾分圓滑，老實中不乏幾分心機，這才是處事待人的真諦。

講菜根

陰陽總有報

在此，想講一個大家都熟知的一個故事：葫蘆僧斷葫蘆案。這個故事是關於《紅樓夢》中的核心人物賈雨村的。

賈雨村在賈家的說明下，被授了應天府。一到任就有件人命官司詳至案下，卻是兩家爭買一婢，各不相讓，以致毆傷人命。彼時雨村即拘原告來審。

聽了原告的一席哭訴，雨村大怒道：「哪有這等事！打死人竟白白的走了拿不來的？」便發簽差公人立刻將兇犯家屬拿來拷問。只見案旁站著一個門子，使眼色不叫他發簽。雨村心下狐疑，只得停了手。退堂至密室，令眾人退去，只留這門子一人服侍。

這門子原是賈雨村故人。賈雨村便賞他坐了說話。這門子不敢坐，雨村笑道：「我們也算貧賤之交。此係私室，但坐不妨。」門子才略坐了半張椅子。

雨村道：「方才何故不令發簽？」門子責怪其不諳官場之道，並一面說著奉承話，一面從口袋中取出一張抄的「護官符」來。遞與雨村看時，上面皆是本地大族名宦之家的俗諺口碑，云：賈不假，白玉為堂金作馬。阿房宮，三百里，住

不下金陵一個史。東海缺少白玉床，龍王來請金陵王。豐年好大『雪』，珍珠如土金如鐵。今犯事者就是出自那『豐年好大雪』的薛家，老爺如今拿誰去？」

雨村聽說，便笑問門子道：「這樣說來，卻怎麼了結此案？你大約也深知這兇犯躲於何處了？」門子笑道：「不瞞老爺說，不但這兇犯躲的地方，並這拐的人我也知道，死鬼買主也深知道，待我細說與老爺聽。這個被打死的是一個小鄉宦之子，名喚馮淵，父母俱亡，又無兄弟，守著些薄產度日，年紀十八九歲，酷愛男風，不好女色。這也是前生冤孽，可巧遇見這丫頭，他便一眼看上了，立意買來作妾，設誓不近男色，也不再娶第二個了，所以鄭重其事，必得三日後方進門。誰知這拐子又偷賣與薛家，他意欲卷了兩家的銀子逃去。誰知又走不脫，兩家拿住，打了個半死，都不肯收銀，各要領人。那薛公子便喝令下人動手，將馮公子打了個稀爛，抬回去三日竟死了。這薛公子原擇下日子要上京的，既打了人奪了丫頭，他便沒事人一般，只管帶了家眷走他的路，並非為此而逃。這人命些些小事，自有他弟兄奴僕在此料理。這且別說，老爺可知這被賣的丫頭是誰？」雨村道：「我如何曉得？」門子冷笑道：「這人還是老爺的大恩人呢！她就是

葫蘆廟旁住的甄老爺的女兒，小名英蓮的。」雨村駭然道：「原來是她！聽見她自五歲被人拐去，怎麼如今才賣呢？」門子道：「這種拐子單拐幼女，養至十二三歲，帶至他鄉轉賣。當日這英蓮，我們天天哄她玩耍，極相熟的，所以隔了七八年，雖模樣兒出脫的齊整，然大段未改，所以認得，且她眉心中原有米粒大的一點胭脂記，從胎裡帶來的。偏這拐子又租了我的房子居住。那日拐子不在家，我也曾問她。她說是打怕了的，萬不敢說，只說拐子是她的親爹，因無錢還債才賣的。再三哄她，她又哭了，只說：『原不記得小時的事。』這無可疑了。那日馮公子相見了，兌了銀子，因拐子醉了，英蓮自歎說：『我今日罪孽可滿了！』後又聽見三日後才過門，她又轉有憂愁之態。我又不

忍，等拐子出去，又叫內人去解勸她：『這馮公子必待好日期來接，可知必不以丫環相看。況他是個絕風流人品，家裡頗過得，素性又最厭惡堂客，今竟破例買你，後事不言可知。只耐得三兩日，何必憂悶？』她聽如此說方略解些，自謂從此得所。誰料天下竟有不如意事，第二日，她偏又賣予了薛家。若賣與第二家還好，這薛公子的混名，人稱他『呆霸王』，最是天下第一個弄性尚氣的人，而且使錢如土。只打了個落花流水，生拖死拽把個英蓮拖去，如今也不知死活。這馮公子空喜一場，一念未遂，反花了錢，送了命，豈不可歎！」

至次日坐堂，勾取一干有名人犯。雨村詳加審問，果然如門子所言，馮家人口稀少，不過賴此欲得些燒埋之銀；薛家仗勢倚情，偏不相讓，故致顛倒未決。雨村便徇情枉法，胡亂判了此案，馮家得了許多燒埋銀子，也就無甚話說了。雨村便急忙修書二封，與賈政並京營節度使王子騰，不過說「令甥之事已完，不必過慮」之言寄去。此事皆由葫蘆廟內沙彌新門子所為，雨村又恐他對人說出當日貧賤時事來，因此心中大不樂意。後來到底尋了他一個不是，遠遠的充發了才罷。

賈雨村為了討好當地的權勢，而胡亂斷了案。結果怎麼樣呢？賈雨村在賈家即將倒台的時候，見風使舵，投靠了忠順王府，並且成為查抄賈家的直接兇手之一。最後又被他手下的葫蘆僧門子扳倒，做了階下囚。

8. 寧小人毀而非贊，寧君子責而非容

讀菜根

【原文】

> 時間的步伐有三種：未來姍姍來遲，現在像箭一樣飛逝，過去永遠靜立不動。
> ——席勒

寧為小人所忌毀，毋為小人所媚悅；寧為君子所責備，毋為君子所包容。

【譯文】

一個人為人處世，寧可被小人猜忌誹謗，也不能被小人的甜言蜜語所迷惑；寧可被君子責難訓斥，也不要因其寬宏大度被包容。

【注釋】

媚悅：本指女性以美色取悅於人，此指用不正當的手段來博取他人歡心。

悟菜根

　　我們都明白這樣一個道理：對你甜言蜜語不斷而從不提你的任何不足的人，往往對你有所企圖，而直接說出請求，又敢於指出你的不足的人，往往不會對你說奉承話。所以，我們必須謹記「良藥苦口利於病，忠言逆耳利於行」，這樣才能不被小人的伎倆所迷惑，不因君子對我們的指責產生怨恨。

講菜根

找到自己的鏡子

　　唐太宗與魏徵既是君臣，又是朋友。沒有唐太宗的賢明大度，就不會有魏徵的忠直；而沒有魏徵的忠直，唐太宗就少了一面文治武功的明鏡。

　　當初，魏徵是唐太宗對手的部下，是唐太宗的愛才之心，才使魏徵有了發揮才能的平台。他不僅幫唐太宗制訂了「偃武修文，中國既安，四夷自服」的治國方針，也時時刻刻修正著唐太宗的謬誤。他為唐太宗講解了「民可載舟，又可覆舟」、「兼聽則明，偏信則暗」的治國道理，也常常犯顏直諫。

　　從貞觀初（西元627年）到貞觀17年（西元643年）魏徵病故為止，十七年間魏徵諫奏的事，有史籍可考的達二百多項，內容涉及政治、經濟、文化、對外關係和皇帝私生活等。

　　一次，皇上得一隻好鷂鷹，親自架在手臂上逗弄，愛不釋手。一回不巧，老遠看見魏徵來了，趕緊藏在懷裡，魏徵奏稟公事，故意沒完沒了，結果鷂鷹死在皇上的懷中。

　　當然，皇帝也是人，有時魏徵的「知無不言，言無不盡」也會讓唐太宗下不了台。唐太宗回宮後就每每發火，聲言恨不得殺了這個不識時務的臣子，但他又不愧一代賢明君主，火

氣過後又為有這樣忠諫之臣感到欣慰，就一次次原諒魏徵的犯顏直諫。在魏徵死後，唐太宗極為傷感地對眾臣說：「以銅為鑑，可以正衣冠；以古為鑑，可以知興替；以人為鑑，可以明得失。今魏徵逝，一鑑亡矣。」

可見，人能得一敢於對自己直言的朋友，是多麼重要。所以一個真正明智的人，寧願被小人毀而非贊，寧願被君子責而非容。

9. 厚待故交，禮遇衰朽

讀菜根

【原文】

遇故舊之交，意氣要愈新；處隱微之事，心跡宜愈顯；待衰朽之人，恩禮當愈隆。

> 人生的真理，只是藏在平淡無味之中。
> ——佛語

【譯文】

遇到多年不見的朋友，情意要特別真誠，氣氛要特別熱烈；處理某種隱祕事時，居心要特別坦誠，態度要特別開朗；服侍身體衰弱的老人，舉止要特別殷勤，禮節要更加周到。

【注釋】

隱微：隱私的小事。
衰朽：年老力衰的人。

悟菜根

人人都有喜新厭舊的毛病，易於親近新交的朋友，而疏遠舊日的朋友，所以我們一旦遇到故舊之交，切不可忽略或忘記，一定要比以前還要親切相對。

人在公眾面前總是光明磊落的，但在人所不見之處就容易營私舞弊。我們應當在暗地裡比明處還要光明正大，並且用這樣的心跡來處理事情，不要認為在人所不見之處就任意胡作妄為。無論任何時候，也要不計其私才好。

另外，我們對待老人，應當比盛旺的人更隆重，才方顯自己的美德和教養。

📖 講菜根

喜新厭舊不可取

楚懷王一直寵幸一個名叫鄭袖的妃子。

一日，魏王給楚懷王送來一名魏國美女。喜新厭舊通常是人類的通病，於是，楚懷王冷落了鄭袖，一心眷顧新來的魏美人。

妒火中燒的感覺纏繞著鄭袖，於是，她暗暗籌畫計謀。

平日裡，她佯裝大度與魏美人親近，噓寒問暖。她常常送一些小禮物給魏美人，並且時時刻刻體貼和經常點撥魏美人，告訴她楚懷王的一些生活習慣。如此這般，讓涉世未深的魏美人，對這位鄭袖前輩心懷感激。一來二往，兩人的關係迅速升到無話不談的閨蜜程度。

一日兩人閒暇聊天，鄭袖對魏美人說：「大王非常喜歡你的美貌，但只有一點不喜歡，就是你的鼻子。」單純無心機的魏美人信以為真。以後每次見到楚懷王時，常以手掩鼻。楚懷王非常詫異，不知其意。一日看到鄭袖，楚懷王道出心中的困惑問鄭袖：「魏女每次見到寡人，則掩其鼻，為何？」

鄭袖低眉輕歎一聲說道：「魏女常對別人說，大王有口臭，見面時需掩鼻方可忍受。」

楚懷王聽完大怒，立即下令割掉魏美人的鼻子，逐出宮去……

而等楚懷王最終明白了此事的始末時，後悔已來不及。

在生活中，我們也難擺脫喜新厭舊的毛病，並會冷落那些已無大勢或已經衰老的人，然而這些雖然能讓我們享耳目之娛於一時，卻會讓我們悔恨終生。

10. 怨因德彰，仇因恩立

📖 讀菜根

【原文】

怨因德彰，故使人德我，不若德怨之兩忘；仇因恩立，故使人知恩，不若恩仇之俱泯。

【譯文】

怨恨會因為美德而更加明顯，可見美德並不一定得到人的讚美，所以與其讓人感恩懷德，不如讓人把讚美和埋怨都忘掉；仇恨會因為恩惠產生，可見與其施恩而希望人家感恩圖報，不如把恩惠與仇恨兩者都消除。

【注釋】

彰：顯現。

泯：消滅，泯滅。

悟菜根

「怨因德彰，故使人德我，不若德怨之兩忘；仇因恩立，故使人知恩，不若恩仇之俱泯」，這是作者對人生的態度和觀點，也是我們更應該牢記的至理名言。這就是說，雖然我們有高尚的品德，希望自己能夠給別人什麼好處，也就是所謂的恩澤，如果希望別人對自己感恩，那麼還不如沒有這種念頭。如果結成的怨恨是由於恩澤所產生的，那麼即使得到了恩德，也未必是好事情。所以我們要好自為之，那麼我們不如把人生所有的恩德和怨恨都放棄，不要為這件事情讓自己煩惱，從而使我們德恩兩忘，恩仇俱泯。

講菜根

有時，施恩如施德

有人說，給別人恩惠或者好處，也許並不一定是互相的，不要以為給了別人好處，你就會對人家有了恩澤，人家就會感激你，所以事物往往會互相轉化的。你雖然給了人家恩澤，但是人家未必會領你的情，反過來說，雖然自己並沒有希望得到人家的回報，但是你不僅未曾得到人家給你的什麼回報，反而卻給自己招來了很大的麻煩。所以給別人恩澤，要有原則性，應該恰到好處，但是這是需要智慧的。

塞翁失馬的故事在世代相傳的過程中，漸漸地濃縮成了一句成語：「塞翁失馬，焉知非福。」它的寓意：人世間的好事與壞事都不是絕對的，在一定的條件下，壞事可以引出好的結果，好事也可能會引出壞的結果，即所謂禍福相依。

態 度

1. 閒時須吃緊，忙處要悠閒

讀菜根

《晉書》：
成書於唐太宗時期，編者共二十一人。其中有房玄齡、褚遂良、許敬宗等。共一百三十卷，包括帝紀十卷，志二十卷，列傳七十卷，載記三十卷，記載了從司馬懿開始到晉恭帝元熙二年為止，包括西晉和東晉的歷史，並用「載記」的形式兼述了十六國割據政權的興亡。

【原文】

天地寂然不動，而氣機無息稍停；日月盡夜奔馳，而貞明萬古不易。幫君親時要有吃緊的心思，忙處要有悠閒的趣味。

【譯文】

天地看起來好像無聲無息不動，其實大自然的活動片刻未停；早晨旭日東昇，夜晚明月西沉，日月晝夜旋轉，而日月的光明卻永恆不變。我們何不效法大自然的變化，閒暇時要有緊迫感做一番打算，忙碌時偷閒享受一點生活中悠閒的樂趣。

【注釋】

寂然：寧靜的意思。

氣機：機，活動。氣機是指大自然的活動。

盡夜：夜以繼日，也就是終夜的意思。盡，終也。

貞明：指光輝永照。

吃緊：宋明時代的口頭語，和今人說的緊急相同，即緊迫，把握。

悟菜根

安閒時不要只顧著享樂，要為以後的事做一下打算，這樣才不至於庸庸碌碌一生；忙碌時也不能一直忙，要懂得忙裡偷閒，給自己找點樂趣，這樣才不會對所做的事感到厭煩，也才能獲得最後的成功。適當的靜也利於自己審視正在做的

事，有效避免錯誤產生。

講菜根

> ┌┄┄┄┄┄┄┄┄┄┄┄┄┄┄┄┄┄┄┄┄┐
> **生活要學會忙中偷閒**
> └┄┄┄┄┄┄┄┄┄┄┄┄┄┄┄┄┄┄┄┄┘

　　隨著生活水準的發展以及科學技術的進步，我們有許多用來娛樂身心的活動，比如垂釣，不僅可以豐富我們的業餘生活，同時也可陶冶身心，對健康也有利。其實，垂釣不僅是我們現代人非常青睞的一項活動，古人更甚。

　　古代不少政治家、軍事家、文學家都喜歡忙裡偷閒，垂釣一番，而且還賦詩作文以記之。

　　所謂「讀萬卷書，行萬里路」，齊璜在而立之年完成了讀萬卷書，而「行萬里路」正是在他行將半百時，用了七年時間才實現的。他足跡踏遍華山、廬山、嵩山、蜀山、巫峽、陽朔、長江、黃河、珠江、洞庭的名山大川，特別是陽朔那些形狀奇偉、境界蹊怪的石山，給齊璜留下了極深的印象，他集歷年遠遊的畫稿編成借山圖卷五十二幅，以「借山翁」之號發表。

　　晚年白石老人業餘之際更是醉心於植樹栽花、種菜養魚，修煉身心。正因為如此，白石老人才得以成為百歲老人。他是上流社會的貴族，卻不喜歡待在城中社交、不喜歡待在官場混飯吃，卻喜歡經營自己的農場，對農業經營情有獨鍾，還刻苦鑽研農業知識，想寫出有用的農業著作。

　　「憂勤是美德，太苦則無以適性怡情；淡泊是高風，太枯是無以濟人利物。」是啊！盡心盡力去做事本來是一種很好的美德，但如果過分認真而使心力交瘁，就會使精神得不到調劑而喪失生活樂趣。活得自然一點好！

2. 俗情物累盡除，名流聖境便入

讀菜根

【原文】

　　做人無甚高遠的事業，擺脫得俗情便入名流；為學無甚增益的工夫，減除得物累便臻聖境。

【譯文】

做人沒有什麼高深的大道理，也不一定要做出大事業才行，只要能擺脫世俗就可躋身名流；做學問也沒有什麼深奧的祕訣，能排除外界干擾保持寧靜心情，也就可以超凡入聖。

【注釋】

俗情：世俗之人追逐利欲的意念。

物累：心為外物所牽累，也就是心遭受物欲損害。

聖境：至高境界。

悟菜根

人們為了追求生活享受，忽視精神價值，這樣就會成為一個俗不可耐的物欲奴隸。人不要變成物欲的奴隸，保持澄思寂慮，雖說還不能像古人說的那樣成為聖人，但卻有一個明確的精神追求和向上的思想境界。

講菜根

真正的財富

貞觀二年（西元628年），太宗對侍臣說：「朕曾說過貪財的人卻並不懂得愛財。比如朝廷和地方五品以上的官員，俸祿優厚，一年所得的數目很多。如果接受別人的財物賄賂，也不過數萬，一旦事情敗露，官職俸祿都被削奪，這豈是懂得愛財？這是因小而失大。」

做君主的貪，必喪其國；為臣的貪，必亡其身。以前的秦惠王要討伐蜀國，但不知道道路，於是刻了五頭石牛，把金子放在石牛後面。蜀人看見後，以為牛能便金，蜀王便派五個大力士把石牛拖入了蜀國，道路出現了，秦軍跟隨其後而攻打了蜀國，蜀國於是滅亡了。漢朝的大司農田延年貪贓納賄三千萬，事發後自刎而死。類似這樣的事，怎能數得過來！

人們只知道拚命地佔有，卻不知道一切都是身外之物，生不帶來，死不帶去。而最大的財富是勤與廉。

3. 業不求滿，功不求盈

讀菜根

【原文】

事事要留個有餘不盡的意思，便造物不能忌我，鬼神不能損我。若業必求滿，功必求盈者，不生內變，必召外憂。

> 天命之謂性，率性之謂道。
> ——《禮記·中庸》

【譯文】

任何事都要留些餘地，不要把事情做得太絕，這樣即使是造物主也不會嫉妒我，神鬼也不會傷害我。假如一切事物都要求盡善盡美，一切功業都希望登峰造極，即使不為此而發生內亂，也必然為此而招致外患。

【注釋】

造物：指創造天地萬物的神，通稱造物主。

外憂：外來的攻擊、嫉恨。

悟菜根

老子說：「持而盈之不如其已，揣而銳之不如長保。」人們凡事都求全求美，其實，功業不求滿盈，留有餘地，也不失為一種好的處世方法，比如對於置錢財家業，求多求盡，對於功名地位，求高求上，這是不知保持人的本性而成為守財奴，不知急流勇退才是明哲保身之道。

想當初，廉頗做人太絕，不得不肉袒負荊，登門向藺相如賠罪。鄭伯說話太盡，無奈何掘地及泉，遂而見母。凡事都能留有餘地，方可避免走向極端。

講菜根

岳飛的不幸

吟著《滿江紅》，不能不想起岳飛。

岳飛為何怒髮衝冠，仰天長嘯。因為他始終牢記著「靖康恥，猶未雪；臣子

恨，何時滅！」所以他要「駕長車踏破賀蘭山缺」，「收拾舊山河，朝天闕」。岳飛堅決反對議和，主張抗戰到底。結局又如何呢？

紹興九年（西元1139年），岳飛聽說宋金和議將達成，立即上書表示反對，申言「金人不可信，和好不可恃」，並直接抨擊了相國秦檜出謀劃策、用心不良的投降之舉。和議達成後，高宗趙構下令大赦，對文武大臣大加爵賞。可是，詔書下了三次，岳飛都加以拒絕，不受開府儀同三司（一品官銜）的爵賞和三千五百戶食邑的封賜。

紹興十年（西元1140年）五月，金國撕毀紹興和議，金兀朮等分四道來攻。

岳飛一直準備著的施展收復中原抱負的時機到來了。

岳家軍進入中原後，一口氣收復了潁昌、蔡州、陳州、鄭州、鄆城、朱仙鎮，消滅了金軍主要軍力，金軍全軍軍心動搖，金兀朮連夜準備從開封撤逃。南宋抗金戰爭有了根本的轉機，再向前跨出一步，淪陷十多年的中原，就有望收復了。岳飛興奮地對大將們說：「直抵黃龍府，與諸君痛飲爾！」

就在抗金戰爭取得輝煌勝利的時刻，朝廷連下十二道金牌（紅漆金字木牌），急令岳飛「措置班師」。

紹興十一年（西元1141年）農曆除夕夜，高宗下令賜岳飛死於臨安大理寺內，時年岳飛三十九歲。民族英雄岳飛，就在「莫須有」的罪名下，含冤而死。

「吾生也有涯，而知也無涯。」凡事都要求達到盡善盡美，誰能做得到？

4. 人性偏激，業福難建

讀菜根

【原文】

躁性者火熾，遇物則焚；寡恩者冰清，逢物必殺。凝滯固執者，如死水腐木，生機已絕，俱難建功業而延福祉。

天能覆之而不能載之，地能載之而不能覆之，大道能包之而不能辯之，知萬物皆有所可，有所不可。
——《莊子·天下》

【譯文】

性情急躁的人，其言行如烈火一般熾熱，彷彿跟他接觸的物體都會被焚燒；刻薄寡義的人，其言行就像冰雪一樣冷酷，彷彿任何物體碰到他都會遭到殘害。頑固而呆板的人，就像死水朽

木，完全沒有了生機，這些人都不是建功立業、為社會人類造福的人。

【注釋】

凝滯固執：凝滯是停留不動的意思，比喻人的性情古板。固執是頑固不化。

悟菜根

人人有自己的性格，有些人就很難與之共事：性情急躁而慌慌張張的人，刻薄寡恩而無情無義的人，頑固不化而固執己見的人。而要想做一番事業，就必須認清人的個性，盡量少用以上性格的人。在和這類人處事時，也要格外小心，不要去挑他們的毛病，要動用智慧，讓他們在你面前不敢任性，他們只要懂得自己去克制本性了，也就會省去你很多心思。

講菜根

張飛被自己的性格害死

無論看過或讀過《三國演義》，還是沒有看過或讀過的人，都知道張飛是個脾氣暴躁的人。

書中張飛聞知關公被害後，旦夕號泣，血淚衣襟。諸位將領以酒勸解，誰知張飛酒醉後，怒氣更大。

有一天，張飛下令軍中，限三日內置辦白旗白甲，三軍掛孝伐吳。

次日，帳下兩員大將范疆、張達入帳告訴張飛：「白旗白甲，一時無可措置，須寬限幾日才可以。」張飛大怒，喝道：「我急著想報仇，恨不得明日便到逆賊之境，你們怎麼敢違抗我作為將帥的命令！」就讓武士把二人綁在樹上，然後在他們每人的背上鞭打五十下。打完之後，用手指著二人說：「明天一定要全部完備！如果違了期限，就殺你們兩個人示眾！」二人那時已被打得滿口鮮血。

二人回到營中商議。范疆說：「時限甚短，讓我們怎麼能夠籌辦？這個人性暴如火，如果明天置辦不齊，你我都會被殺啊！」不禁心生歹意。

那晚，二人得知張飛又喝得大醉，臥在帳中，初更時分，便各懷利刃密入帳中，把張飛給殺了。當夜，二人拿著張飛的首級，逃到東吳去了。

可憐張飛，弄巧成拙，竟死在自己部下手中。

5. 勉勵現前之業，圖謀未來之功

讀菜根

【原文】

圖未就之功，不如保已成之業；悔既往之失，不如防將來之非。

牧野洋洋，
檀車煌煌，
駟騵彭彭，
維師尚父，
時維鷹揚，
涼彼武王，
肆伐大商，
會朝清明。
——《詩經》

【譯文】

與其圖謀沒有開始的功業，不如用心維持已經建成的基業；與其懊悔以前的過失，不如好好準備以預防未來可能發生的過失。

【注釋】

業：指基業、事業。

悟菜根

人的一生其實很簡單，只有三個階段：過去，現在，未來。過去的已經過去，再多的懊悔也不能挽回什麼；將來的還沒來到，費盡心機也不能保證將來如你所願；而現在是你能把握的，你只有好好把握現在，珍惜已經擁有的，才是對過去的過失最好的彌補，也是對將來做的最好準備。

講菜根

珍惜當下

珍惜當下，不要等到失去的時候，在回憶中悲戚；珍惜當下，不要等到走到路的盡頭，才想要掉頭；珍惜當下，是對自己的大愛。

當匈奴橫行北方，西晉王朝面臨崩潰的時候，晉朝劉琨就是這樣珍惜當下的傑出代表。

劉琨年輕的時候，有一個要好的朋友叫祖逖。在西晉初期，他們一起在司州（治所在今洛陽東北）做主簿。晚上，兩人睡在一張床上，談論起國家大事，常

常談到深更半夜。一天夜裡，他們睡得正香的時候，一陣雞叫的聲音，把祖逖驚醒了。祖逖往窗外一看，天邊掛著殘月，東方還沒有發白。

祖逖不想睡了，他用腳踢踢劉琨。劉琨醒來揉了揉眼睛，問是怎麼回事。祖逖說：「你聽聽，這可不是壞聲音呀！牠在催我們起床了。」兩個人高高興興地起來，拿下壁上掛著的劍，走出屋子，在熹微的晨光下舞起劍來。就這樣，他們一起天天苦練武藝，研究兵法，終於都成為了有名的將軍。

每一朵花，只能開一次，只能享受一個季節的熱烈的或者溫柔的生命。親愛的朋友，所有的理論都是灰色的，而寶貴的生命之樹常青。

不管是今天成功的歡笑，還是今天失敗的淚水，那也只屬於今天。今天是屬於我們每一個人的，好的抑或壞的生活那也是我們的一天。

6. 言語助人，亦是功德

讀菜根

【原文】

士君子貧不能濟物者，遇人癡迷處，出一言提醒之，遇人急難處，出一言解救之，亦是無量功德矣。

生活得最有意義的人，並不就是年歲活得最久的人，而是對生活最有感受的人。
——盧梭

【譯文】

通理明義的人，雖說自己貧窮不能用財物來救濟他人，可是當遇到別人迷惑的地方，能從旁邊指點一番使他有所領悟；遇到別人著急困難處，能說幾句公道話來解救別人的危難。這些也都是一種很大的善行啊！

【注釋】

濟物：用金錢救助人。

癡迷：迷惑不清。

功德：佛家語，通常指功業和德性。

悟菜根

我們都知道，佛的宗旨是普度眾生，我們也都知道，佛總是度人心。然而現實生活中，我們卻認為只有幫人家做事，為人家出錢或出力才算是行善。而對於幫人家出謀劃策，使他走出低潮卻不以為然。其實，隨著社會的發展，給人幫助的形式多種多樣，尤其是無形的東西，如知識、智慧和經驗日益受到重視，智能服務逐步走向一般民眾，走向有序、有償、有效的軌道。人都說國家的競爭是經濟的競爭，而經濟的競爭是人才的競爭，人才的競爭是大腦智慧的競爭，可見智慧是多麼重要啊！

講菜根

把月亮贈給別人

良寬禪師除弘法外，平常就是居住在山腳下一間簡陋的茅棚中，生活過得非常簡單。

有一天晚上，他從外面講經回來，剛好撞上一個小偷正在光顧他的茅廬，小偷看到禪師回來了，慌張得不知如何是好。

良寬禪師卻和悅地對雙手空空的小偷說：「找不到可偷的東西吧？想來你這一趟是白跑了，這樣吧！我身上的這件衣服，你就拿去吧！」

小偷抓著衣服就跑，良寬禪師赤著身子，在月光下看到小偷的背影，無限感慨地說：「可惜，我不能把這美麗的月亮送給他！」

「美麗的月亮」，象徵著我們渴求的物質以外的東西。其實，有時候需要我們幫助的人就像文中的小偷，需要的不是財物，而是「美麗的月亮」。

7. 不以物喜，不以己悲

讀菜根

【原文】

毋憂拂意，毋喜快心，毋恃久安，毋憚初難。

【譯文】

一個人，不要為不如意的事憂愁，不要為稱心的事而興奮，不要由於長久的安居而以此為依賴，不要由於一件事一開始有困難就畏縮不前。

【注釋】

拂意：不如意。

悟菜根

事事如意、生活幸福當然是可喜悅、可羨慕的，然而人漫長的一生不可能一直稱心如意、快樂幸福，總會遇到不順心的事，這時，要相信自己，相信風雨過後就是彩虹，保持一個開朗的心態。其實，有時候安樂中往往產生禍患，我們要有居安思危的意識，安樂才能長久。

世事無常，不斷變化，不斷發展卻是一個普遍現象。在人生道路上只有像蝸牛爬山一般步步辛苦前進，不懼困難，不怕艱險，才能有所收穫。

講菜根

平常心面對生活

戰國時代，在長城外住著一位老翁。

有一天，老翁家裡養的一匹馬無緣無故走失了。在塞外，馬是負重的主要工具，所以，鄰居都來安慰他，這位老翁卻很不在乎地說：「這件事未必不是福氣！」

過了幾個月，走失的那匹馬居然帶了一匹別人的駿馬回家，這真是賺到了，

鄰居都來慶賀。這位老翁卻說：「這未必不是禍！」

　　幾個月後，老翁的兒子騎這匹馬摔斷了大腿骨，鄰居們佩服老翁的料事如神之餘也趕來慰問，而這位老翁卻毫不在意地說：「這倒未必不是福！」

　　事隔半年，胡人入侵，壯丁統統被徵調當兵，戰死沙場者十之八九。

　　而老翁的兒子卻因為摔斷了一條腿免役而保住一命。

　　塞上老翁這種透過長遠時空、利弊並重的思考問題的方式，自然產生「不以物喜，不以己悲」的平常心，遂成為中國傳統文化中睿智的典型。

8. 毋形氣用事，須性天視物

讀菜根

【原文】

　　人情聽鶯啼則喜，聞蛙鳴則厭，見花則思培之，遇草則欲去之，但以形氣用事；若以性天視之，何者非自鳴其天機，非自暢其生意也。

所謂賢人者，好惡與民同情，取捨與民同統；行中矩繩，而不傷於本；言足法於天下，而不害於其身；躬為匹夫而願富貴，為諸侯而無財。如此，則可謂賢人矣。

【譯文】

　　人之常情是這樣的，每當聽到黃鶯婉轉的叫聲就喜歡，而聽到青蛙呱呱的叫聲就討厭，看到美麗的花卉就想栽培，看到雜亂的野草就想剷除，這完全是人們根據自己的心情來判斷事物。如果按照生物的天性來說，蛙鳴和鶯啼一樣也是在抒發牠們自己的性情，草長亦和花開一樣，何嘗不是在舒展蓬勃的生機呢？

【注釋】

形氣：形是軀體，氣是喜怒哀樂的情緒，兩者都表現於外。

性天：天性。

生意：指生的意念。

悟菜根

　　世間萬物本無好壞之分。而只因人們有好惡之情，所以主觀上也就對萬物有了喜厭之情。有時，我們在人際交往中也愛犯這樣的毛病，憑第一印象就輕易對

一個人下結論，決定自己以怎樣的態度來對待之。而我們的第一印象往往並不準確，因為別人不會在和你初次交往時就顯露出自己的本性，而且在短暫的時間裡，你也不能真正了解一個人。所以，我們對人對事都不能太主觀，須用冷靜的頭腦去觀察，然後判斷善惡美醜。這樣才能公正待人對物，省卻很多煩惱，使自己不後悔。

講菜根

取捨的境界

有兩個禪師是師兄弟，都是開悟了的人，一起外出行腳。

從前的出家人肩上背著一把鏟子。這個鐵鏟有兩個用處，一個是可以隨時種植生產，帶一個馬鈴薯，把馬鈴薯切四塊埋下去，不久馬鈴薯長出來，就可以當飯食，不用化緣了。另一個則是路上看到死了的東西就把它埋掉。

兩師兄弟在路上忽然看到一個死人，師兄挖土把他埋掉，師弟卻揚長而去，看都不看。

看到這番場景的人都說：「出家人慈悲為懷，師弟看到死人竟不管不問，這怎麼是開悟了呢？」所以他們都很敬重師兄，而對師弟則暗暗鄙視。

一天，他們的師父經過此地，就有人向他指責師弟的不是。

師父笑了，開口說道：「埋死人的師兄是慈悲，不埋死人的師弟是解脫。」

人們不解，師父又說道：「因為人死了最後都會變成泥巴，擺在上面變泥巴，擺在下面也變泥巴，都是一樣，所以說，埋的是慈悲，不埋的是解脫。」

人們不再問了，似乎也明白了一點什麼道理。

沒看完故事，也會覺得師弟做得不對，讀完以後，發現兩者各有境界，但也不是說自己碰到死人也會像師弟一樣置之不顧，而是發現了自己看人的錯──主觀意識看人。我們只有讓自己在冷靜和情緒相合的情況下，才不會錯看人。

選　擇

1. 立身處世，是冷是熱

讀菜根

【原文】

冷眼觀人，冷耳聽語，冷情當感，冷心思理。

【譯文】

為人處世，要用冷靜的眼光觀察人，用冷靜的耳朵聽別人的話，用冷靜的心情處理感情，用冷靜的頭腦去思考其中的道理。

> 淡中真趣，非塗紅
> 抹綠者可比也。
> ——石田

【注釋】

當：持，處理。

悟菜根

世間的一切事物，只有遭到冷靜的刺激，方能心靜。心靜了，才會引起大腦思維清晰，對問題的處理決策才能英明果斷。常言道：「萬物靜觀皆自得。」熱情如火可以給人生命力和無限溫暖，但是冷靜如水卻有助於思考精深、判斷準確。

一個會處事的人，待人接物是冷靜的，處事是理智的。這樣遇事才不會感情衝動，做事才會有條不紊。而識人是一門高深的學問，需要有一個熟悉的過程，孫子說：「視其所以，觀其所有，察其所安」就是這個道理。

講菜根

一顆冷心

《晉書》中有這樣兩則故事，大家不妨靜心讀讀。

符堅率軍侵犯晉國，打到淮肥時，京師震動。晉帝當即提升謝安為征討大都督。

前方戰局吃緊，謝安的侄子、將軍謝玄前來請示退敵的辦法。謝安面無懼色，不以為然，說是自有辦法，讓謝玄隨他與親友一道去山中遊玩。

到了山中，謝安擺開棋盤邀侄兒對局。謝玄原本棋高一籌，這時因為緊張，糊裡糊塗敗給了謝安。

謝安很高興，晚上回家後，開始指示如何對敵作戰的方案。這一仗把入侵的符堅打得潰不成軍。捷報傳來，又碰上謝安在下棋。謝安掃了一眼捷報。順手放在床上，聲色未動，繼續下棋。客人們忍不住紛紛問他仗打得怎麼樣。他這才緩緩地說：「仗打勝了。」

祖納也是東晉時代的圍棋好手。他的弟弟祖逖在北伐中因孤立無援而告失敗，為這事他很悲傷，終日下棋。朋友王隱勸他愛惜時間，不要將時間全部花費在下棋上，祖納回答：「我是藉圍棋來使自己忘記憂愁。」

王隱說：「你可以透過建樹功勳或著書立說來實現自己的理想，何必借圍棋來忘記憂愁呢？」

祖納喃喃道：「你的話我同意，可我沒有那種力量。」祖納的隱忍、自知，由此可見一斑。

謝安臨危不亂，冷靜沉著，令人嘆服。祖納冷靜處事，冷心觀己，令人感慨。

2. 一事一害，無事為福

讀菜根

【原文】

一事起則一害生，故天下常以無事為福。讀前人詩云：「勸君莫話封侯事，

一將功成萬骨枯。」又云：「天下常令萬事平，匣中不惜千年死。」雖有雄心猛氣，不覺化為冰霰矣。

【譯文】

　　一件事發生也就會產生一害處，所以達觀者常以無事為福。曹松有詩說：「奉勸閣下還是不要談封侯拜相的事，因為將領的功成名就都是千萬士兵犧牲生命換來的。」古人又說：「要想天下永遠太平無事，只有把所有兵器都收藏在倉庫中。」讀罷之後，雖有一股奮發的雄心壯志，也不由得瞬間變成冰雪一般的灰冷。

《公羊傳》：
亦稱《春秋公羊傳》、《公羊春秋》，《公羊傳》的作者舊題是戰國時齊人公羊高。是專門解釋《春秋》的一部典籍，其起迄年代與《春秋》一致，即西元前722年至前481年，其釋史十分簡略，而著重闡釋《春秋》所謂的「微言大義」，用問答的方式解經。

【注釋】

　　前人：指唐代詩人曹松，字夢徵，唐舒州人，七十餘歲中進士，善詩，有詩集。

悟菜根

　　事物是兩面的，一長必有一短，優點同時也是缺點。任何事情不會是完全有益或有害的，總是利弊夾雜。所以我們在做事時，不得不考慮是益多還是害多，不權衡一下，就盲目去做，可能就會因為一件本身惡劣的事而毀了自己的一生。當然，權衡的標準不是以自己的立場，要站在整個團體和所有人民的立場上。這樣去判斷一件事值不值得做才是正確的。

講菜根

切勿行動

　　以色列情報機構首腦摩迪沙的高級間諜伊萊·科恩祕密地打入了敘利亞的情報機構，擔任了顧問要職，能夠獲取敘利亞的許多軍事機密。

　　有一次，科恩獲悉重要納粹分子弗朗茲·拉德馬赫爾匿藏在敘利亞。由於在戰時，納粹德國喪心病狂地滅絕猶太民族，因此，戰後由猶太民族為主體的以色列以追捕逃脫的納粹分子為己任，而且獲得了很大的成果。弗朗茲是個殘害了六百萬猶太人的劊子手，是個久捕不獲的漏網分子，如果抓獲了這個納粹分子，

將能大大振奮以色列國民的精神和士兵的士氣。

科恩立即將這個情報發給摩迪沙，建議由他就近將這個納粹劊子手除掉。這個建議確實有著巨大的吸引力，但是摩迪沙卻下令給科恩：「切勿行動，請放棄這個目標！」

箇中原因只有摩迪沙自己清楚，因為除掉了弗朗茲，勢必要曝露科恩的身分，而當時，中東形勢非常緊張，科恩的主要任務是蒐集敘利亞的軍事情報。費朗茨雖然罪惡滔天，但現在對以色列已經構不成任何威脅，而敘利亞正準備和以色列進行戰爭。兩者相比，摩迪沙當然寧可犧牲一個次要目標，而要抓住一個主要目標。科恩接到了總部的指令，心有不甘，所以再次請示：「讓我給那個納粹分子寄一枚炸彈去，恐嚇他一下。」

摩迪沙仍舊指示：「切勿行動，請放棄這個目標！」

科恩最終明白了總部的意圖，專心致志地蒐集敘利亞的備戰情報，他發現在格蘭高地，敘軍正在修築強大的工事，就把這個情報發給了總部。

不久，第三次中東戰爭爆發了，以色列根據科恩提供的情報很快攻佔了格蘭高地，從而使以色列在第三次中東戰爭中大獲全勝。當然，科恩從此在敘利亞也無法存身了，不過，這還是非常值得的。

《塔木德》上說：「在仔細權衡利弊得失之前，不可採取盲目的行動。」一個人要學會選擇，正確取捨，做那些利大於弊的事，而切勿為了一己私利或眼前蠅頭小利而使整件事情朝著不好的方向發展。

3. 人我合一，雲留鳥伴

讀菜根

【原文】

興逐時來，芳草中撒履閒行，野鳥忘機時作伴；景與心會，落花下披襟兀坐，白雲無語漫相留。

> 物有華而不實，有實而不華者。
> ——漢·王充

【譯文】

偶爾來了興致，何妨脫下鞋襪在芳草地上散步，這時，連野鳥也會忘記被人捕捉的危險來和我作伴；景色和心靈交會相容時，何妨披著衣裳靜坐在落花下深

思，白雲雖然不說話，但是漫不經心地與我相依相戀。

【注釋】

逐：當動詞用，是相隨的意思。

忘機：機當「詭詐」解。

兀坐：兀，不動的意思。兀坐，坐得出神，蘇東坡詩：「兀坐如枯株。」

悟菜根

　　率性的人總給人一種豪放、無所謂的感覺。在生活中，講究一下生活的情趣，偶爾處雅地而行雅事，處大自然之中體會心跟天地之氣相通，感應天人合一，使身心跟萬物渾然成一體，人怡然陶醉在人來鳥不驚的忘我境界中，是放鬆身心的好方法。再說，一個人如果總在世俗的爭鬥與塵世的喧囂中度過一生，卻不知大自然之樂，不識人間真趣，豈不可悲。

　　可是，在一些特定環境下還率性而為，完全依照自己的心情來做事待人的人，就不免要付出慘痛代價了，因為社會不是因你而存在的，除了你適應社會，社會不可能改變自己適應你的。

講菜根

⠂率性的代價⠂

　　小敏跳過幾次槽，不同的行業不同的經歷，每次似乎在待遇上都有所提升，每次似乎也都體會到了一份全新的職業帶來的快樂，快樂當然是來自新鮮感和逐漸提高的薪水。

　　自以為職場也不過是體驗人生百味的一個地方，遊遊蕩蕩，小敏在不知不覺間就到了徵聘啟事上限制的年齡。這個時候，她才發現，即使是她自己願意從頭開始，也沒有哪一個公司願意接受從頭開始了的「老」人，翻開她的簡歷，不過是一個任性的女子跳來跳去的過程。既要有晉升空間，又要新鮮感，還要有合適的氛圍、合得來的同事、不菲的薪水，對於一個沒有足以傲視同儕的資歷，也沒有特殊技能的三十五歲職場「老」人，似乎是癡人說夢加天方夜譚。「老」人小敏開始體會率性的代價了。

　　彷彿一個玩了一場又一場不問結果的情感遊戲的女人，到青春逝去的時候，

回頭去看，發現恣意的快樂之後，居然什麼也沒有留下。當那些用寬容、堅韌和等待的人們開始收穫的時候，率性的自由主義者忽然發現自己的率性帶來的結果就是「新人」的資歷和逝去的青春，對這類「老」人來說當然就是可笑了。

率性的代價是我們承擔不起的。

4. 正義路廣，欲情道狹

讀菜根

【原文】

天理路上甚寬，稍遊心胸中，便覺廣大宏朗；人欲路上甚窄，才寄跡眼前，俱是荊棘泥途。

董璋：
（西元？－932年），籍貫不詳，原為後梁太祖朱全忠的親信將領，後歸附後唐，任東川節度使。

【譯文】

天理之路是很寬敞的，只要人們稍微用心探討，心靈深處就會覺得豁然開朗；塵世欲望之路是很狹窄的，剛一把腳踏上就覺得眼前全是一片荊棘泥濘，稍不小心就會陷進泥淖寸步難行。

【注釋】

天理：天道，佛教語。
遊心：遊是出入，遊心是說心念出入的天理路上。
寄跡：立足投身。
荊棘泥途：荊棘多刺，因此用於比喻坎坷難行的路或煩瑣不好辦的事，又引申為艱難困苦的處境。

悟菜根

凡是能合乎天理的大道，隨時隨地都擺在人們的面前供人行走，這條路不能滿足人的種種世俗的欲望，而且走起來枯燥寂寞，假如世人能順著這條坦途前進，就會越走越光明，胸襟自然恢弘開朗，會覺得前途遠大。欲望的道路卻是非常狹隘的，雖然可以滿足一時的虛榮、雜念，但是走到這條路上理智就遭受蒙蔽，於是一切言行都受物欲的驅使，前途事業根本不必多談。

人生苦短，是及時行樂還是珍惜光陰追求更高的價值，那就看你自己的選擇了。然而有智慧的人認為追求物質需求和情感要求是必要的、合理的，但如果因此而沉溺就不是明智之舉了。從長遠看，人生應該有更高層次的追求才對。

講菜根

沿著合乎天理的大道前進

楚國人士尹池為楚國出使到宋國去，宋相司城子罕在家裡宴請他。子罕故意讓士尹池觀看他家院子周圍的情況。南邊鄰居的牆向前突出卻不拆了它取直，西邊鄰居家的積水流過子罕的院子，子罕卻不加制止。士尹池詢問這是為什麼，司城子罕說：「南邊鄰居是工匠，是做鞋的。我要讓他搬家，他的父親說：『我家靠做鞋謀生已經三代了，現在如果搬家，那麼宋國那些要買鞋的，就不知道我的住處了，我將不能謀生。希望相國您憐憫我。』因為這個緣故，我沒有讓他搬家。西邊鄰居院子地勢高，我家院子地勢低，積水流過我家院子很便利，所以沒有加以制止。」

士尹池回到楚國，楚王還要發兵攻打宋國，士尹池勸楚王說：「不能攻打宋國。它的君主賢明，它的相國仁慈。賢明的人能得民心，仁慈的人別人能為他出力。楚國去攻打它，不但不會成功，而且要被天下人恥笑！」由於士尹池到宋國的探查，因而阻止了楚王攻打宋國。

凡是能合乎天理的大道，隨時隨地都擺在人們的面前供人行走，假如世人都能順著這條光明的坦途前進，那麼他們的前途自然是光明遠大的。

5. 功業隨身消，氣節萬古新

讀菜根

【原文】

事業文章隨身銷毀，而精神萬古如新；功名富貴逐世轉移，而氣節千載一時。君子信不以彼易此也。

【譯文】

功業和文章會隨著人的死亡而消失，只有偉大的精神萬古不朽；功名利祿富貴榮華無常，而正義氣節卻會永遠留在人間。因此，一個人絕對不可以放棄能與世長存的精神和氣節，而選擇會隨身銷毀的東西。

【注釋】

逐世：隨著時代轉換。

千載一時：比喻永恆不變。

> 忍耐之草是苦的，
> 但最終會結出甘甜
> 而柔軟的果實。
> ——辛姆・洛克

悟菜根

作者所言的事業文章，應是無德之業、無內涵之文章。因為一個人的精神再高尚，若只是天天無為，不思把自己的崇高精神付之以文，那麼再高尚的精神也沒有任何用處。同樣，作者所言的功名富貴，也應是無德之功名、無善之富貴。因為一個人的氣節再清高，若不思為民造福，只是一意清高，又有什麼用處呢？

講菜根

姜太公「沽名釣譽」

姜太公在沒有得到文王重用的時候，隱居在陝西渭水邊的一個地方。那裡是周族領袖姬昌（即周文王）統治的地區，他希望有一天能引起姬昌的注意，建立功業。所以太公常在璠溪旁垂釣。一般人釣魚，都是用彎鉤，上面接著有香味的餌食，然後把它沉在水裡，誘騙魚兒上鉤。但太公的釣鉤是直的，上面不掛魚餌，也不沉到水裡，並且離水面三尺高。他一邊高高舉起釣竿，一邊自言自語道：「不想活的魚兒呀！你們願意的話，就自己上鉤吧！」

一天，有個打柴的樵夫來到溪邊，見太公用不放魚餌的直鉤在水面上釣魚，便對他說：「老先生，像你這樣釣魚，一百年也釣不到一條魚的！」

太公舉了舉釣竿，說：「對你說實話吧！我不是為了釣到魚，而是為了釣到王與侯！」

太公奇特的釣魚方法，終於傳到了姬昌那裡。姬昌知道後，派一名士兵去叫他來見自己。但太公並不理睬這個士兵，只顧自己釣魚，並自言自語道：「釣啊！釣啊！魚兒不上鉤，蝦兒來胡鬧！」

姬昌聽了士兵的稟報後，改派一名官員去請太公來。可是太公依然不搭理，

邊釣邊說：「釣啊！釣啊！大魚不上鉤，小魚別胡鬧！」

　　姬昌這才意識到，這個釣者必是位賢才，要親自去請他才對。於是他吃了三天素，洗了澡換了衣服，帶著厚禮，前往磻溪去聘請太公。太公見他誠心誠意來聘請自己，便答應為他效力。

　　可見，一個君子，其高尚的精神和崇高的氣節，是建立在以天下蒼生為念的基礎上的，若不然，他們的精神和氣節也難以使他們名垂千古。

6. 把握現在，消除雜念

讀菜根

【原文】

　　今人專求無念，而終不可無。只是前念不滯，後念不迎，但將現在的隨緣打發得去，自然漸漸入無。

【譯文】

真正有學識、有涵養的人，是不會刻意炫耀自己的。
——大衛·漢生

　　現在人們一味地想要做到心無雜念，卻始終也沒法達到這一境界。其實只要不存有以前的舊想法，也不憂慮未來的事情，而是把握好現在所能做好的事情，那麼自然就會達到消除雜念的目的。

【注釋】

　　隨緣：佛家語，佛教認為由於外界事物的刺激而使身心受到感觸叫緣，因其緣而發生動作稱隨緣。例如水因風而起，佛為眾生而施教化等都叫隨緣。

悟菜根

　　人有悲歡離合，月有陰晴圓缺，花不能常開，月不能常圓，雲也不會常留，正如人的一生，不可能總是一帆風順、事事如意，時不時地就會碰到煩惱憂愁前來打擾，如何面對？隨緣就好。那麼，做事抱什麼態度才能無煩惱呢？某些人一旦生活不如意就怨天尤人，悔恨過去，不滿現實，夢想將來。這種人的眼光總放在對以後的憧憬上，而把握不了眼前。其實過去的永遠過去了，對未來固然需要

策劃以至憧憬，但關鍵還是從眼前做起。隨緣行事，把握機會，從頭開始，才能使過去的輝煌依舊或者讓過去的失敗作為教訓鞭策今後。滿腦子都是沮喪、懊悔和不滿的念頭，心不靜、氣不寧，六神無主，待人做事沒了主張，又何談事業？

隨緣就是以豁達的心態去面對生活，對待事業「勝故欣然，敗亦可喜」，淡然處之，就會於無形之中保持了心境的明朗與快樂，總能在風雲變幻、艱難坎坷的生活中收放自如，遊刃有餘，亦能在逆境中勇往直前，坦然樂觀，不懼挑戰，心中擁有一份平靜和恬淡。

講菜根

失去的回不來

一位少婦在渡船邊上不停地哭。

船上的哲人問她：「你為什麼哭個不停呀？」

少婦抹了一把淚，抽泣地說：「我剛剛結婚兩年，丈夫就不要我了，還好有兒子陪我，可是幾天前又失去了兒子，現在是孤零零的一個人了。」

哲人說：「那你兩年前是怎麼過的？」

少婦抬起頭說：「兩年前我是一個人啊！」

哲人說：「那你還哭什麼，你應該高興才對，想想你又可以回到一個人的時候那種快樂無憂的日子了，你難道不該高興嗎？」

少婦想了想，恍然大悟。

可見，過於執著於某種想法只會讓事情變得更糟糕，而換個態度，隨緣打發，你會發現事情有「柳暗花明又一村」的驚喜。親人離去了，卻給我們留有往日溫馨的記憶，可以默默地懷念他們；事業失敗了，我們可以從頭再來，不經歷風雨，怎能見彩虹？隨緣是一種胸懷，是一種成熟，是對自我內心的一種信任。隨緣是讓人以豁達的心態去面對生活，正如詩人徐志摩所言：「得之，吾幸；失之，我命。如此而已。」

7. 太閒別念生，太忙真性失

讀菜根

【原文】

人生太閒，則別念竊生，太忙，則真性不見。故士君子不可不抱身心之憂，亦不可不耽風月之趣。

魁傑雄特，秉心平直。威嚴允憚，風行草靡。在朝則匡贊時俗，百僚儀一；臨事則戎昭果毅，折沖厭難者，司馬驃騎也。

——曹植

【譯文】

人若是太閒，一些雜念就會在暗中悄悄出現；而若忙碌不堪，又會使人喪失純真的本性。所以那些有才德的君子，既不會使身心過度疲勞，也不會整天沉迷於風花雪月的享樂中。

【注釋】

別念：雜念、邪念。

真性：指心的真實天性，也就是本然之性。

抱：保持。

耽：迷戀。

悟菜根

人的一生從出生就是一條充滿岔路口的路，需要不斷地選擇。但有一個選擇決定一生的對和錯，就是生活態度的選擇。有的人選擇逍遙一生，可是一生只求清閒自在，不求奮鬥進取，從而實現人生的價值，這樣的人活著和沒活沒什麼區別；有的人選擇奮鬥一生，可是一生忙忙碌碌，不得片刻安閒，也是難以體味人生的真價值。只有選擇一生都勞逸皆存的人才能真正品得人生之樂，也會擁有一個有意義的人生。

講菜根

用一小時放鬆自己

有位富豪，前半生奮鬥了四十年，成為全世界餐飲業的巨頭之一。

他每天事務都很忙碌，但他從不感覺累。別人都很納悶。

一次，記者在採訪他時，提到了這個問題。

他笑笑，說道：「我只是每天留一小時做自己喜歡的事罷了。」

原來，他十分喜愛畫畫，但從未學過畫畫，也沒想過在這上面有什麼造詣。然而，每當他提起畫筆，鋪開紙時，他就完全投入進去了，腦子裡除了詩情畫意，青山碧水，生活中的一切紛擾都不存在了。

而自從他體會到畫畫的這個好處之後，他就一直都沒間斷過，每天一定要抽出一小時來畫畫，以使自己的心得到休息，恢復寧靜。

幾十年的堅持不懈，不僅讓他用一顆平靜冷靜的心創造了屬於自己的輝煌事業，還使他的畫藝有了很大的提高，也形成了自己的風格。

後來，他舉辦了個人畫展。其中有幾百幅畫被人用高價買走了。他把用這一小時作畫所得的全部收入變為獎學金，專供給那些學藝術的優秀學生。他說：「捐贈這點錢算不了什麼，這只是我的一半收穫。從畫畫中我獲得了很大的快樂，這是另一半收穫。」

事業固然重要，但並不是一直忙碌就能使事業成功的。懂得生活有張有弛的道理，才能使一顆心永保激情、頭腦永遠清醒，而唯有激情澎湃的心和清醒的頭腦才能創造輝煌的事業。

8. 隱無榮辱，道無炎涼

讀菜根

【原文】

隱逸林中無榮辱，道義路上泯炎涼。

【譯文】

用道德的示範來造
就一個人，顯然比
用法律來約束他更
有價值。
——希臘諺語

一個歸隱山林的人，心中已拋卻塵世的一切是是非非，所以心中沒有榮辱之別；一個充滿仁義道德的人，心中已看淡世俗的人情世故，所以內心沒有厚此薄彼之分。

【注釋】

炎涼：炎是熱，涼是冷，以氣候的變化來比喻人情的冷暖。

悟菜根

世俗之人認為榮譽與恥辱的事，在道家看來不過是鏡花水月。「何以報德，以直報怨，以德報德」，在儒家眼中是要權衡輕重的。這主要是因為道家提倡出世，儒家提倡入世。兩種世界觀決定了對榮辱、恩怨的不同看法。但在傳統思想中，兩種觀念往往融為一體，既提倡出世不計恩怨，又提倡在人世中行道義不計榮辱。

其實，「心」是榮辱的關鍵，「有心」便有榮辱，「無心」便無榮辱可言。隱居山林，正因無心追逐世間的名利。當我們心中什麼都不執著的時候，名利寵辱皆不會到來。「道義路上無炎涼」，這是勇氣和決心的問題。選擇道義，等於是選擇了一條不好走的路。因為，既然選擇道義，就必須抱著入世的精神，全身投入。不怕人情冷暖，不畏強權威勢，堅持自己的理想。

講菜根

一半塵心，一半隱心

《莊子·徐无鬼》有這樣一段記述。

徐无鬼靠女商的引薦得見魏武侯。

武侯慰問他說：「先生一定是極度疲憊了！為隱居山林的勞累所困擾，所以才肯前來會見我。」

徐无鬼說：「我是來慰問你的，你對於我有什麼慰問！你想要滿足嗜好和欲望，增多喜好和憎惡，那性命攸關的心靈就會變得疲憊不堪；你想要廢棄嗜好和欲望，退卻喜好和憎惡，那麼耳目的享用就會困頓乏厄。我正打算來慰問你，你對於我有什麼可慰問的！」

武侯聽了悵然若失，不能應答。

　　道家提倡出世，故隱者無榮辱之感，原因是他們已經完全擺脫了世俗的是非觀念。世俗之人認為榮耀與恥辱的事，在他們的眼裡完全是虛空的。而儒家則不然。

　　一次，哀公問孔子：「請問，什麼樣的人是賢人？」

　　孔子回答說：「所謂賢人，行為合乎禮儀法規但對自身不會有傷害，言語足以為天下人效法但對自身不會有傷害，富足得擁有天下但不積蓄私財，對天下普遍進行施捨但不擔心自己貧困，如果這樣，就可以稱之為賢人了。」

　　儒家把那些以天下為己任的人稱為賢人，而道家視那些不著塵世之人為得道之人。其實作為一個現代人，要有自己的主見，也要考慮客觀的大環境，我們不可能真正出世，那麼就好好入世，然後存一些出世之心，那麼一生也就能擺脫平庸了。

9. 濃處味短，淡中趣長

讀菜根

【原文】

　　悠長之趣，不得於釀醴，而得於啜菽飲水；惆恨之懷，不生於枯寂，而是生於品竹調絲。故知濃處味常短，淡中趣獨真也。

> 忍耐是一帖利於所有痛苦的膏藥。
> ——賽凡提斯

【譯文】

　　能維持久遠的趣味，並不是在美酒佳釀中得來，而是在粗茶淡飯中得到；悲傷失望的情懷，並非產生在窮愁潦倒中，而是產生於美妙聲色的歡樂中。可見美食聲色中獲得的趣味常常是顯得很短，粗茶淡飯中獲得的趣味才顯得純真。

【注釋】

　　醴：香味濃厚之茶。釀醴是說具有特別濃厚的滋味。

　　啜菽飲水：啜作吃。菽是豆類的總稱。啜菽飲水比喻生活清淡。

　　品竹調絲：欣賞音樂。

悟菜根

　　所謂濃處味短，淡中趣長，指的是精神上的追求。趣味並不是由濃厚的美味中得來，人的心若能時常保持悠閒鎮靜，這趣味就能夠長久。喝酒吃肉的味道雖濃，但這種享受非常短，入口下嚥之後便不再有什麼。同時，也不是由富貴的境遇中產生得來，像高官顯爵轉瞬便成過去，況且，於隆盛榮華時，也未必能有悠閒鎮靜的趣味。這悠閒鎮靜的趣味是怎樣產生的？它乃是由淡泊之味所生。這不是喝酒吃肉和功名富貴場合中所能體驗得到的，悠閒鎮靜的趣味，只有在貧賤的境遇當中才能夠得到。人常常感到懷物的情腸，這情腸是由於調和絲竹而發生的。所以，人生淡中有真趣。濃厚的味道只不過是一時感覺而已，所以它的壽命是短暫的。故也有人說：「貪得者雖富亦貧；知足者雖貧亦富。」

講菜根

太平勸人方

　　在北方民間流行一種《太平歌詞》，其中《勸人方》中有「要飽還是家常飯，要暖還是粗布衣」，這就說明了「濃處味常短，淡中趣獨真」的道理。

　　當子路感傷自己「貧無以為養，死無以為禮」時，孔子訓示他說：「啜菽飲水盡其歡斯謂之孝。」意思是說讓父母哪怕餓了吃豆羹，渴了喝清水，只要能讓他們高興就是孝順的。可見一個人的生活情趣或為父母盡孝，並不在於物質生活水準高低，完全在於精神生活的作用，這也就說明了「貪得者雖富亦貧，知足者雖貧亦富」的事實。

　　曾有這樣一種社會現象：說是有人窮，窮得只剩下錢；有人富，富得除了書本一無所有。這是不正常的。追逐金錢達到癡迷狀態後隨之而來的便是精神空虛，而精神富足的人固然在理念世界能夠做到真趣盎然，但沒有一定的物質基礎是沒有體力來體會樂趣的。因此，看待任何事物都要有合於道的態度。

素　質

1. 立業者虛圓，失機者執拗

讀菜根

【原文】

建功立業者，多虛圓之士；僨事失機者，必執拗之人。

> 風華為人傑；
> 巾幗逞英豪。
> ——論梁紅玉

【譯文】

能夠建功立業的人，大多都是些謙虛圓滑的人；凡是惹是生非遇事坐失良機的人，必然是那些自以為是、固執己見的人。

【注釋】

虛圓：謙虛圓通。
僨事：敗事。

悟菜根

做人不宜太圓滑，並不是說做人一定要像刺蝟一樣，而是要有適度的圓滑。做人不宜太固執，不可事事以為自己正確，要能聽得進別人的意見。因為適度圓滑可以贏來好人緣，招來好人才；能接受別人的建議，可以發掘好機會，找到好方法。

君不見，那些能建立豐功偉業的人，大都是在待人、用人方面非常成功，並有自己見解的人，而且大都也是善於兼聽的人。所以，我們不妨圓滑一些，柔和一些。

講菜根

變通之道

祭仲為魯國宰相。

魯桓公十一年，他到留國去弔喪，途經宋國，宋國把他拘留起來，要他廢掉忽而立突為魯君，他答應了。

這是出賣國君的大事，他為什麼答應呢？

聖賢分析原因有二：一，他不答應，不僅魯君保不住，連魯國也保不住，君輕國重，權衡輕重，不得不答應；二，自己沒有私心私念，非貪生怕死而是為顧全大局，所以敢於承擔廢除國君的罪惡來保存國家社稷。

這兩條很關鍵，所以《公羊傳》把它作為靈活權變的一個典範事例加以引述。就是在今天，這個例子也還很有意義。

孔子說：有向學之志的人，未必能取得某種成就；取得某種成就的人，未必做每件事都合乎原則；做每件事都合乎原則的人，未必懂得根據實際情況靈活變通。就是這個道理啊！

2. 萬鍾一髮，在心曠隘

讀菜根

沒有所謂命運這個東西，一切無非是考驗、懲罰或補償。
——伏爾泰

【原文】

　　心曠則萬鍾如瓦缶，心隘則一髮似車輪。

【譯文】

　　　　對於心胸闊達的人來說，一萬鍾優厚俸祿就像瓦罐那樣沒價值；而對於心胸狹隘的人來說，即使是如髮絲細小的利益也像車輪那麼大。

【注釋】

　　萬鍾：古量器名，萬鍾形容極豐的俸祿。

　　瓦：古代用來裝酒的瓦器，形容沒有價值的物品。

悟菜根

　　一個人的心胸是需要後天培養的，而心胸豁達往往是事業成功的基礎。一個心胸開闊的人不計較別人的小毛病，所以能招到可利用的人才；一個心胸開闊的人會包容別人的錯誤，所以別人感激他的關懷而盡心盡力為他辦事；一個心胸開闊的人會不在乎一時的得失，所以能獲得最終的成功；一個心胸開闊的人不在乎名利，所以能腳踏實地創造出偉大的事業。

講菜根

心胸開闊留人才

　　官渡之戰前，陳琳為袁紹寫討伐曹操的檄文。文章從曹操的祖父罵起，一直罵到曹操本人，貶斥他是古今第一「貪殘虐烈無道之臣」。

　　據說曹操讓手下念這篇檄文時正犯頭痛病，聽到要緊處不禁厲聲大叫，嚇出一身冷汗，頭竟然不疼了。可見此文的確戳到了曹操的要害。

　　袁紹戰敗後，陳琳轉投曹操。曹操對這篇字字誅心的檄文還耿耿於懷，便問陳琳：「你罵我就罵我吧！為何要牽累我的祖宗三代呢？」陳琳的回答言簡意賅：「箭在弦上，不得不發耳！」曹操聽了呵呵一笑，不再計較。

　　曹操是三國裡最有名的奸雄。奸是說他詭計多端，手腕玩得爐火純青；雄則表明他並非蠅營狗苟、鼠目寸光之輩，他有英氣，有壯志，更有一代雄主的大度。他不殺陳琳，頗能展現後一種風範，因此被人讚不絕口。

　　陳琳當年寫檄文罵他，是形勢所逼，迫不得已。所謂各為其主，既然陳琳謀食於袁紹，那主公要他工作，理當盡心竭力。殺掉陳琳，雖沒有什麼明顯的負面效應，卻也無利可圖，而陳琳是個難得的人才，倒不如放他一馬，為自己所用。

　　曹操此舉不僅為自己博得了胸懷寬廣的好名聲，且很能吸引讀書人，可謂一箭雙鵰。

3. 真誠為人，圓轉涉世

讀菜根

【原文】

作人無點真懇念頭，便成個花子，事事皆虛；涉世無段圓活機趣，便是個木人，處處有礙。

居安思危，思則有備，有備無患，敢以此規。
——《左傳》

【譯文】

為人沒有一點真情實意，就會變成一個一無所有的乞丐，不論做什麼事情都不踏實；一個人生活在世上如果不懂得一點靈活應變的情趣，就像是一個沒有生命的木頭人，不論做任何事都會處處碰壁。

【注釋】

花子：乞丐的俗稱。

悟菜根

做事如果不誠懇，對方總認為你滑頭滑腦，就不敢跟你一起作出任何重大決斷，這樣你就什麼事也無法進行，當然也就談不到創任何大事業，到頭來必將一事無成。待人上更要有人情味和幽默感，往往很嚴肅、尷尬的事，由於當事人富有幽默感，說上幾句很逗趣的話，大家哈哈一笑，事情也就辦通了。

我們不喜歡華而不實的人，也不願意給人留下太老實的印象，那就在該誠懇時誠懇、該圓滑時圓滑、該呆板時呆板、該靈活時靈活吧！

講菜根

靈活處世

古時候有一位有名望的老和尚，在他身邊虔誠修行的弟子很多。

有一天，他囑咐弟子每人去南山砍一擔柴回來。

　　弟子們匆匆行至離山不遠的河邊，人人都目瞪口呆。只見洪水從山上奔瀉而下，無論如何也休想渡河打柴。此行無功而返，弟子們都有些垂頭喪氣。唯獨一個小和尚與師父坦然相對。

　　師父問其原因，小和尚從懷裡掏出了一個蘋果，遞給師父說：「過不了河，砍不了柴，見河邊有棵蘋果樹，我就順手把樹上唯一的一個蘋果摘了下來。」

　　後來，這個小和尚成了師父的衣缽傳人。

　　世上有走不完的路，也有過不了的河。這時，你是喪氣而歸，還是摘個「蘋果」而歸，那就看你的智慧了。

　　不死守規矩，能摘得「蘋果」的人最終都實現了人生的夢想。

4. 信人己已誠，疑人己先詐

讀菜根

【原文】

　　信人者，人未必盡誠，己則獨誠矣；疑人者，人未必皆詐，己則先詐矣。

> 懲欲忍與不忍，使見有德無德。
> ——程頤

【譯文】

　　一個對別人完全信任的人，雖然別人未必全是誠實的，但是自己先做到了誠實；一個經常對別人懷疑的人，儘管別人未必都虛詐，但是自己卻先成為虛詐的人。

【注釋】

　　信人：信任別人。
　　疑人：懷疑別人。

悟菜根

　　「人無信不立」，誠信是傳統的做人原則之一。特別是一個有雄心大志的人，如果不重視信任的重要性，肯定會整天陷於防人的苦惱中。要使自己學會用人，如果不相信他，就不要用他，用了他，就不要再懷疑他，這也是成就大事業

必需要有的素質。

信，人性中最美的部分，終將會扶持一個人卓然於塵世之上，信人者，必將立天下。

講菜根

朋友的「傻」

朋友是個從來不會懷疑人的人，以前我總覺得他有點傻，可是現在不這麼認為了，反而覺得真正傻的是自己。

大學畢業後，朋友回到我們鄉下，和一個人合夥做生意，開了一家小餐廳，他負責外面的業務，那個人負責飯店的內部經營。本來，生意挺不錯的，然而，年底盤點的時候，同夥說賠了，而且連本錢也沒收回來。

朋友聽後，神色黯然。

我過年回家，聽到別人的議論，就提醒他，說他的合夥人做了手腳在坑他。

朋友幾乎想也不想，說：「不，他不會是那樣的人。」然後，決然地拿出錢來，墊付到本金裡去。

朋友的妻子受不了他的這種傻，和他離了婚。人們勸他，不要太老實了，凡事都要有點防備之心，這個世界不全是好人。

朋友仍說：「你們想得太多了，這個世界也沒有那麼多壞人。」

於是，他依舊傻傻地做人，傻傻地處世，傻傻地活在這個世界上。

近兩年，他自己一人開了一家餐廳，生意甚好，還娶了一個賢慧的妻子。

去他飯店吃飯的人們都說：「老闆是不是有點傻啊！他這樣能賺到錢嗎？」然而，正是這「傻」留住了去他飯店吃飯的顧客。

看到朋友這麼多年的風風雨雨，我發現，這世上被人們認為傻的人往往是最聰明的人。

5. 貴我侮我，原非真意

讀菜根

【原文】

　　我貴而人奉之，奉此峨冠大帶也；我賤而人侮之，侮此布衣草履也。然則原非奉我，我胡為喜？原非侮我，我胡為怒？

【譯文】

　　我有權勢時周圍的人就奉承我，他們實際上是在奉承我的官位權勢；我一落魄周圍的人就輕視我，他們實際上是輕視我的布衣草鞋。這樣看來，他們原本不是在奉承我，我為什麼要高興呢？原本也不是在輕視我，我又何必生氣呢？

【注釋】

　　峨冠大帶：比喻官位。

　　布衣草履：比喻出身貧賤窮苦。

　　胡：疑問副詞，為什麼。

攻人以謀不以力，
用兵鬥智不鬥多。
　　——晉·杜預

悟菜根

　　看到別人趨炎附勢、見利忘義，就心生憤懣，其實也正說明自己名利之心未泯。就像作者所言，他們奉承你、侮辱你，都不是針對你本人，而是你手中的權勢和財富，那麼你又何必高興或氣憤呢？當自己「貴」時，知道別人不是真心對你好；當自己「賤」時，明白別人是因為你的落魄而遠離你。這樣就會不以為意，活得自然灑脫。

　　對於人情的冷暖，的確要有些超然的態度。

講菜根

> **牆倒眾人推**

　　唐末，董璋為汴州富豪李讓家奴，李讓與當時任宣武節度使的朱全忠關係很好，經常往來飲宴，董璋大約是在此時受知於朱全忠，李讓後來成了朱全忠的義子，改名朱友讓。董璋長大後，頗有勇力，在朱全忠軍中作戰，以功升遷為列校。後梁龍德年間，昭義節度使李繼韜以潞州降於朱全忠，但大將裴約不服，據澤州叛亂。梁末帝派遣董璋攻擊，克澤州，因功授澤州刺史。同年，後唐滅後梁，後唐莊宗李存勗入主汴京，董璋來朝，李存勗因其素有勇名，優以待之。同光三年夏，命董璋為邠州留後、行營右廂馬步都虞侯，隨從宰相郭崇韜大舉伐

前蜀，凡有軍機，皆與參決。平蜀後，董璋因功封劍南東川節度副大使，知節度事。天成初年，加檢校太傅，二年，加同平章事。

當時，後唐明宗李嗣源在位，宰相安重誨專權，聽信讒言，認為西川節度使孟知祥必叛，而董璋性忠義，可特寵任，使之防備孟知祥。董璋之子董光業這時為宮苑使，拉攏朝臣，讚美董璋，而董璋也逐漸驕橫。天成四年夏天，李嗣源遣客省使李仁矩齎昭示諭兩川，要孟知祥和董璋向朝廷進貢五十萬，以供祭天之用。董璋以地狹民貧為由，只答應進貢十萬。為了答謝使臣，董璋於衙署設宴款待李仁矩，但到了中午，人也沒來，董璋派人查看，見李仁矩正與娼婦酣飲於驛亭。董璋大怒，率領數百人，驟入驛中，大罵李仁矩，欲殺之，後因人勸解，李仁矩才免於一死。李仁矩回朝後，極言董璋不法情事。不過，安重誨仍然保護董璋，出奏以李仁矩為閬州團練使，不久又升為節度使。

長興元年夏，李嗣源祭天完畢，下詔裁減兩川軍隊，董璋因李仁矩事已對朝廷不滿，聞詔大怒，突然發兵生擒綿州刺史武虔裕（其人為安重誨的心腹），囚於衙署。董璋知道得罪了朝廷，於是與孟知祥結盟，約定互相支援，而李嗣源得到消息，在安重誨的支持下，決定出兵討伐。

長興三年四月，董璋率所部兵萬餘人襲擊孟知祥，雙方在漢州彌牟鎮發生大戰，董璋大敗，僅以數十騎，復奔回東川，此先，前陵州刺史王暉受董璋邀請，寓於東川，現在董璋失敗，王暉便率眾襲擊董璋，將其殺死，傳首西川。

歷史上不乏「樹倒猢猻散，牆倒眾人推」的事例，董璋的經歷可謂是個典型。而身在社會的我們，不能不明白這個道理，懂得此理，也就不會為人情倏變而苦惱、憤慨了，也能預先給自己留一條後路。

6. 坎坷世道，著一耐字

讀菜根

【原文】

語云：「登山耐險路，踏雪耐危橋。」一「耐」字極有意味。如傾險之人情，坎坷之世道，若不得一「耐」字撐持過去，幾何不墮入榛莽坑塹哉？

【譯文】

有句話說：「登山要耐得住斜坡上的考驗，走雪路要耐得起過危橋的驚險。」可見這一「耐」字具有深長意義，正像陰險狡詐的人情，坎坷不平的人生路，假如沒有這一個「耐」字，有幾人會不墮落到雜草叢生的深溝裡呢？

【注釋】

榛莽：榛，荒地叢生的小雜木，草木深邃的地方叫莽。

坑塹：塹，深溝叫塹，就是有深溝的險處。

沒有偉大的意志力，便沒有雄才大略。

——巴爾札克

悟菜根

蟬的卵常產在木質組織內，若蟲一孵出即鑽入地下，吸食多年生植物根中的汁液。一般經五次蛻皮，需幾年才能成熟，然後脫離黑暗，飲清露，鳴於蔥蔥樹木間。文人愛詠蟬，正是因為牠能耐得住寂寞，耐得住黑暗。

人也一樣，只有經得起痛苦煎熬的人，才能迎來事業的輝煌。因為會有很多的困難和障礙，無一「耐」字是不行的。

講菜根

忍耐帶來奇蹟

石油大王洛克菲勒在創業之初，由於缺乏資金，他的合夥人克拉克先生邀請他昔日同事加德納先生入夥，洛克菲勒非常贊成他的意見。因為有了這些人的加入，就意味著他們可以做他們想做、有能力做的事情了。

然而，讓洛克菲勒意想不到的是克拉克雖然帶來了一個錢包，卻同時送給他一份屈辱，他們竟然要把克拉克·洛克菲勒公司改名為克拉克·加德納公司，而把洛克菲勒的姓氏從公司名稱中抹去的理由竟然是加德納出身名門，他的姓氏可能會招來更多的客戶。

洛克菲勒被這個理由大大刺傷了尊嚴。他憤怒地想：為什麼同樣是合夥人，加德納帶來的僅僅只是他那一份資金而已，難道他出身貴族就可以剝奪我應得的名分嗎？但洛克菲勒忍了下來，他什麼也沒做，他告訴自己說要控制住自己，保持心態平靜，這只是創業的開始，以後的路還長著呢！之後，洛克菲勒故作鎮靜，裝作若無其事的樣子告訴克拉克：「這沒什麼。」

其實，這完全是洛克菲勒的謊言。試想，一個遭受不公平待遇、自尊心正受到傷害的人，怎麼會如此大度？但洛克菲勒用理性澆滅了心頭燃燒著的熊熊怒火，因為他明白這樣做可以為他自己及公司帶來一定的好處。

而且洛克菲勒深知，忍耐並不是忍氣吞聲，更不是卑躬屈膝。忍耐只是一種策略，一種性格磨練，它所孕育出的是好勝之心。洛克菲勒非常清楚自己的奮鬥目標，也知道自己要做什麼。公司名字改過之後，他像以往一樣不知疲倦熱情地工作著，直到第三個年頭，他成功地把那位極盡奢侈享受的加德納先生請出了公司，把克拉克・洛克菲勒公司的牌子重新豎了起來！結果如同人們所知道的那樣，克拉克・洛克菲勒公司永存於人們的記憶當中，克拉克・加德納公司則從人們的記憶中徹底且永遠消失，洛克菲勒也就此成了聞名世界的億萬富翁。

能忍別人所不能忍者，才能為人所不能為的事。

7. 不逞才華，肩鴻任鉅

🦌 讀菜根

【原文】

鷹立如睡，虎行似病，正是牠攫人噬人手段處。故君子要聰明不露，才華不逞，才有肩鴻任鉅的力量。

【譯文】

能量加毅力可以征服一切。
——富蘭克林

老鷹站著時好像睡著了，老虎走路時像有病的樣子，但這正是牠們準備捉人、吃人前的手段。所以，君子要做到不炫耀聰明，不顯露才華，如此才能培養出肩負重大使命的力量。

【注釋】

攫：鳥獸用爪或翼取物。

噬：啃咬吞食。

肩鴻：鴻，與「洪」通，大的意思。肩鴻即擔負大責任。

悟菜根

　　成功的人，別人只知道他的存在，卻不知道他的雄才大略和卓越政績，沒有誰想到要去為他捧場；稍次一級的人，別人對他的能力十分欽佩，對他的為人品德非常感動，逢人就誇耀他，見到他就親近他；再次一級的人，由於訂立了許多條規，自己又能嚴於律己，別人因此對他很敬畏；最差勁的人，則是些無才無德、又喜歡無事生非整人的人。

　　最智慧的人清淨無為，盡力把自己分內的事情辦好，等到大功告成了，人們還不知道這是他的功勞，大家甚至忘記了他的存在。等到大家意識到他的功勞，就會因為他的謙讓而給他更多的聲譽和獎勵，上司也會對他另眼相看，委以重任的。正如這段中說的：故君子要聰明不露，才華不逞，才有肩鴻任鉅的力量。

講菜根

司馬懿裝病謀大業

　　魏明帝景初三年（西元239年）正月，明帝曹叡在彌留之際，命司馬懿和曹爽輔佐幼子曹芳，並讓齊王曹芳前去抱司馬懿的脖子以示親近，司馬懿感激涕零，連表忠心，當日即立曹芳為皇太子，曹叡便放心地死了。喪事辦完後，遵照遺囑，大將軍曹爽和太尉司馬懿共掌朝政輔佐幼主。當時，曹芳剛剛八歲，大權自然落在曹爽和司馬懿手中。

　　司馬懿老謀深算，德高望重，兩個兒子司馬師、司馬昭也能征善戰，故對曹氏政權構成很大的威脅。曹爽為宗室後代，也有一定資歷，當時曹芳年幼，總怕大權旁落他人之手，當然要傾向於曹爽而疏遠司馬懿。幾年後，曹爽漸漸地培植自己的勢力，排擠司馬懿的人，等到時機成熟時，又奪了司馬懿的兵權，撤銷了太尉的實職，而安排一個太傅的空銜。司馬懿見曹爽的勢力控制了朝廷，就裝病在家，不問朝政了。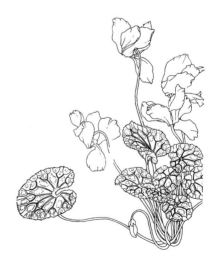

　　曹爽攬權貪位，見司馬懿告病居家，也不問是真是假，便得意忘形起來。他提拔自己的弟弟

曹義為中領軍，曹訓為武衛將軍，曹彥為散騎常侍，控制了宮廷京師的兵權。因此曹爽日益膽大妄為，天天吃喝玩樂，出行的時候車輛儀仗輿服皆仿皇帝規模，甚至把宮中的妃嬪、樂師也取回家中尋歡作樂。曹爽的所作所為漸漸失去人心，一些正直的官吏有些看不慣，非議漸起。

司馬懿雖裝病居家，其實對朝政和時局反而更加關注了，對曹爽的行為及漸失人心的情況，他都瞭若指掌，心中暗暗高興，靜待時機。

正始九年冬，曹爽的黨羽李勝由河南尹調任為荊州刺史。臨行前到太傅司馬懿家去辭行，司馬懿熟諳官場之事，聽說李勝來訪，向身旁的侍女囑咐幾句後傳令進見。

李勝來到司馬懿養病的臥室，只見司馬懿躺在病榻上，頭髮散亂，面容憔悴。李勝見狀，忙往前湊了湊：「只聽人們說您中風病犯了，想不到竟病到這種程度。」司馬懿上氣不接下氣地說：「唉！年老病重，死期不遠。君屆任并州，并州接近胡地，您可要當心啊！」說完喘了兩口氣又說：「恐怕你我不能再見面了，我把兩個兒子師、昭託付給您，請您多照應。」李勝見他說錯了，就糾正說：「我上任荊州，不是并州！」司馬懿聽了，大惑不解，偏偏頭側過耳朵問：「什麼——放到并州？」李勝只好再改口說：「我放到荊州。」司馬懿這才若有所悟地說：「啊！都怪我年老意荒，耳朵也背，沒聽明白您的話。您這回到『并』州任官，要好好建功立業啊。」又寒暄幾句，李勝告辭。

得到李勝報告的曹爽，因此認定司馬懿年邁已命不久矣，不足為懼，對其的戒備之心也自然放下。

曹正始十年正月甲午日（西元249年2月5日），皇帝曹芳到洛陽城外的南山去祭掃明帝的平陵，曹爽、曹義、曹訓掌握兵權的兄弟三人全部隨駕出城。平陵距洛陽九十里，按當時的交通條件勢必不能當日返回，必須駐紮在外。

曹爽兄弟隨皇帝出城的消息早有人報告給司馬懿，他一邊派人去觀察，一邊就開始加緊部署。待三個時辰過後，估計皇帝車駕出城已遠，司馬懿立刻分派兩個兒子及心腹家人及以前的門生故吏分別奪取城中禁軍的兵權，馬上占領了武器庫、府庫、皇宮和太后宮等關鍵部門，又以最快的速度關閉所有的城門，並立即帶領親兵出城駐守洛水浮橋邊。一個時辰裡，一切部署停當，整個洛陽城進入了高度緊張的備戰狀態。這樣，司馬懿控制了京城和皇太后。一切就緒後，司馬懿以皇太后的名義寫信給曹爽，要求他保護皇帝回城，只要投降即可免殺。曹爽本是庸俗無能之輩，不聽手下人的勸告，竟然投降回城。不久，司馬懿在剪除曹爽

的羽翼之後，就以謀大逆的罪名把曹爽兄弟及親信誅殺殆盡，從此，司馬氏獨掌朝廷大權，為篡魏自立，建立西晉王朝。

俗話說：「鷹立如睡，虎行似病」。這形象地說明了兩種自然界最強有力的動物的攫食之道。這種強者裝弱的妙法，既避免了自己因鋒芒太露而引來攻擊，又麻痺了對手的防備意識，所以這兩種動物一旦出手捕食，幾乎就不會落空。而想要謀劃大業者，是不可不知其重要性的。

8. 名位聲樂，不可貪圖

讀菜根

【原文】

飲宴之樂多，不是個好人家；聲華之習勝，不是個好士子；名位之念重，不是個好臣工。

> 業精於勤而荒於嬉，行成於思而毀於隨。
> ——韓愈

【譯文】

一個家庭經常宴飲作樂，肯定不是一個正派人家；一個讀書人習慣於靡靡之音和華麗豔服，也一定不是一個正派書生；一個有官位的人名利權位觀念太重，更不會是一個好官吏。

【注釋】

士子：指讀書人或學生。

悟菜根

一個想在學業上有成、事業上有為的人，光有決心是不夠的，只有讓自己經常處在一個清苦的環境中，才能長久保有自己的信念。因為過於喧囂和安逸的生活很容易讓一個人心智昏沉，也很容易消磨掉人的意志。所以，在享樂上不應過於貪圖，在名位上不要太過看重，這樣才能一心想著為理想拚搏、前進，也才能學有所成、業有所立、官有所為。

講菜根

不貪圖，立典範

滕定公死了，太子派人向孟子請教怎麼辦理喪事。孟子建議他按照古制，實行三年喪禮。

太子決定採納這個建議，但滕國的父老官吏不同意，說我們的宗國魯國和我們的祖宗都沒有這樣實行過，到您這一代改變，是不應該的。我們的史志上也說喪禮祭儀一律依祖宗的規矩。

太子感到為難，又派人去向孟子請教。

孟子說：「這件事是不能夠求助於別人的。孔子說過：『君主死了，太子把一切政務交給首相，自己居喪盡禮，臨孝子之位便哭，大小官吏沒有人敢不悲哀的，這是因為太子親自帶頭的緣故。』在上位的有什麼愛好，在下面的人一定愛好得更厲害。君子的德好像風，小人的德好像草，風向哪邊吹，草就向哪邊倒。所以，這件事完全取決於太子本人。」

太子聽了，就下定了決心，在喪廬中住了五個月，不曾頒布過任何命令或禁令，官吏同族都很贊成，認為是知禮。

等到舉行葬禮時，四方的人都來觀禮，太子容色悲哀，哭泣傷慟，觀禮的人也無不動容。

貪圖惡行，常人不可為，在上位的君子更不可為。因為正如孟子所言：「在上位的有什麼愛好，在下面的人一定愛好得更厲害」。

忍 術

1. 心事如青天，才華當蘊藏

讀菜根

【原文】

君子之心事，天青日白，不可使人不知；君子之才華，玉韞珠藏，不可使人易知。

> 耐心是一切聰明才智的基礎。
> ——柏拉圖

【譯文】

一個有著高深修養的君子，他的心地猶如青天白日一樣光明，沒有什麼可隱瞞人的事；他的才華應像珍藏的珠寶美玉一樣，不會輕易讓別人知道。

【注釋】

才華：指表露於外的才能。

玉韞珠藏：泛指珠寶玉石深藏起來。韞，珍藏的意思。

悟菜根

做人應該胸懷坦蕩是毋庸置疑的，以誠待人，別人也會以誠待你，那麼你也就會擁有良好的人緣。然而「才華，玉韞珠藏」則值得慎思。雖然它是處世的主要原則之一，但由於古時傳統封建社會，在特定的歷史土壤衍生特定的文化下，這種想法深受古代傳統封建社會那種「鋒芒畢露，必招致別人的嫉恨，還會遭到別人的輕視」觀念的影響。然而，在現代社會，「毛遂自薦」、「酒香也怕巷子深」的觀點已經無人不曉，假若你有一身才華，但是還抱守傳統封建社會的那種觀念，不僅你自己會有懷才不遇的悲哀，對於社會來說也是很大的損失。

可是，「才華須藏」的原則還是不可完全摒棄的，當時機還未成熟或者環境

有所限制時，就必須採取這一原則，收斂鋒芒，默默地韜光養晦，這並不是消極
頹廢，而是一種很高明的處世智慧，不僅可以避免自己受到傷害，一旦機會來
臨，還能一鳴驚人。

講菜根

掩藏鋒芒，伺機圖發

東漢末年，曹操挾天子以令諸侯，勢力很大。劉備雖貴為皇叔，卻勢單力
薄。

劉備在徐州被呂布打敗之後，無處容身，不得已來許都投奔曹操，而曹操雖
知劉備「非久屈人下之人」，但又恐殺了他，日後英雄不敢來投奔自己（因為劉
備素有英雄之名），所以就收容了劉備等人。

而劉備是深知曹操的這個顧忌的，所以為防曹操謀害，就在住處的後園種上
菜，並每日親自澆灌，以為韜光養晦之計。

一天，關羽和張飛二人不在，劉備正在澆菜，曹操派張遼來請劉備，劉備只
得膽顫心驚地一同前往入府見曹操。

劉備一到，曹操便說，剛才看見園內枝頭上的梅子青青的，想起一件往事
來，今天見此梅，不可不賞，恰逢煮酒正熟，故邀使君到小亭小酌。劉備隨曹操
來到小亭，只見已經擺好了各種酒器，盤內放置了青梅，於是就將青梅放在酒樽
中煮起酒來了，二人對坐，開懷暢飲。

酒至半酣，突然烏雲密佈，大雨將至，曹操為了試探劉備，就大談龍的品
行，又將龍比做當世英雄，並趁機問劉備：「玄德久歷四方，必知當世英雄。請
試指言之。」

劉備推辭不過只得說了幾個人，如袁術、袁紹、劉表、孫權等，卻都被曹操
否定了。

曹操此時正想試探劉備的心思，看他是否想稱雄於世，於是說：「夫英雄
者，胸懷大志，腹有良謀，有包藏宇宙之機，吞吐天下之志者也。」

劉備仍裝糊塗地問：「誰能當英雄呢？」

曹操就指了指劉備，又指了指自己，說：「當今天下英雄，唯使君與操
耳！」

劉備一聽，吃了一驚，手中拿的筷子，也不知不覺地掉在地上。正巧雷聲大

作，劉備靈機一動，從容地彎下身拾起筷子，借機說是因為害怕打雷，才掉了筷子。

曹操此時才放心地說：「大丈夫也怕雷嗎？」劉備說：「聖人對迅雷烈風也會失態，況且我一凡人呢？」劉備經過這樣的掩飾，使曹操認為自己是個胸無大志、膽小如鼠的庸人，曹操從此再也不懷疑劉備了。

沒有了曹操的防範，劉備一邊暗蓄力量，一邊等待機會，結果劉備順利地從曹操的手下脫離，並且很快東山再起，促成三國鼎立的局勢。

事實上，一個有著遠大抱負的人，當時機不成熟時，學劉備進行「韜光養晦」不失為明智之舉。

2. 潔從汙出，明從晦生

讀菜根

【原文】

糞蟲至穢變為蟬，而飲露於秋風；腐草無光化為螢，而耀采於夏月。因知潔常自汙出，明每從暗生也。

> 在一個崇高的目的支持下，不停地工作，即使慢，也一定會獲得成功。
> ——愛因斯坦

【譯文】

糞土裡所生的蟲最骯髒，而一旦蛻化成蟬就只喝秋天潔淨的露水；腐敗的野草本來毫無光華，可是一旦孕育成螢火蟲，卻能在夏天的夜空中閃閃發光。可見，潔淨的東西常常是從污穢中產生，光明常常在黑暗中產生。

【注釋】

糞蟲：糞指糞土或塵土，糞蟲是塵芥中所生的蛆蟲，此處指的是蠐（金龜子的幼蟲），而蟬就是從蠐蠐蛻化而成的。

穢：凡是髒臭的東西都叫穢。

蟬：又名「知了」，幼蟲在土中汲樹根汁，蛻變成若蟲登樹，再蛻皮成蟬。

飲露於秋風：蟬不吃普通的食物，只以喝露水為主，古以此為高潔之象徵。

化為螢：腐草能化為螢火蟲是傳統說法。

悟菜根

雖然現代社會存在靠文憑吃飯的現象，可是對於一個志存高遠的人來說，出身、文憑並不能代表什麼，所以不能因此而自艾自怨自卑，而要想方設法去改變命運的安排。古語說：「將相本無種，男兒當自強」。可見一個人不必為了不好的外界條件而苦惱，關鍵是要自強、自尊、自愛、自律才有可能實現自我。古今中外很多偉人，都是從他們青少年時代的艱苦環境中奮鬥成功的。

講菜根

巾幗英雄梁紅玉

梁紅玉是宋朝著名的抗金女英雄，但她卻出身風塵。由於受到祖父與父親的影響，梁紅玉自幼練就了一身功夫。不幸的是，祖父和父親在戰亂中被殺害，家道也從此中落。

為了生計，梁紅玉最後淪落為京口營妓。憑藉著美麗、聰明及能歌善舞，她很快地就成了當地的紅牌。不過，梁紅玉雖然身在紅塵中，心卻在紅塵之外。在這期間，她也不斷地練習弓、劍等武藝。

方臘之亂後，童貫大軍班師回朝，一行人路過京口時，就讓營妓助興，在此梁紅玉第一次遇見韓世忠。當時的韓世忠三十三歲，看起來人高馬大，正是年輕力壯的時候，渾身好像有用不完的膽量和力量。他為人耿介，尤喜濟人急難，是一個正直而勇敢的英雄人物，但他當時只是一名小軍官。細心的梁紅玉發現韓世忠並沒有和其他的將領一樣在大吹大擂中歡呼暢飲，而是顯得悶悶不樂，而梁紅玉颯爽英姿、不落俗媚的神態也引起了韓世忠的注意，兩人互生憐惜。韓世忠知道了梁紅玉的身世後非常同情她，便為她贖身，梁紅玉為感謝其救命之恩，便想以身相許。不過韓世忠卻認為自己官位還太低，還不到成家的時候，直到升為將軍後才正式迎娶梁紅玉為妻。

韓世忠與梁紅玉結為連理後，夫妻二人便同心協力為抗金效力。建炎四年，金人再度南侵，兵分兩路，一路由黃州渡江，一路由采石磯渡江，其主帥是金兀朮。此時韓世忠率領著部隊駐紮在江陰以下的長江沿線一帶，可沒過多久金軍就打來了。韓世忠的部隊提前做好準備，想在此截住金兀朮的歸路。金軍到達那裡後看到了宋朝軍隊佈置的戰船，彩旗飛揚、鼓角齊鳴、軍伍嚴肅、士氣勇壯，就

迫不及待地下了第二天一決勝負的戰書。但此時，宋軍僅有八千人，而金軍有近十萬人，人數相差太大，一旦開戰宋軍取勝的把握實在不大。晚上，韓世忠苦思行兵佈陣之法，梁紅玉見後，提議：「敵多我少，如果雙方直接交戰，我方實難取勝，所以此戰只能智取不宜力敵。不如我軍兵分兩路，利用埋伏四面截殺敵人。由我帶領其中一隊，用『火箭』攻打敵人，不讓他們前進，那麼他們一定會改變策略從兩邊攻擊，此時你就帶人去追殺。到時我在船樓上面擊鼓揮旗，你看我中軍的旗號行事。我若將旗揮向西邊，你就向西殺去，我若將旗揮向東邊，你就向東殺去，定會殺得金軍措手不及。」

金兀朮領兵殺來，見中軍樓船上站著一位女將，不禁產生了輕蔑之心，以為大宋已無能用之人。正在暗自得意之時，突然間聽見一聲炮響，緊接著箭如雨下，灰瓶碎石全都拋向金船。金兀朮慌忙下令轉舵，率領大軍往東面突走，梁紅玉就命令號旗東指，並親自擂響戰鼓，使軍隊士氣倍增。金軍從東面突圍不成，又轉向了西面。梁紅玉又讓令旗指向西，韓世忠帶隊在西面截住金軍，打得金軍個個暈頭轉向，心膽俱寒，最後潰不成軍地大敗而去。梁紅玉從此名震天下，朝廷為此再加封她為「楊國夫人」。

「自古風塵出俠女」，這就是對梁紅玉真實的寫照。出身不由己，修行在個人。命運掌握在我們自己手中，我們只有自覺自悟才能自我完美，向前看，走好人生的每一步。

3. 順勢而為，天亦無伎

讀菜根

【原文】

天之機緘不測，抑而伸，伸而抑，皆是播弄英雄、顛倒豪傑處。君子是逆來順受，居安思危，天亦無所用其伎倆矣。

> 天下無難事，只怕有心人。
> ——袁枚

【譯文】

上天的變幻無人可測，有時使人先陷於窘境而後再春風得意，有時先讓人一番得意而後再受挫折，這都是上天有意捉弄英雄豪傑的表現。因此有德智的君子，逆境順境都能適應，安樂時想到危險之處，如此，上天也無法施展他捉弄人

的巧計了。

【注釋】

抑而伸：抑是壓抑，伸是舒展。

播弄：玩弄、擺布。

悟菜根

孔子對於處事有「盡人事以聽天命」之歎，即對天命而言只好逆來順受。因為人的所知是有限的，對智力所不及的事情，很難違背自然法則。但這並不意味著一味聽天由命，禍福在人自取，因此，人能求福，也能避禍，求福與避禍，也全在自己，安而不忘危，存而不忘亡，治而不忘亂。思危才可以求安，慮退方能得進，懼亂然後可以保治，戒亡然後可以求存。

《詩經》上說的「趁著雨未下來雲未起，桑樹根上剝些皮，門兒窗兒都修理，下面的人們誰敢把我欺」就是這個道理啊！

講菜根

小心駛得萬年船

《貞觀政要》卷二之「政體」中有這樣一段文字：貞觀六年，太宗謂侍臣曰：「治國如治病，病雖癒，尤宜將護，倘遽自放縱，病復作，則不可救矣。今中國幸安，四夷俱服，誠自古所希，然朕日慎一日，唯懼不終，故欲數聞卿輩諫淨也。」魏徵曰：「內外治安，臣不以為喜，唯喜陛下居安思危耳。」

一個人不應忽視自己的主觀能動性，而應居安思危，要遵循自然法則不斷探求思考，不斷提高智識，防患於未然，天命其奈我何？

有一次，孟子的學生問他如何才能使國家免於災患，孟子的回答很耐人尋味。孟子說，那自然首先在於行仁政，但還不僅如此，還要盡力防患於未然。國家無內憂外患，就趁此靜平之時修明政治法典，那樣，縱使強大的國家也會懼怕你了。

「月有陰晴圓缺，人有悲歡離合，此事古難全。」晴帶雨傘，飽帶乾糧。故曰：「君子安而不忘危，存而不忘亡，治而不忘亂，是以身安而國家可保也。」若求「身安而國家可保」，唯有「安而不忘危，存而不忘亡，治而不忘亂」。

謹慎能捕千秋蟬，小心駛得萬年船。《左傳》云：「居安思危，思則有備，有備無患，敢以此規。」

4. 急處站穩，險地回首

讀菜根

【原文】

風斜雨急處，要立得腳定；花濃柳豔處，要著得眼高；路危徑險處，要回得頭早。

【譯文】

在風斜雨急的變化中，要把握住自己的腳步站穩立場；處身於豔麗色姿中，必須把眼光放得遼闊而把持住自己的情感，不致迷惑；路徑危險的時候，要能收步猛回頭，以免不能自拔。

> 人的生活離不開友誼，但要獲得真正的友誼並不容易，它需要用忠誠去播種，用熱情去澆灌，用原則去培養。
> ── 奧斯特·洛夫斯基

【注釋】

風斜雨急：風雨本是指大自然中氣象的變化，此指社會發生動亂，人世滄桑莫測。

花濃柳豔：古代文人筆下常用花來形容女人美貌如花，用柳來比喻女人風姿綽約。

路危徑險：路和徑都是指世路。

悟菜根

人生之路不會平平坦坦，也不會一路陽光，更不會一彎不拐直通羅馬。無論我們腳下的路是坎坷還是平坦，無論我們頭上的天是陽光還是風雨，我們都不能畏縮，不能浮躁，要堅守陣地，不生怒，不怕難，不放棄，把持住自己的心性，總能擊退外在的一切攻擊。

講菜根

洛克菲勒的胸懷

曾有一位不速之客突然闖入洛克菲勒的辦公室，直奔他的辦公室，並以拳頭猛擊桌面，大發雷霆：「洛克菲勒，我恨你！我有絕對的理由恨你！」接著那暴怒之人恣意謾罵他達幾分鐘之久。

辦公室所有的職員都感到無比氣憤，以為洛克菲勒一定會拾起墨水瓶向他擲去。然而，出乎意料的是，洛克菲勒並沒有這樣做。他停下手中的事，和善地注視著這位攻擊者，那人愈暴躁，他就顯得愈和善！

那無理之徒感到莫名其妙，他漸漸平息下來。因為一個人發怒時，遭不到反擊，他是持續不了多久的。

於是，他吸了一口氣。他本是準備好了來此與洛克菲勒決鬥的，並想好了洛克菲勒要怎樣回擊他，他再用想好的話去反駁。但是，洛克菲勒就是不開口，所以他也不知如何是好了。

末了，他又在洛克菲勒的桌子上敲了幾下，仍然得不到回應，只得索然無味地離去。

洛克菲勒呢，就像根本沒發生任何事一樣，重新拿起筆，繼續他的工作。

不理睬他人對自己的無禮攻擊，便是給他最嚴厲的迎頭痛擊。洛克菲勒用貶低來施激將法，挑釁者用激怒作為手段，可是目的過於明顯，忍功又不及對手，便只有敗走的份了。

古人云：「小不忍，則亂大謀。」忍，是包容心態的一種，如果你連面對自己發怒甚至咆哮的人都能忍，說明你的忍耐力夠好，說明你抗壓能力強，說明你控制力很棒，當然，忍也是一種無聲的回擊與反抗。成功者每戰必勝的原因，便是當對手急不可耐時，他們依然故我，顯得相當的冷靜與沉著。

5. 人之詐侮，己不動容

讀菜根

【原文】

覺人之詐不形於言，受人之侮不動於色，此中有無窮意味，亦有無窮受用。

【譯文】

發現別人採用的詐術不要在言談舉止中表露出來，遭受人家侮辱時也不要怒形於色。一個人能夠有吃虧忍辱的胸襟，在人生旅程上便會覺得妙處無窮，益處亦能一生受用不盡。

【注釋】

覺：發覺、察覺。

詐：欺騙。

形：表露。

王莽
　　——蘇軾
漢家殊未識經綸，
入手功名事事新。
百尺穿成連夜井，
千金購得解飛人。

悟菜根

古人處世待人講究喜怒不形之色：被人欺騙不能立刻揭穿他，因為有時會招來意外之禍；而遭受他人的凌辱也不能立刻給以回擊，因為這時極易發生大的爭執而造成大的災禍。所謂不動聲色，是指有原則的忍讓，如為些許小事大動干戈是得不償失的，在明顯力量懸殊的情況下被一時的怒氣所激發也是不智之舉。息事寧人，以退為攻都是解決問題的方式。

等到別人被你寬廣的胸懷懾服，你也就戰勝了對方，不僅沒有花費一絲力氣，還為自己贏得了他人的尊重。

講菜根

智慧和奸詐的較量

曾經，法國有一座著名的劇院，叫瓦利耶杰劇院。劇院的設施堪稱第一流，可是，由於劇碼素質不良，票價由二法郎降到一法郎，賣座率仍不斷下降。

無可奈何之下，劇院經理找到著名作家大仲馬，千哀求，萬許諾，要他迅速趕寫出一個新劇本，爭取提高賣座率。劇院經理答應付給一千法郎的高額稿酬，但附加一個條件，即新劇本的前二十六場演出必須使劇院賣得六萬法郎。

大仲馬夜以繼日地趕寫好劇本，迅速排練上演。人們聽說是著名作家大仲馬寫的劇本，興趣倍增，加上新聞媒體的宣傳，三法郎一張的戲票，天天一搶而空，儘管劇院每天掛出「今天客滿」的牌子，但沒有買到戲票的觀眾仍在劇院門口遲遲不走。劇院經理看著滾滾而來的鈔票，不由心花怒放。

當演完第二十六場時，大仲馬來到劇場經理辦公室，準備領取一千法郎稿酬。劇院經理卻想賴帳了，他雙手一攤說：「尊敬的大仲馬先生，非常抱歉，我不能付給你報酬了，因為二十六場演出，我們只賣了五萬九千九百九十七法郎，要不，我給你一百法郎吧！」

大仲馬盯著這位無賴平靜地問道：「這是真的？」

「我以上帝的名義起誓！」劇院經理故作莊重地回答。

大仲馬微笑著點點頭，然後大步快速地走出了辦公室，劇院經理得意地開懷大笑。

沒等劇院經理笑夠，大仲馬又重新走進辦公室。經理問：「你是來拿一百法郎的吧？」然後從抽屜裡拿出一小疊鈔票甩在辦公桌上。

大仲馬沒接，從手裡拿出一件小東西，揚了揚說：「我是來拿一千法郎的！」

劇院經理一見這件小東西，不禁目瞪口呆，馬上打開錢箱，乖乖地付給了大仲馬一千法郎。

原來，大仲馬到劇場門口買了一張戲票。一張票三法郎，連同劇院經理所說的五萬九千九百九十七法郎，剛好是六萬法郎，劇院經理再沒藉口賴帳了。

當我們在生活中遇到小人時，不妨向大仲馬學習一下，用智慧和他們鬥智，而不是用武力。

6. 橫逆困窮，有益身心

讀菜根

【原文】

橫逆困窮是鍛鍊豪傑的一副爐錘。能受其鍛鍊者，則身心交益；不受其鍛鍊者，則身心交損。

【譯文】

逆境和艱難是錘煉英雄豪傑心性的洪爐，按受這種磨練對身心均有益處，反之如果承受不了這種困境的煎熬，那麼他的身心總會受到損傷。

【注釋】

橫逆困窮：橫逆是不順心的事。困窮就是窮困。

爐錘：比喻磨練人心性的東西。

俗話講，蒼蠅叮不了無縫的蛋，識別小人，關鍵要打鐵還得自身硬，才能做到對小人有效防範，讓小人無計可施，無縫可鑽。

悟菜根

一個人，想要成就人生偉業，不可能不遭遇一點困難挫折，而具有堅韌意志的人會視此為新的挑戰，新的機遇，對於那些意志薄弱的人來說，它們就成了不可踰越的牆。

孟子說：「天將降大任於斯人也，必先苦其心志，勞其筋骨，餓其體膚，空乏其身，行拂亂其所為，所以動心忍性，增益其所不能。」接受苦難的洗禮（無論從古人的言論中，還是古今名人的成長經歷中），對人的一生都是大大有益的。

講菜根

扼住命運咽喉

貝多芬是一個典型的神童音樂家。由於他在音樂上的早慧，十二歲時就被人拿來同名垂青史的音樂神童莫札特相提並論。

在十二歲左右，小貝多芬在波昂遇見了一位相當好的導師——尼弗。正是尼弗擴大了貝多芬的藝術視野，使他在不幸的童年中沒有厭惡音樂，並奠定了他最初的音樂風格，使他十三歲就成為管風琴師，並創作了三首奏鳴曲。

1787年，貝多芬動身去當時的音樂之都維也納，並拜見了莫札特。當時十七歲的貝多芬沒沒無聞，而莫札特早已名滿歐洲。他給了一段音樂讓他用鋼琴即興發揮，自己卻到隔壁屋子和別人聊天。然而鄰屋充滿靈感和氣勢的音樂使得莫札特不由自主地又跑回鋼琴旁——作為偉大的音樂家，莫札特對於音樂的感悟力是非凡的。他從這個年輕人的琴聲中聽到了無窮的創造力和靈感，因此一演奏完畢，莫札特便對屋內的人說：「注意這個年輕人！……有朝一日，他會震驚世界！」

然而，隨後傳來了貝多芬的母親辭世的噩耗。這使兩位音樂史上最偉大的音樂家遺憾地分手，從此再未謀面。四年後，一代音樂大師莫札特以三十五歲的年齡英年早逝，而此時二十一歲的貝多芬尚在波昂肩負著家庭的重擔。

就在貝多芬一心準備投身音樂事業時，命運向他露出了猙獰的面孔。從1796年開始，貝多芬就發現自己的聽力急劇下降，對於一位風華正茂、躊躇滿志的鋼琴家和音樂家來說，聽力的衰退不啻於世界末日。但貝多芬不屈地頑強抗爭，並說出了那句傳誦千古的名言：「我要扼住命運的咽喉，它絕不能使我屈服。」

1802年他寫下了一封絕筆信，即現在被稱為《海利根施塔特遺書》的著名信件。在信中他淋漓盡致地表達了內心深處的理想和痛苦。凡是誤解貝多芬的人，如果仔細閱讀他的遺囑，都能發現其中真實的原因，從而原諒他的種種缺點。

不過他還是重新振作了起來，他那堅強的個性不可能屈服於命運的擺布。還是在那篇遺囑中，貝多芬說道：「是藝術，就只是藝術留住了我，啊！在我尚未感到把我的使命全部完成之前，我覺得我是不能離開這個世界的。」

命運的發展總有起伏，緊接著1814年的巨大成功後，貝多芬的命運急轉直下，跌入了低谷。這個低谷是如此之深，因此當貝多芬最終走出後就真正永垂不朽了。

首先，他的經濟陷入困境，此時的貝多芬已不再是那個充滿自信的貝多芬，不再是那個感到自己的才華具有至高無上的力量，能去征服整個宇宙，去把自己的音樂思想佈施給每個人，並能獲得所有人尊敬的貝多芬。現在的他是一個終於遠離塵囂，獨身隱居，不再尋求任何功名的貝多芬。他專心致志於自己的藝術，對外界的褒貶無動於衷。他完全沉浸於苦難之中，卻微笑著順從一種毫無反抗的

憂鬱，有時又以一種驚人的意志力量使自己達到寧靜的歡樂之中。

這時貝多芬把音樂結構放在第二位，他找到的形式更能自然地符合情感上的要求。因此，貝多芬的晚期作品是人類天才創作中所從未有過的最傑出的作品。它超越了貝多芬從前所有的音樂作品，在人類想像力所能觸及的最高領域翱翔。

後來，貝多芬的墓碑上刻著奧地利詩人格利爾巴采的詩句：「當你站在他的靈柩前的時候，籠罩著你的並不是志頹氣喪，而是一種崇高的感情；我們只有對他這樣的一個人才可以說：他完成了偉大的事業……」

7. 憂死患病，消業長道

讀菜根

【原文】

色欲火熾，而一念及病時，便興似寒灰；名利飴甘，而一想到死地，便味如嚼蠟。故人常憂死慮病，亦可消幻業而長道心。

曾嫌勝己害賢人，
鑽火明知速自焚。
斷足爾能行不足，
逢君誰肯不酬君。
——唐·周曇

【譯文】

當發現色欲像烈火一樣熊熊燃燒時，不妨想一想生病的痛苦，烈火就會熄滅，只剩一堆冷灰；當感覺功名利祿甘甜誘人時，不妨想一想死地的情景，便覺其像咀嚼蠟一般無味。所以一個人要經常思慮疾病和死亡，這樣就可以消除一些罪惡，增長進德修業之心。

【注釋】

幻業：為佛家術語，是梵語「羯魔」的意譯，本指造作的意思，凡造作的行為，不論善惡皆稱業，但是一般都以惡因為業。

道心：指發於義理之心。

悟菜根

孔子說：「君子有三戒：少之時，血氣未定，戒之在色；及其壯也，血氣方剛，戒之在鬥；及其老也，血氣既衰，戒之在得。」戒色可保壽，戒鬥可免禍，戒得可全名。人在病中，會感到人生之虛幻與可悲，到了死地大概只剩求生一念

了。所以人平時做事應朝事物的對立面想想，而不是隨心所欲，任意胡為。一想到百年之後，自己只剩下一抔土，就會放棄追求富貴名利，而多一些對生活真滋味的追求。

所以，人生在世，宜控制自己的欲望而修養德性，做事勿為欲望迷失本性，則終會有所作為的。

講菜根

刻苦好學的本質

孔子說：「只有十戶人家的小地方，一定會有像我這樣忠信的人，只是沒有像我這樣好學的人。」

漢代匡衡，酷愛讀書，但家境貧寒，晚上無燭，便在牆壁上鑿一小孔，藉著鄰居的燭光而讀書。

漢代孫獲，刻苦好學，朝夕不已。讀書欲睡，便以繩子一頭繫頭髮上，一頭懸於屋樑，頭垂而髮牽，以痛驅逐睡意。

嚴明人孫康，性敏好學，家貧無錢買油點燈。為讀書，孫康不顧嚴寒，於冬日月夜，映著雪光刻苦學習，時人傳為美談。

南趄人劉綺，早孤家貧，買不起燈燭。為能夜讀，買下很多的荻柴，折斷成杆，晚上點燃荻桿，就火苦讀，終於成為一個很有學識的人。

「頭懸樑」、「錐刺股」的故事本是說明刻苦好學的，但是，那些刻苦的人如果沒有一顆淡心，不把讀書視為自己提高修養和增長智識的途徑，而只是把讀書當做敲門磚，想必也不會這麼「虐待」自己的。

實際上，我們不難得到這樣的啟示：人生在世，應自我節制，制服欲望，進而增長德業。

8. 韜光養晦，厚積薄發

讀菜根

【原文】

伏久者飛必高，開先者謝獨早；知此，可以免蹭蹬之憂，可以消躁急之念。

【譯文】

　　鳥兒隱伏得久才會飛得很高，花兒開得早必然謝得快；知曉其中的道理，人們就能夠免除懷才不遇的顧慮，也可以消除急功近利的想法。

【注釋】

　　蹭蹬：困迫不得志的意思。

切莫輕信過度謙虛的人，尤其對方擺出諷刺他自己的態度時，更不能驟然相信。因為，這種謙虛的背後，八成隱藏了強烈的虛榮心和功名心。

——希爾泰

悟菜根

　　有著雄心壯志的人，他們秉心靜氣，沉穩安然，在激烈動盪的社會環境中審時度勢，時不利我則等待時機，以求最終的勝利。一個有事業心的人，必須學會等待時機，儒家典型的處事原則就是「窮則獨善其身，達則兼濟天下」。欲成就一番事業，因為眼下處境不如意而喪志，因為時間消磨而灰心，這些都是不利於發展的。古往今來功成名就者，有少年英雄，也有大器晚成者。不管怎樣，急於露頭角就難成氣候，急功近利不足成大事，急躁便容易患得患失，容易失望悲觀。只有守正而待時，善於抓住機會而又堅定志向，才有可能走向成功。

講菜根

臥薪嚐膽為吞吳，鐵面槍牙是丈夫

　　越王勾踐是歷史上一位有名的人物，他於西元前496年繼位。吳國與越國毗鄰，吳王闔閭趁前越王允常發喪之際發兵攻越，引起越國軍民不滿。越國軍民痛恨吳國乘人之危的行徑，同仇敵愾，奮力抵抗，大敗吳軍，吳王闔閭負傷死在歸途中。

　　西元前494年，吳王闔閭之子夫差繼位，他潛心備戰三年後對越國發起復仇之戰。越王勾踐派兵迎戰，此戰中越國水軍幾乎全軍覆沒，越王勾踐逃到會稽山，越國向吳國屈辱求和。

　　為了保命復國，越王勾踐假意向吳王夫差投降，並按照吳國的要求帶著夫人和大臣范蠡去吳國服苦役。在此期間，越王給闔閭看墳，給夫差餵馬，還給夫差

脫鞋，服侍夫差上廁所。勾踐三人受盡嘲笑和羞辱。為圖復國大計，勾踐頑強地忍耐著吳國對他的精神和肉體折磨，對吳王夫差更加恭敬馴服。

回國後的勾踐，時刻回想在吳國受辱的情景。晚上睡覺時不用床褥，躺在亂柴草（古時叫薪）之上，夜夜不得安眠，睜眼便是勵精圖治，早日報仇！又在自己的屋裡掛了一隻苦膽，每頓飯都要嚐嚐苦味，提醒自己時時不忘在吳國的苦難和恥辱的經歷。

勾踐採用大臣文種的建議：賄賂吳王，麻痹對方；收購吳國糧食，使之糧庫空虛；贈送木料，耗費吳國人力、物力興建宮殿；散佈謠言，離間吳國君臣，使夫差殺害伍子胥；施用美人計，消磨夫差精力，不問政事，加速吳亡。越王趁夫差去黃池會盟，偷襲吳國成功，吳國只好求和。後來越國再次起兵，滅掉吳國，夫差自殺身亡。

無論是在吳國為人質的三年，還是「十年生聚，十年教訓」的策略，都是勾踐在為成其大業而等待最佳時機，他沒有因為環境惡劣就放棄，沒有因為時間消磨而灰心，相反卻是在這種不如意的條件下勵精圖治，創下了「以小打大，以弱勝強，以卵擊石」的人間神話！終於將自己的對手戰敗，成為最後的成功者。

臥薪嚐膽，那得需要有多大的耐心和勇氣啊！在當今物慾橫流的社會，人人追名逐利，早就失去耐性，變得急功近利、焦躁不安。其實，哪種生活態度不是自己所選擇的呢？既然如此，何不學一下勾踐，只要忍人之所不能忍，受人所不能受之苦，放慢腳步，等待適當的時機，便可乘坐時間之船駛向勝利的彼岸！

9. 零落藏新生，肅殺含生意

讀菜根

【原文】

草木才零落，便露萌穎於根底；時序雖凝寒，終回陽氣於飛灰。肅殺之中，生生之意常為之主，即是可以見天地之心。

【譯文】

花草樹木凋謝之時，根部就有新芽萌發；節氣雖是寒冬季節，但溫暖的陽春行將到來。當萬物到了飄零枯萎的季節，暗中卻隱藏著綿延不絕的蓬勃生機。在

這種生生不息之中，可以看出天地的無限生機。

【注釋】

零落：枯萎謝落。

萌穎：萌是草木的芽，穎是草木的小苞。

凝寒：極度寒冷。

陽氣：指春天和暖的氣候。

飛灰：中國古時置葭木灰於筒中，到冬至之時一陽來復，其灰自然飛去，用來定時序。

> 君子之道，忠恕而已矣。己所不欲，勿施於人。我不欲人之加諸我也，吾亦欲無加諸人。
> ——《論語》

悟菜根

事物總在變化之中，看似沒有希望的事物，可能暗含著無限的機會，所以，無論是事業上，還是生活中，一個人要善於思考與研究事物的變化，善於抓住和把握變化的機遇，而不必因一時一事的失誤止步不前。這也是一個成大事者必備的素質。

講菜根

我家那棵棗樹

我家院內有一棵棗樹，從我記事起就在那裡了，有二十多年了。

學業結束，有了自己的事業後，我就很少回家了。

那年因為事業上的挫折，我很疲憊，就想到了家，記得出現這想法的當天，就馬上訂了車票，第二天就趕到了家。

爸媽見到我，甚是驚訝，轉而也就滿臉喜色了。爸問我是不是遇到什麼煩心事了，我不想讓爸媽為我擔心，就笑著說，沒有，就是想他們了。爸沒有再說什麼。

在家的幾天，我完全回到了孩童時期，早晨爸爸不喊三遍不起床，晚上看電視看到很晚，被媽媽唸了很多遍才上床睡覺，幸福得完全忘記自己還有工作要做。

那幾天雖然是寒冬的天氣，但太陽卻很溫暖。

有天正午，我和爸爸坐在院中曬太陽，媽在廚房做飯。

說話間，我看到了那棵棗樹，似乎已經死掉了，樹皮有的已經剝落，樹枝完

全枯黃。於是，就對爸說：「這棵棗樹已經死了吧？把它砍了吧！可以再種一棵新的，或者種些梨樹什麼的。」

爸爸說：「也許現在它真的不行了，但是過冬之後可能還會萌芽抽枝的——說不定它正在養精蓄銳呢！」爸頓了一下，繼續說：「做事也一樣，有時看似沒希望了，其實若能細心觀察就會發現，那些希望和機遇被埋藏在事物的內部了，就像這棵棗樹，你看它死了，但它明年還是會碩果纍纍的。」

我聽完父親的話，長久以來的苦悶一掃而光，我知道該怎麼做了。

又待了幾天，我就回到了自己生活的那個城市，然後，借用老爸的智慧度過了難關。

看似已經山窮水盡，其實拐個彎，就是柳暗花明。

10. 幻中求真，俗中生雅

讀菜根

【原文】

金自礦出，玉從石生，非幻無以求真；道得酒中，仙遇花裡，雖雅不能離俗。

【譯文】

黃金從礦山中挖出，美玉從石頭中產生，可見不經過幻變就不能得到真悟；道從杯酒中悟出，仙在繁花叢中遇見，可見脫離俗世便不能產生雅事。

太宗在唐為一代英明之君，其濟世康民，偉有成烈，卓乎不可及已。所可惜者，正心修身，有愧於二帝三王之道，而治未純也。
——明憲宗

【注釋】

幻：指事物之空無。

真：真如實相。

道得酒中：指飲酒中悟得真理，說明道理無所不存。

悟菜根

許多偉大的事業或成就都是透過不經意的小事不斷地累積而來的。對於工作也是如此，平時非常普通平凡的工作，只要我們一直堅持下去，就能夠獲得很大

的成績，以促使我們走向成功，從而改變我們的命運。所以在日常的生活和工作中我們要從現在做起，從一點一滴做起，把我們的工作做好。不管你是一個什麼樣的人，只要你有一個積極進取的人生態度，只要你有一顆美好的心靈，只要你有一種高尚的情懷，你完全可以在平凡中表現出不平凡的偉大！

講菜根

不刻苦，難成才

歐陽修四歲時父親就去世了，家境貧寒，沒有錢供他讀書。

太夫人就用蘆葦稈在沙地上寫畫，教他寫字，還教他誦讀許多古人的篇章。到他年齡大些了，家裡沒有書可讀，便就近到讀書人家去借書來讀，有時進行抄寫。就這樣夜以繼日、廢寢忘食，只是致力讀書。從小寫的詩、賦文字，下筆就有成人的水準那樣高了。

他叔父由此看到了家族振興的希望，對歐陽修的母親說：「嫂子不用因為家貧、孩子幼小而憂愁，修兒是奇才呀！有朝一日，必能光耀門庭，顯明於世。」

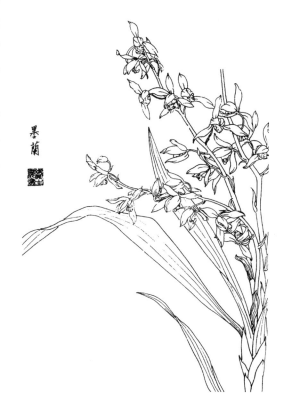

墨蘭

結果，歐陽修成為北宋時期著名的政治家、文學家、史學家和詩人，並與唐韓愈、柳宗元，宋王安石、蘇洵、蘇軾、蘇轍、曾鞏合稱「唐宋八大家」。

其文廣為流傳，其名也永垂史冊。

做學問要努力，做事業要用心，沒有人能不付出努力而功成名就的。

辨　術

1. 吉人時時和氣，惡人處處殺氣

讀菜根

【原文】

　　吉人無論作用安詳，即夢寐神魂無非和氣；凶人無論行事狼戾，即聲音咲語渾是殺機。

【譯文】

　　心地善良的人，言行舉止都會透露出善良的氣息，即使在睡夢中的神情也都洋溢著一團祥和之氣；性情兇暴的人，不論做什麼事都手段殘忍，甚至在談笑之間也充滿讓人恐怖的殺氣。

【注釋】

　　吉人：心地善良的人。

　　　　　　作用安詳：言行從容不迫。
　　　　　　夢寐神魂：指睡夢中的神情。
　　　　　　聲音咲語：言談說笑。
　　　　　　渾是殺機：言談間流露著害人的跡象，殺機是指令人感到殺人的恐懼感。

胡雪巖：
（西元1823年—1885年），幼名順官，字雪巖，徽州績溪人，因在杭州經商，寄居杭州，著名徽商。而胡雪巖的成功，很重要的一個原因就是他善於用人，以長取人，不求完人。

悟菜根

　　沒有誰的一生能離得開朋友，好的朋友更是一生的財富，所以，在工作中、生活中必須善於識人、交對朋友才行。

　　我們可以根據一個人的性格來判斷他適不適合做朋友。因為

江山易改，秉性難移，一個人的個性可以表現在他生活的各個方面，而且想偽裝都是很難的，即使他能偽裝一時，天長日久，也總會顯露本性的。同時，我們也要善於從細微處觀察人。

🌱 講菜根

王莽露本性，西漢喪政權

王莽是漢元帝的皇后王政君的姪子。在元帝、成帝掌握朝政時，王氏家族利用外戚的身分，長期掌握朝廷內外的軍政大權。這一時期，社會衝突十分尖銳，到處流傳著「湯武革命」的流言，似乎漢朝的氣數快要盡了。王莽看準機會，巧妙地偽裝自己，在朝廷內外博得了好名聲。

在王氏家族裡，王莽的同門兄弟們都過著紙醉金迷、聲色犬馬的放蕩生活。唯獨王莽儉樸溫順，一副謙謙君子的模樣。他的伯父王鳳生病時，王莽親自熬湯煎藥，噓寒問暖，整整一個多月沒有脫衣解帶睡覺。王鳳十分感動，臨終前囑託妹妹王政君要關照好這位好姪兒。

不僅對伯父如此，王莽對母親更是體貼入微。在王莽招待賓客的宴會上，經常可以看到一位家臣出來要王莽請老夫人服藥。於是王莽便在眾目睽睽之下去後堂探問母親的病情，並親自送上湯藥。朝廷內外因此都說王莽是孝子。

蝗災之年，老百姓的生活過不下去了，紛紛賣地賣房、賣兒賣女，王莽卻主動捐獻一百萬錢、三十頃土地，由國家財政大臣分給災民。在他的帶領下，滿朝公卿紛紛捐錢捐地，賑濟災民。大家都說王莽仁慈善良，是個好人。

在一片讚譽聲中，王莽擔任了大司馬，掌握了朝廷大權。他為了獲取政治聲望，敢於拿皇親國戚「開刀」：他先把皇太后趙飛燕貶為皇后，後再降為庶人，迫使趙飛燕自殺；他還大封劉姓、王姓和功臣後裔為侯，給退休官吏增加俸祿，博得了上層貴族階層的好感；他甚至「大義滅親」，他的兒子王宇殺了一個奴婢，他當即迫使王宇自殺。於是，人人都說王莽是個公正的好官。

元始元年（西元1年），即平帝即位次年，遠居南方的越裳氏獻來了白雉。王莽黨羽一陣鼓噪，說是吉兆，吹捧王莽安定漢室、德比周公，要求賜予安漢公的稱號。王莽假意推託了一番，也就做了安漢公，不久又獲得了宰相重職。這時，皇太后王政君看出王莽有篡漢野心，但對羽翼豐滿的王莽已無可奈何。元始五年（西元5年），王莽毒死了年僅十四歲的平帝，擁立兩歲的宣帝玄孫劉嬰當皇帝，

號為孺子，自己做了「攝皇帝」，並將年號改為「居攝」。

過了三年，王莽指使他的黨羽放出風聲，說王莽是真命天子，天命授意他做真皇帝。在黨羽的鼓噪下，王莽宣布自己順應天命，迫不得已「即真天子位」，建國號為「新」，年號為「始建國」，就這樣，王莽的新朝取代了漢朝。

本性終究難改啊！記得新升任司空的彭宣看到王莽後，悄悄對兒子說：「王莽神清而朗，氣很足，但是神情中帶有邪狹的味道，專權後可能要為惡，我又不肯附庸他，這官不做也罷。」而王莽後來的舉動完全驗證了彭宣所說，可見於細微處是能夠體察到人的本性。

2. 小人可以察，偽君子難防

讀菜根

【原文】

　　君子而詐善，無異小人之肆惡；君子而改節，不及小人之自新。

對功名的渴求要比對美德的渴求偉大得多，因為，功名是對美德的獎賞，撇開它，誰還願意去擁抱美德呢？
——玉外納

【譯文】

　　君子如果欺詐善良之人，和恣意作惡的小人沒什麼區別；君子如果改變自己的操守志向，那就還不如一個痛改前非重新做人的小人。

【注釋】

詐善：虛偽的善行。
肆惡：肆是放縱，即恣意作惡。
改節：改變志向。

悟菜根

　　莊子說：「賊害最大的，莫過於德中藏有私心而心眼有所遮蔽。到了心眼被遮蔽卻要主觀去觀察，就要為惡了。壞品質有五種，心中的品質為首。什麼是心中的品質？心中的品質，就是有自以為好的東西，而詆毀自己所不從事的東西。」

現實生活中那些道貌岸然的偽君子，滿口仁義道德，其實肚子裡淨是陰謀詭計，雖說小人可憎，但是他們比小人更可憎。

🌱 **講菜根**

> ┌─────────────────────────┐
> ┊ **身邊的偽君子，要慎之又慎** ┊
> └─────────────────────────┘

織田信長靠著他的兩個得力部下——明智光秀和豐臣秀吉以及他的牢固聯盟德川家康統一了大半個日本。按當時的情形來說，想統一整個日本只是時間問題。然而就在織田信長四十九歲這年，明智光秀在安土城外起兵造反。他們把織田信長居住的本能寺圍得水泄不通，當時織田信長身邊只有小姓數十人。

生活中是不會像電影裡那樣頻繁地出現奇蹟的，在實力如此懸殊的這場戰鬥中，織田信長被明智光秀燒死在本能寺裡。

明智光秀叛變的原因其實很簡單，就因為織田信長派明智光秀招待德川家康時上的生魚不夠新鮮。於是織田信長大罵光秀，甚至抓起托盤擲傷了光秀的額頭，然後即解除其「接待役」的職務，命他立刻出兵西援，將功贖罪。但是，明智光秀反而殺回本能寺，殺死了自己的主君。因為織田信長的死，導致了日本的歷史被改寫。隨後，豐臣秀吉為主報仇，將明智光秀殺死在山崎。豐臣秀吉統一日本後開始侵略朝鮮，與中朝聯軍作戰七年後失敗，憂鬱而死。本與豐臣秀吉就有舊仇的德川家康奪取了豐臣秀吉的權力，殺死了他的一家，隨後建立了日本最後的德川幕府。

如果織田信長沒有死，建立的政權真不知道是什麼樣子。但不管是英雄還是梟雄，不是死在對手的刀下，而是死在自己身邊的人手裡，不能說不可悲。

所以千萬要小心身邊的偽君子，也許他就是你最相信的人。

3. 好利者害顯，好名者害隱

🌱 **讀菜根**

【原文】

好利者逸出於道義之外，其害顯而淺；好名者竄入於道義之中，其害隱而深。

古時，禹見民心渙散，深感內疚，認為自己沒有當好這個帝王，於是自省自責，主動承擔失查和保護的責任。商滅夏後，湯也佈告天下，安撫民心，此佈告史稱《湯誥》。在《湯誥》中，湯檢討了他自己的過錯。禹、湯「罪己」，收到了預期的效果，後來經附會神化，遂成為後世皇帝效法的「罪己詔」。

【譯文】

好利之人的所作所為因為不擇手段往往會越出道義範圍之外，這樣逐利的禍害就很明顯，使人容易防範；好名之人因為經常混跡仁義道德中沽名釣譽，故他所做的壞事人們不易發覺，結果所造成的禍害都非常深遠。

【注釋】

逸出：超出範圍。

竄入：隱匿。

悟菜根

那些明目張膽的壞人很可惡，可謂是「過街老鼠，人人喊打」。然而，和那些表面仁義、內心陰險的壞人相比，明目張膽的壞人還是可以提防的，而那些內心陰險的人就令人防不勝防了，所以他們更可怕、更可憎。

我們一定要了解自己的朋友，並且要時時提防這兩種人，免得給自己帶來麻煩和災難。

講菜根

朋友的傷害是最難防的

孫臏與龐涓同在鬼谷子門下學習兵法，孫臏是鬼谷子最優秀的學生，才能和智慧遠在龐涓之上。

後來，龐涓下山做了魏國軍師，自知才學不如孫臏，就覺得孫臏是自己前程的潛在威脅。為了消除這塊心病，便寫信給孫臏，騙他到魏國來成就功名，而其真正的目的則是讓孫臏落入他的股掌之中，永無出頭之日。

孫臏來到魏國，魏王拜他為副軍師，但龐涓以種種藉口加以阻撓，最後魏王只給孫臏一個客卿的位置。此後，龐涓不斷在魏王面前講孫臏的壞話，魏王將信將疑。

有一次，齊國使者慕名而來，想聘孫臏到齊國施展才華，孫臏因效忠魏國而

加以拒絕。龐涓利用這個事實，向魏王進讒：「孫臏雖然身在魏國，但心仍在齊國，這次齊國使者來就是與他私通的。」魏王大怒，不分青紅皂白，加罪孫臏，就這樣，孫臏莫名其妙地被處以削去膝蓋骨的重刑。

孫臏受刑後，龐涓便假惺惺地對孫臏表示關懷，勸他在獄中寫兵書。兵書寫成之後，龐涓露出了本來面目，想把兵書據為己有。孫臏才恍然大悟，原來自己的一切遭遇，都是龐涓造成的。

孫臏萬分絕望，他決計忍辱逃生。從此，孫臏便裝成受刺激過度而發瘋了，龐涓開始並不相信，對他施以種種非人的折磨來加以考驗。把他拖入豬圈，孫臏在豬圈裡又哭又笑，在豬尿裡打滾，還吃豬食，啃泥巴，透過這些殘酷而致命的表演，終於使龐涓相信，他真的瘋了。

後來齊國的一位使者來到魏都大梁，孫臏託一個刑徒偷偷地去見齊使，陳述他被害的經過並請求營救。齊使用計策把孫臏用柴車運到齊國。孫臏到齊國後，重用於大將田忌，拜為齊威王的國師。指揮了軍事史上著名的「圍魏救趙」、「杜陵之戰」、「馬陵之戰」等戰役，屢敗魏軍，最後射殺了龐涓。

透過孫臏的遭遇，我們可以得到這樣的啟示：一定要認清自己身邊的朋友，不能被別人利用了還感激他的虛情假意，也只有認清他們，我們才能少受一些出其不意的傷害。

4. 讒夫阿人，其害漸顯

🌿 讀菜根

【原文】

　　讒夫毀士，如寸雲蔽日，不久自明；媚子阿人，似隙風侵肌，不覺其損。

【譯文】

　　那些喜愛搬弄是非的人對有德性君子的污蔑誹謗，只不過像有一片薄雲遮蔽了太陽一樣，不久就會風吹雲散重見光明；而那些喜歡阿諛奉承去巴結別人的人，卻像從門縫中吹進的邪風侵害肌膚，使人們在不知不覺中受到傷害。

對自己做錯的事，知道悔悟和責備自己，這是人們進步和發展的基礎。那些不會反省的人不會知道自己的缺點和過失，他們不悔悟，也就無從改進自己、完善自己。
——李奧·巴斯卡利

【注釋】

媚子阿人：媚子是擅長逢迎阿諛的人，阿人是諂媚取巧、曲意附和的人。

隙風：牆壁和門窗的小孔叫隙，從這裡吹進的風叫邪風，相傳這種風最易使人身體受傷而得病。

悟菜根

阿諛奉承的人多是製造是非的人，他的人格是扭曲的，他奉承人是有目的的，他會捧你，也會毀你，所以在與人交往中最好與阿諛奉承的人保持一段距離。如果他生活在你的身邊而你又擺脫不了他，那麼，你就在心裡與他保持距離，不能因為他的幾句奉承話就變成了一個平庸的愛聽假話的人。

如果有人阿諛逢迎，極盡奉承之能事，我們是心悅誠服地領受，還是迴避拒絕？接受這種奉承，只能使小人得意；拒絕了這種奉承，於人於己都是有益的。

講菜根

最信任的人傷我們最深

美國迪士尼公司創辦者華德·迪士尼在給妻子寫的一封信中說：「這個行業是最不容易做的。這個行業沒有機智，沒有應變能力，沒有專業培訓是不容易顯露頭角的。有些一肚子詭計的人，看起來很可愛，往往讓人由於沒經驗，容易上當，之所以我沒有像羊入狼群，是因為我慶幸我請教了一個人。我很樂觀、自信……我認為很值得讓人放心的是鮑維斯。」

然而，欺騙華德·迪士尼的人，不是別人，正是他非常信任的鮑維斯。鮑維斯說，卡通影片錄音擁有一組稱為「電影聲」的獨立錄音系統。據說只需要一、二位音效人員和五、六件樂器即可。華德·迪士尼的信任，使一筆又一筆的錢流進了鮑維斯的口袋，最後他對華德·迪士尼假惺惺地說：「我特別想幫助你，你的米老鼠也可用來推銷我需要的電影聲，比大公司給你的錢還要多，我可以幫你做到。我可以負擔

賣到每一個州放映卡通片權利的一切費用，包括推銷員的開銷，而你給我十分之一的毛利就行了。這是攝製卡通片的錢，我先借給你。」

一個月過去了，但一直沒有支票匯過來，滿懷希望的華德‧迪士尼派人去了一趟紐約，還是沒有拿到，這時的沃爾特才恍然大悟：鮑維斯是個大騙子。

真正高深的小人往往不露痕跡，讓你完全信任他，而你信任他越深，你最後可能就會和華德‧迪士尼一樣摔得很慘。所以，不要完全信任任何人。

5. 休與小人仇，休向君子諂

🌱 讀菜根

【原文】

休與小人仇讎，小人自有對頭；休向君子諂媚，君子原無私惠。

即使你享受幸福，享盡榮華富貴，要是沒人像你那樣衷心替你高興，怎能有莫大的快樂？
　　　　——西塞羅

【譯文】

不要跟品行低下的小人結仇，因為小人自有對頭；不要向品德高尚的君子獻殷勤，因為君子不會徇私給你恩惠的。

【注釋】

仇讎：敵對結怨。

諂媚：用不正當言行博取他人歡心。

🌱 悟菜根

「惡人自有惡人磨，好人總有好心報。」小人所作所為，常常令人切齒痛恨，但是沒有必要與他結成仇怨，一是不與小人一般見識；二是多行不義必自斃，相信壞人自有他的結局。

對於君子的態度，也要掌握分寸，敬重君子是理所當然的，但也不要低聲下氣，逢迎諂媚，這樣做一來使自己人格低下，二來也是不尊重君子，反而弄巧成拙，有損自己的形象。

講菜根

忍得功德

明朝時，雲南有一位秤錘祖師。

他俗家姓蔡，住在昆明小東門外。父母去世後，遺下財產田園，生活過得很好。他勤儉工作，自種蔬菜出賣作零用。其妻子年輕貌美，好吃懶做，還和他人私通。祖師明知此事也不說破，日子久了，她更膽大，天天與情夫私通毫無顧忌了。

有一天，祖師很早就出門賣菜，預計那位情夫尚未離家，特意買好酒肉帶回家。這時情夫尚未離去，只好躲在床下。祖師入廚弄飯菜，妻覺得不好意思，就去洗臉幫丈夫弄飯菜，飯菜弄好了，祖師叫她擺碗筷，她擺了二套碗筷，祖師叫她擺三套，說自己今天請客，她擺好了。祖師叫她請客出來吃酒，她說：「客在哪裡？」祖師曰：「在房裡。」她說：「你不要說鬼話，房裡哪有客？」祖師說：「不要緊，不要害怕，你請他出來好了，若不出來我就給他一刀。」妻不得已就叫情夫出來。

祖師請情夫上座，向他敬酒。情夫以為有毒不敢喝，祖師先喝了再請他喝，情夫才放心。酒菜吃完了，祖師向情夫叩頭三拜，說：「今天好因緣，我妻年輕無人招呼，得你照顧很好，我家的財產和我的妻請你收下吧！」妻和情夫都不肯，祖師持刀說：「你們不答應，我就要你們的命。」二人沒法，只好答應下來。

祖師於是空手出門往長松山西林庵出家，一面修行，一面種菜，後來，用功有了見地⋯⋯

對我們普通人來講，忍讓能平息許多風波與麻煩，忍讓能調和人與人之間的關係⋯⋯因此，不管我們是否學佛修行，都要學會忍讓，能夠忍讓，那我們的家庭就多一分平安，多一分諧和。

佛教講：「怒火能燒功德林。」你發一次火，不但影響自身的健康，更重要的是把我們辛辛苦苦修行的功德燒光了，因此，吃虧與忍讓是我們成功最重要的保障。

6. 良藥苦口，忠言逆耳

讀菜根

【原文】

耳中常聞逆耳之言，心中常有拂心之事，才是進德修行的砥石。若言言悅耳，事事快心，便把此生埋在鴆毒中矣。

> 夫閉戶塞意，不高瞻覽者，死人之徒也哉。
> ——漢・王充

【譯文】

一個人的耳朵要經常聽些不中聽的話，心裡應經常想些不如意的事，這才是敦品勵德的好方法。反之，話若句句好聽，事若件件稱心，那就等於把自己的一生葬送在劇毒之中了。

【注釋】

逆耳：刺耳，使人聽了不高興的話。

拂心：不順心。

砥石：是一種磨石，粗石叫碗，細石叫砥，此處當磨練、教訓解。

鴆毒：鴆，是一種有毒的鳥，其羽毛有劇毒，泡入酒中可製成毒藥，即古時候所謂的鴆酒，人喝了這種酒後會立即死亡。

悟菜根

觀古看今，人生在世要經常接受各種橫逆和痛苦的考驗，必須經過幾番艱苦的奮鬥才能走上康莊大道。因為人生不如意事十之八九，一生都想稱心如意根本是不可能的事。可惜的是一些膚淺之輩，一聽逆耳忠言就拂袖而去，一遇不順就怨天尤人。孟子說天將降大任於斯人必然會有各種困難來磨礪自己的品格。「忠言逆耳，良藥苦口」這個道理也說明一個人要有所作為必須先要敢於磨練自己的品格，善於聽取不同意見，勇於克服種種困難才行。

講菜根

逆耳忠言興邦，順耳美言亂世

唐太宗尊重人才，善於納諫，樂聽忠言，所以他能得到房玄齡、杜如晦、魏徵這樣的能臣、直臣，成就貞觀之治。

而唐太宗的後人卻完全應了作者所說的這句「若言言悅耳，事事快心，便把此生埋在鴆毒中矣」。

唐玄宗做了二十多年太平天子，所以滋長了一股驕傲怠惰的情緒。他想，天下太平無事，政事有宰相管，邊防有將帥守，自己何必那麼為國事操心。於是，他就追求起享樂的生活來。

有一個大臣李林甫，是一個不學無術的人。他什麼事都不會，專學了一套奉承的本領。他和宮內的宦官、妃子勾結，探聽宮內的動靜。唐玄宗在宮裡說些什麼，想些什麼，他都先摸了底。等到唐玄宗找他商量什麼事，他就對答如流，簡直跟唐玄宗想的一樣。唐玄宗聽了很高興，覺得李林甫又能幹，又聽話，就把他提為宰相。

李林甫一當上宰相，第一件事就是要把唐玄宗和百官隔絕，不許大家在玄宗面前提意見。

有一次，他把諫官召集起來，公開宣布說：「現在皇上聖明，做臣下的只要按皇上意旨辦事就行。你們沒看到立仗馬（一種在皇宮前做儀仗用的馬）嗎？牠們吃的飼料相當於三品官的待遇，但是哪一匹馬要是叫了一聲，就被拉出去不被騎用，後悔也來不及了。」

李林甫當了十九年宰相，一個個有才能的正直大臣全都遭到排斥，一批批鑽營拍馬的小人都受到重用。就在這個時期，唐朝的統治從興旺轉向衰敗，開元之治的繁榮景象消失，接著出現的就是天寶之亂。

一個有點能力的人，或者是年輕有為的人，還是應該像作者說的那樣「耳中常聞逆耳之言，心中常有拂心之事」，才能不被蒙蔽，把命運緊握在自己手中。

7. 下愚可共功，中才難共事

讀菜根

【原文】

至人何思何慮，愚人不識不知，可與論學亦可與建功。唯中才之人，多一番思知識，便多一番臆度猜疑，事事難與下手。

> 裝傻也是一種智慧。
> ——韓冬

【譯文】

那些智慧和道德都高於凡人的人，他們心胸開朗對任何事物都無憂無慮；那些天資愚笨的人，想得少知道的不多，遇事也就不懂得勾心鬥角，我們不僅可以和這兩種人講學問也可以和他們共建功業。唯獨那些天賦中等的人，智慧不如至人而又勝於愚人，這種人遇事考慮最多，猜疑心也極重，所以難以和他們共事。

【注釋】

至人：指智慧和道德都高人一等的人。

臆度：推測、計算。

悟菜根

人的智力有高下，如果能遇到那種智慧和道德都出類拔萃的人，當然要好好對待，並放心與其共事。如果不能覓得這樣的人才，也不能退而求其次用那些中才之人，因為這種人對什麼事都只看得見近處的利益和自己的利益，而不會看到遠處的願景。與其如此，倒不如選選擇那些「愚人」，然後自己花費一番心血進行培養後加以任用，以保證事業的成功。

講菜根

善用偏才，揚長避短

「金無足赤，人無完人」。胡雪巖於此有自己的一套看法，別人不敢用的人，他敢用，而且用得很好。胡雪巖的二夫人芙蓉有一位不學無術的親叔，原名

叫劉三才，因嗜賭成性，又大肆揮霍，便被取了外號叫「劉不才」。但劉不才有兩樣絕對不幹：吸鴉片和賣祖傳藥方。正是從這裡胡雪巖看出此人還是有藥可救的。事實也正是如此，劉不才並非自甘墮落，只因感到前途渺茫心中痛苦無處發洩而已。胡雪巖得知劉不才手上有幾方祖傳藥方，但至死都不願出賣時，便決定出資讓劉三才自己做老闆，開了一家藥鋪，並督促他改掉了許多惡習。

但胡雪巖看中此人並不在於他改惡之後的表現，而正是這些「惡習」，用這些「惡習」應酬生意場上的達官闊少、紈袴子弟不是再合適不過了嗎？

當時胡雪巖想在絲業上繼續做大，但由於自己在上海勢單力薄，難以在整個行業中產生舉足輕重之影響。考慮及此，他有意與上海絲業中的巨頭人物龐二聯手，這樣就可以在上海形成壟斷局勢，操縱整個上海的絲業行情，到那時才可指望豐盈不斷的利潤。

然而，龐二財大氣傲，一般人難以接近，更難於合作。胡雪巖了解這一點之後，不敢貿然前往與他親自面商，怕事情沒有談妥反而在他人面前曝露出自己的「野心」，這樣在行業中就處於十分被動和尷尬的境地。這時的他想到了劉不才，透過劉不才來拉攏與龐二的關係，將是一個極好的途徑。

這日，胡雪巖透過絲業商會會長張大爺出面請客，邀約了龐二和另外兩位商界朋友。大家都知道無非是在牌桌上「小會」一次。

三人如約前往，在張大爺的安排下，大家很快聚齊了。劉不才懷裡揣著胡雪巖給的四萬銀票，心裡頗為踏實。他開始並不急於和牌，而是細觀每位牌友的打法。他發覺龐二的牌打得很老練，但過於謹慎。而另外兩位是見牌就和，有時做起大牌來，又打得很草率，總之顯得經驗不足。

前四圈打下來，成了「三打一」的局勢，龐二牌風不到，輸三萬多銀票，雖然他口中不會說，心裡還是頗為痛心的，哪位打牌的不想在牌桌上撈一把。

吃完宵夜，四個人又繼續挑燈夜戰。

熟悉了各家打法之後，劉不才盡量壓住另外兩位，並極力幫助龐二和牌，爭取挽回敗局，這也是胡雪巖交給他的任務。他盡力扣住另兩位牌路，而極力給龐二餵張。龐二的牌風也順起來，亂吃亂碰都能成局。他開始和牌了，並接連和了幾次大牌，打得另外兩位額頭冒汗。

劉不才見另兩人也企圖做大牌來挽回敗局，他就以和小牌的方式來阻止，要不就寧願「捨身」讓龐二贏。結果，那二位越和不了牌，打得越急躁，越沒有章法。最後慘敗而歸，龐二大獲全勝，贏了三萬多銀票，劉不才也贏了一萬餘兩。

對於劉不才的暗中相助，龐二早已是心領神會，牌局散後，龐二拉了拉劉不才的手說：「劉兄牌德不錯！」

大家稍作休息，準備回府，離開之前，龐二說他後天請客吃飯，再找幾位朋友好好玩一場。於是即席約定，這次的牌友後天都赴龐二的約。告辭時，龐二一再關照劉不才，後天務必光臨，劉不才當然慷慨答應。

在兩日後的牌局上，劉不才再次暗中協助龐二，使他再度心滿意足。趁龐二得意之時，劉不才趁機把胡雪巖準備與他在絲業上聯合的意思向他轉告，龐二慨然應允。

於是江南一帶的絲業形成壟斷之勢，而龐二是闊少作風，遇事需胡雪巖拿出主意，而後全權委託胡雪巖辦理，如此一來，胡雪巖在江南絲業上實際就擁有最大的發言權了。

若沒有劉不才牌桌上的努力，龐二不一定會答應在絲業上與胡雪巖聯手，這種紈袴子弟僅靠說道理是說不通的，他們還在意的一點是對方是不是個「會玩」的人，是否讓自己順眼，若能得到歡心則什麼事都願做，劉不才的效用，可以說恰到好處地用到了這一點上。

俗話說：「尺有所短，寸有所長。」每個人都有自己的長處和短處，看人應長短兼顧，揚長避短，只要能將長處發揮得好就可以獨當一面了，這也是用人需用好的關鍵之處。

8. 不希榮不憂誘，不競進不畏危

讀菜根

【原文】

我不希榮，何憂乎利祿之香餌？我不競進，何畏乎仕宦之危機？

【譯文】

我內心若不希望榮華富貴，又何必擔心他人用名利做誘餌來引誘我呢？平日行事我若不處處和人競爭高低，又何必恐懼潛伏在官場宦海的危機呢？

【注釋】

香餌：餌是可以達到誘惑人目的的東西。

競進：與人爭奪。

悟菜根

　　捉魚捕獸必須用香餌作誘引；人欲圖高官顯爵，也需要以利祿來賄送才能達成心願。但是，一旦做了官之後，賄送求索仍是永無止境的，非常令人苦惱，這時候再想脫身已來不及了。得利祿不一定就是壞事，但與希望榮華的念頭在一起那就錯了。做官有時候會遭到不測，這樣看來，做官也許是招禍的根源，但最終的原因，都是和別人競爭角逐，為了自己的前途而引起的。如果我們不汲汲營營於仕途，就不起競爭之心，也就不必擔心做官有什麼危險。所以，不是做官危險，因競爭而起惡心，才是危險的最大原因。因此才有「善泳者死於溺，玩火者必自焚」、「香餌之下必有死魚」的說法。所以作者勸誠人們為人處事要想不誤蹈陷阱踏荊棘，最好是把榮華富貴和高官厚祿都看成過眼雲煙。

講菜根

```
淡功名
```

　　莊子歷來鄙視富貴功名，在《莊子見惠施》中就有一個辛辣地嘲笑那些追名逐利者的故事。

　　惠施任梁惠王的宰相時，莊子去拜訪他，有人對惠子說：「莊子來是想取代你為宰相。」惠子聽了惶惶不安，派人搜查莊子達三天三夜之久。

　　莊子去看惠子，對他說：「你知道南方有隻名叫鵷鶵的鳥嗎？鵷鶵從北海飛到南海，一路上，不是梧桐不棲，不是竹實不吃，不是甘泉不飲，有一隻貓頭鷹找到一隻腐鼠，正好鵷鶵飛過，它害怕鵷鶵來爭，仰頭大喊一聲：『嚇！』，惠施啊！你難道也為相位來嚇叱我嗎？」

　　莊子以鸞鳳一類的鳥自喻，以鵷鶵飲醴泉、棲梧桐來比喻自己高潔清白的品格，而世俗認為顯赫的宰相地位，在莊子的眼裡只不過是一隻死掉的臭老鼠。

　　若能像莊子一樣看淡功名，那麼事業中一時的成功和失敗也就不足以對自己產生太大的影響了，能不受得失的影響，就能理智冷靜地面對所遭遇的一切，反而能使事業更長久。

策　術

1. 分名遠害，引咎養德

讀菜根

【原文】

完名美節，不宜獨任，分些與人，可以遠害全身；辱行汙名，不宜全推，引些歸己，可以韜光養德。

【譯文】

完美的名譽和節操，不要獨自一人佔有，應分一些給旁人，才不會引起他人嫉恨而保全聲譽；不光彩的行為和壞的名聲，也不可以完全推到他人身上，自己承擔一部分，才能掩藏自己的才能，培養良好的德性。

【注釋】

遠害全身：遠離禍害保全性命。

韜光：韜，本義是劍鞘，引申為掩藏。韜光是掩蓋光澤，喻掩飾自己的才華。

養德：修養品德。

悟菜根

歷史上漢武帝的《罪己詔》，諸葛亮在揮淚斬馬謖之後的自請處分、降職三等。自我批評是最好的自我保護法。先聖賢人以咎己罪來培養己身德性，我們何不向榜樣看齊呢？

講菜根

謹功與矜功

在魯哀公十一年那場抵禦齊國進攻的戰鬥中，右翼軍潰退了，孟之反走在最後充當殿軍，掩護部隊後撤。

進入城門的時候，他用鞭子抽打馬匹，說道：「不是我敢於殿後，是馬跑不快。」

無疑，他這樣做是為了掩蓋自己的功勞。

韓信是漢朝的第一大功臣：在漢中獻計出兵陳倉，平定三秦；率軍破魏，擄獲魏王豹；攻下代，活捉夏說；破趙，斬成安君，捉住趙王歇；收降燕；掃蕩齊；歷挫楚軍。連最後垓下消滅項羽，也主要靠他率軍前來合圍。

司馬遷說：漢朝的天下，三分之二是韓信打下來的；項羽，是靠韓信消滅的。但是，功高震主，本來就犯了大忌，加上他又不能謙退自處，看到曾經是他的部下的曹參、灌嬰、張蒼、傅寬等都分土封侯，與自己平起平坐，心中難免矜功不平。

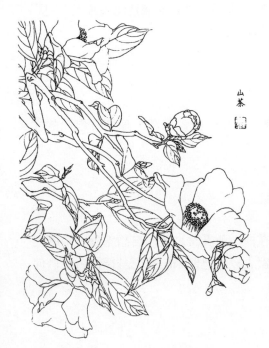

山茶

樊噲是一員勇將，又是劉邦的姨夫，每次韓信造訪他，他都是「拜迎送」，但韓信一出門，就要說：「我今天倒與這樣的人為伍！」

就這樣，韓信終於一步步走上了絕路。

後人評價說，如果韓信不矜功自傲，不與劉邦討價還價，而是自隱其功，謙讓退避，劉邦再毒，大概也不會對他下手吧？當然，對韓信的遭遇，這種看法是否恰當、公允，或者，是否還有別的公正的評價，這裡姑且不論。但韓信的態度、遭遇的確是一個教訓，也尤其使有才有功者在這個問題上深思猛醒！從歷史上看，歷代功高震主者，多有亡身危險。

一個有修養的人，應該知道居功之害。同樣，對那些可能玷污行為和名譽的事，也不應該全部推託給別人。

2. 事後悔悟，臨事破迷

讀菜根

【原文】

飽後思味，則濃淡之境都消；色後思淫，則男女之見盡絕。故人常以事後之悔，悟破臨事之癡迷，則性定而動無不正。

【譯文】

酒足飯飽之後再想起那些美味佳餚，所有的美味都已經全部消夫；房事滿足之後再來回味性欲的情趣，魚水之歡的念頭也已經全部消失。因此，假如人們常用事後的悔悟，來作為另一件事情開端的判斷參考，就可以恢復聰明的本性，一切行為自然都會合乎義理。

【注釋】

癡迷：心中只想一事一物叫迷，癡迷是指見到事物的一面，而不能對事物做全面的明智的判斷，而盲目的全心投入。

性定：性是本然，亦即真心；定是安定，不動搖。性定即本性安定不動。

悟菜根

「前車之鑑，後事之師」，雖然已犯下的過失不可挽回，但我們可以積極吸取教訓，讓自己不再犯類似的錯誤。

我們每天都在走路，每天都在「製造」不少腳印，又有多少人能停下來審視一下自己走過的路呢？人們往往就是如此，匆匆忙忙地往前趕，一下子不小心走進了死胡同，又匆匆忙忙地退出來，再不小心又走進一條死胡同！其實，只要我們留心看著自己的腳印，不就可以不再走進死胡同了嗎？生活上、課業上、工作上都是如此，靜下心來想想，我們有多少錯誤不是重複再犯的呢？「吃一塹，長一智」的智者，正是一位有心的趕路人，他們有時會停下來，整理一下思緒，凝

視一陣自己留下的腳印，再輕鬆地往前走去。

講菜根

:::::::::::::::::
　每天自省
:::::::::::::::::

　　社會物慾橫流，人心不古，人們幾乎失去了真我。如何對待濁世橫流？曾子曰：「吾日三省吾身。為人謀而不忠乎？與朋友交而不信乎？傳不習乎？」曾子的話有點「飽後思味，色後思淫」的智慧。曾子也的確是這麼做的。

　　有一天，他穿著很破舊的衣服在耕田，因為他在當時已經很有名氣，魯國的國君覺得這樣的名人穿如此破舊的衣服在田裡耕作，有失魯國的體面，也失曾子的面子。於是，他就派人對曾子說，國王看到你如此大名鼎鼎的學者卻穿著這麼破舊的衣服工作，要封給你一塊采邑，權且給你添置幾件衣服用吧。可是，曾子並不領情，他堅絕不受，沒辦法，國王派的人只好回去。國王又派人再送來，曾子還是不受，來來回回反覆多次，曾子堅持不收。使者就說：「這又不是先生你向人要求的，是別人送給你的，你為什麼不受？」曾子說了一句很經典的話：「接受別人饋贈的人就會害怕得罪饋贈者；給了人家東西的人，就會對受東西的人顯露驕色。那麼，就算國君賞賜我采邑而不對我顯露一點驕色，但我能不因此害怕得罪他嗎？」後來這件事讓孔子知道了，孔子說，曾參的話足以保全他的節操。

　　人不讀書，一日則塵俗其間，二日則照鏡面目可憎，三日則對人言語無味。可見讀書也是有利於「三思」、「慎獨」的啊。其實坐禪、懺悔都是反思之良方。

3. 居軒冕存山林，處林泉懷經綸

讀菜根

【原文】

　　居軒冕之中，不可無山林的氣味；處林泉之下，需要懷廊廟的經綸。

【譯文】

　　一個人身居朝堂要職時，不可不保存一點山林淡泊名利的情趣；隱居在田園山林之中時，必需要有胸懷天下治理國家的壯志。

【注釋】

　　軒冕：古制大夫以上的官吏，凡是出門時都要穿禮服坐馬車，馬車就是軒，禮服就是冕，此喻高官。

　　山林：泛稱田園風光或閒居山野之間，和林泉均喻隱退的意思。

　　廊廟：比喻在朝廷做官。

　　經綸：比喻策略。

悟菜根

　　孔子說「富貴於我如浮雲」，孔子內心嚮往田園生活，可是又四處奔波想要施展抱負，這看似很矛盾。其實一個真正的君子、賢人，無論入世還是出世，心中都懷著天下的安危、百姓的疾苦和安樂。我們是不可能完全和社會隔離的，那就要積極應對生活的一切挑戰，把自己的才智奉獻給社會。當然偶爾也要身處山林，陶冶一下自己的性情，紓緩一下自己的心靈，這樣才能樂於世。

講菜根

田單初戰顯才

　　「山林士胸懷廊廟」，田單可算得個佼佼者。

　　想當年樂毅出兵半年，接連攻下齊國七十多座城池，最後只剩了莒城和即墨兩個地方。樂毅派兵進攻即墨，即墨的守城大夫出去抵抗，在戰鬥中受傷死了。即墨城裡沒有守將，這時，大家就公推田單做將軍，帶領大家守城。田單雖然沒有帶過兵，但跟兵士們同甘共苦，守城的士氣旺盛起來了。樂毅把莒城和即墨圍困了三年，沒有攻下來。

　　燕惠王因跟樂毅有疙瘩，派大將騎劫到齊國去代替樂毅。田單挑選了一千多頭牛，把它們打扮起來。牛身上披著一塊被子，上面畫著大紅大綠、稀奇古怪的花樣，牛角上捆著兩把尖刀，尾巴上繫著一捆浸透了油的葦束。一天午夜，田單下令鑿開十幾處城牆，把牛隊趕到城外，在牛尾巴上點上了火。牛尾巴一燒著，一千多頭牛被燒得牛性子發作起來，朝著燕軍兵營方向猛衝過去。齊軍的五千名

「敢死隊」拿著大刀長矛，緊跟著牛隊，衝殺上去。許多士兵嚇得腿都軟了，哪兒還想抵抗呢？不到幾個月工夫就收復了被燕國占領的七十多座城。

可見，無論是已經入世，還是尚未入世，都要先充實自己的才能。因為如若沒有才能，入世和出世又有什麼區別呢？

4. 居卑知高危，守靜知動勞

☙ 讀菜根

【原文】

居卑而後知登高之為危，處晦而後知向明之太露；守靜而後知好動之過勞，養默而後知多言之為躁。

【譯文】

站在低處才知道攀登高處的危險，身處暗地才知道置身光亮的地方會刺眼睛；心情寧靜才知道喜歡活動的人太辛苦，心性沉默才知道話說多了很煩躁。

【注釋】

居卑：泛指處於地位低的地方。

處晦：在昏暗的地方。

露：雲層聚集處叫露。此處當「顯現、顯露」用。

躁：不安靜。

守靜：隱居山林寺院的寂靜心理。

養默：沉默寡言。

☙ 悟菜根

所謂「人無遠慮，必有近憂」，這個憂就是危和亂。人無遠見，必然只有淺見。淺見的人只看到自己，看不到別人；看到裡面，看不到外面；看到家庭，看不到整個社會；看到現在，看不到未來；看到金錢，看不到信譽⋯⋯這些都是淺見的人生。

作者拿卑尊、晦明、靜動、默躁作對比，就是勸誡那些想有所作為的人應學會多向思維，也就是善於站在其相反一面來觀察問題和人生，才能不被事物所迷惑，陷入困境。

5. 大音希聲，大巧似拙

📖 讀菜根

【原文】

真廉無廉名，立名者正所以為貪；大巧無巧術，用術者乃所以為拙。

【譯文】

真正廉潔的人不會與人爭名，那些到處樹立名譽的人，正是本性貪圖虛名才會如此；真正聰明的人不會炫耀自己的才華，那些賣弄自己聰明智慧的人，實際上是為了掩飾自己的愚蠢才這樣做。

【注釋】

大巧：聰明絕頂。

📖 悟菜根

聰明是一件好事，但是自作聰明、聰明過頭或耍小聰明都會給自身招來禍端。而真正聰明的人則是「大智若愚」，就是心裡明白，嘴上不說，裝糊塗人、做聰明事。常言說「聰明難糊塗更難」，是說我們在處理事情的時候，要保持清醒的頭腦很難，但要在適當的時候糊塗就更難了。聰明是一件好事，因為聰明的人明白如何少犯錯誤，但是聰明也未必儘是好事，尤其是自作聰明、聰明過頭的人，將會給自己招致不必要的麻煩，所謂「聰明反被聰明誤」說的就是這個道理。因此在適當的時候，裝傻不僅是真正的聰明，也是一種藝術，更是一種真正的人生大智慧。

講菜根

裝糊塗的蕭何

漢朝的蕭何是一個很精通儒家勤政、謹慎竅門的人，他侍奉大殺功臣的劉邦多年，最後能得以善終，這和他知道如何裝糊塗有很大的關係。

劉邦在滅楚之後，論功行賞，蕭何當了一人之下萬人之上的宰相。但他非常謹慎，在他官拜宰相的消息傳出後，不少人都登門向他道賀，唯有一個叫召平的人提醒他：「你的災禍可能會從此發生！現在皇上離開京城，率兵打仗去了，封你為宰相，掌握護兵，一方面是為了討好你，另一方面也是為了防備你。如果你現在辭退封賞，獻出自己的財產做軍費，皇上一定會很高興，這也會減少皇上心中的疑慮。」蕭何仔細一想，覺得他的話有道理。於是，便按召平的建議去做，把自己的子弟送到軍中隨劉邦作戰，又把自家的資財捐給前方作為軍費，於是得到了高祖的歡心。

在黥布叛變時，高祖又親自帶兵去討伐，讓蕭何留在後方。蕭何全力安撫百姓，鞏固民心。有人見他勤勤懇懇，便非常擔心，勸他說：「相國小心遭殺身之

草蘭

禍啊！自從你入關十多年來，收攬民心，人們打心眼裡敬重你，陛下知道你眾望所歸，所以常常派人注意你的動向，惟恐你背叛他。你如果想保全家人的性命，從今天開始就要破壞自己的形象，把聲望壓下來，才能讓陛下放心。」蕭何細一思量，覺得他的話有道理，便沒收百姓土地，擾民、亂民，使百姓對他怨聲載道，蕭何的威信下降了，可是劉邦卻對他放心了。

伴君如伴虎，蕭何正是用了裝糊塗的招數才得以保全性命的。如果他居功自傲，則早就人頭落地了。

6. 節操不改，鋒芒不露

讀菜根

【原文】

淡泊之士，必為濃豔者所疑；檢飾之人，多為放肆者所忌。君子處此固不可少變其操履，亦不可太露其鋒芒。

【譯文】

淡泊名利的人，一定會遭受熱中名利之徒的懷疑；謹言慎行的人，往往會遭受那些邪惡放縱之輩的嫉恨。所以君子如果處在這種環境中，不可改變自己的操守和志向，也絕對不可鋒芒畢露。

【注釋】

淡泊：恬靜無為。

濃豔者：指身處富貴榮華權勢名利之中的人。

檢飾：自我約束，謹言慎行。

操履：操是操行、操守，履是篤行實踐，操履是執著地追求自己的理想。

鋒芒：比喻人的才華和銳氣。

悟菜根

在我們這個社會，你想獨善其身，沒有一定的智慧很難獨善其身，因為阻礙太多了。你品德高尚就會襯出那些小人的卑鄙，也必然會遭到他們的嫉恨和攻擊。所以一個身懷高德的人進行修德行善時，往往不會鋒芒太露。可是很多人不明白這種道理，尤其是奮發向上的年輕人，求功心切，但是往往會由於表現得太好而遭受嫉恨，被造謠中傷。所以一個有為的人其處世節操不可變，待人方法須講究，掩其鋒芒，示拙於人。

講菜根

范雎不失言，不失人

史書記載，范雎入秦後，想有一番作為卻苦苦沒有機會。他放話激秦昭王而秦昭王卻不以為然。最後，他向秦昭王上了一篇陳詞，感動了秦昭王，得以被秦昭王派專車接入宮中。

范雎進入秦宮，早已成竹在胸，佯裝不知地徑直闖進宮闈禁地「永巷」。見秦昭王從對面被人簇擁而來，他故意不趨不避。一個宦官見狀，快步趨前，怒斥道：「大王已到，為何還不迴避！」范雎並不懼怕，反而反唇相譏道：「秦國何時有王，獨有太后和穰侯！」說罷，繼續前行不顧。范雎此舉，是冒一定風險的。然而，范雎這一句表面上頗似冒犯的話，恰恰擊中了昭王的要害，收到了出奇致勝的效果。昭王聽出弦外之音，非但不怒，反而將他引入內宮密室，摒退左右，待之以上賓之禮，單獨傾談。范雎頗善虛實之道，並能恰到好處地一張一弛。秦昭王越是急切地請教高見，范雎越是慢條斯理地故弄玄虛。秦昭王畢恭畢敬地問道：「先生何以教誨寡人？」范雎卻一再避實就虛，「唯唯」連聲，避而不答，如此者三次。最後，秦昭王深施大禮，苦苦祈求道：「先生難道終不願賜教嗎？」

范雎見昭王求教心切，態度誠懇，這才婉言作答：「臣非敢如此。當年呂尚見周文王，所以先棲身為漁父，垂釣於渭水之濱，在於自知與周王交情疏淺，及至同載而歸，立為太師，才肯言及深意。其後，文王得功於呂尚，而最終得以王天下。假使文王疏於呂尚，不與之深言，那是周無天子之德，而文王、武王難與之共建王業。」范雎有意把眼前的秦昭王與古代的聖賢相連，既滿足了秦昭王的虛榮心，又激勵他禮賢下士。范雎還以呂尚自況，把自己置於賢相的位置。昭王卻之即等於自貶到桀、紂行列，這無疑能使對方就範，談話自然會按著他的意思進行下去。接著，范雎談到自己，說道：「臣為羈旅之臣，交疏於王，而所陳之詞皆匡君之事。處人骨肉之間，雖然願效愚忠，卻未見大王之心，所以大王三問而不敢作答。臣非畏死而不進言，即使今日言之於前，明日伏誅於後，也在所不辭。然而，大王信臣，用臣之言，可以有補於秦國，臣死不足以為患，亡不足以為憂，漆身為癩、披髮為狂不足以為恥。臣獨怕天下人見臣盡忠身死，從此杜口不語，裹足不前，莫肯心向秦國。」這番慷慨悲壯之詞更進一層，先是披肝瀝

膽，以情來感召昭王，接著說以屬害，以殺賢誤國震懾昭王，給自己的人身、地位爭取了更大的安全保障。

經過充分的鋪墊，范雎最後才接觸到實質問題，點出了秦國的弊端隱患：「大王上畏太后之嚴，下惑奸臣之諂。居深宮之中，不離阿保之手，終身迷惑，難以明斷善惡。長此以往，大者宗廟傾覆，小者自身孤危。這是臣最恐懼的。」

其實，上述之弊端雖確有之，但並非治理秦國的當務之急。范雎所以要大論此事，意在用「強幹弱枝」來迎合昭王。與此同時，也藉以推翻范雎將來立足秦廷的政敵，從而確立自己在秦廷的地位。只要地位確定了，其他一切都可以順理成章。謀略家們的良苦用心，由此可見一斑。

而像范雎這樣，才真正是既不失人、又不失言的智者。

7. 濃夭何如淡久，早秀不如晚成

讀菜根

【原文】

桃李雖豔，何如松蒼柏翠之堅貞；梨杏雖甘，何如橙黃橘綠之馨冽？信乎！濃夭不及淡久，早秀不如晚成也。

【譯文】

桃樹和李樹的花朵怒放時雖然嬌豔無比，但是怎比得上蒼翠四季的松樹、柏樹那樣堅貞呢？梨和杏的滋味雖然甘甜醇香，但是怎比得上橘子、柳丁經常飄散著清淡芬芳呢？是的，易逝的美色比不上清淡持久的芬芳，一個人少年得志遠不如大器晚成啊。

【注釋】

馨冽：馨，芳香。冽，本意為寒冷，此處作「清香」解。

濃夭：夭是夭折，早逝。濃夭指美色早逝。

悟菜根

　　這裡，作者以物喻人，少年得志者，就如桃花梨花、梨子杏子，雖然能夠一時風光無比，卻終難長久；大器晚成者，就像松柏，雖然看似無甚風采，卻能青翠四季。什麼原因呢？因為，少年得志者，易放鬆對自己的要求，驕傲自滿而致失敗；而大器晚成者，往往飽經滄桑，知道成功來之不易，更謙虛進取，如松柏常青。

　　所以，任何時候都不要放棄希望，成功來自對未來的不懈堅持中！

講菜根

早秀和晚成

　　南朝的江淹，在年輕的時候就成為了一個鼎鼎有名的文學家，他的詩和文章在當時獲得極高的評價。可是，當他年紀漸漸大了以後，他的文章不但沒有以前寫得好了，而且退步不少。他的詩寫出來平淡無奇，而且提筆吟握好久，依舊寫不出一個字來，偶爾靈感來了，詩寫出來了，但文句枯澀，內容平淡得一無可取。

　　大家都說「江郎才盡」了，其實並不是江淹的才華已經用完了，而是他當官以後，一方面由於政務繁忙，另一方面也由於仕途得意，無需自己動筆，勞心費力，就不再動筆了。久而久之，文章自然會逐漸遜色，缺乏才氣。

　　可見，天賦也需要持有松柏的精神才能長久啊！即使開始沒有成功，後來知道發奮了，並且能一直堅持，也是能取得成功的。

　　袁紹身邊的一位門客，名叫崔琰，他從小喜習武藝，到了二十三歲才開始讀《論語》、《韓詩》，求師學習。

　　由於他刻苦努力，學問也逐漸多起來。

　　當時袁紹的士兵非常殘暴，掘開墳墓將屍骨曝露出來。崔琰勸說袁紹不要這樣做，袁紹認為他說得對，封他為都尉。後來，崔琰跟隨曹操，為曹操出了不少主意。在他做尚書時，曹操想立曹植為嗣子，而崔琰反對，他說：「自古以來的規矩是立長子，怎麼能立曹植呢？」曹植是崔琰的姪女婿，儘管是親屬他也不偏袒，曹操十分佩服他的公正。崔琰有個堂弟叫崔林，年輕時既無成就也無名望，親戚朋友都看不起他，可是崔琰卻很器重他。崔琰常對人說：「才能大的人需要

長時間才能成器，崔林將來一定會成大器。」

後來，崔林果然當上了翼州主簿、御史中丞，還在魏文帝手下任過司空。

早秀不謙遜，不如晚成常努力啊！

8. 大處著眼，小處著手

讀菜根

【原文】

小處不滲漏，暗處不欺隱，末路不怠荒，才是個真正英雄。

【譯文】

一個人，做事時處處小心謹慎，再細微的小事也不粗心大意；一個人獨處也絕對不做見不得人的事；窮困潦倒時，仍舊不忘掉奮發上進，這樣的人才算得上真正的英雄好漢。

【注釋】

滲漏：滲，水從上往下慢慢滴，有侵蝕和走漏的意思。

怠荒：懶惰無進取心叫怠，荒有頹喪不上進的意思。

悟菜根

「一樹一菩提，一沙一世界」，生活的一切原本都是由細節構成的，如果一切歸於有序，決定成敗的必將是微若沙礫的細節，細節的競爭才是最高境界的競爭。

要想把事情做好，你就得考慮細節，注重細節，注重在工作的細節中找到機會。這也是使你走上成功的必由之路。

講菜根

細節成就「英雄」

老子說，天下難事，必做於易；天下大事，必做於細。所以，無論做人做事，都要重細節，重小事。於無聲處聽驚雷，細節既是成功的基礎，也是失敗的導火線。誰忽略了細節，不屑做小事，他的理想就只能建立在沙灘上！

泰山不拒細壤，故能成其高；江海不擇細流，故能就其深。我們不缺少雄韜偉略的戰略家，缺少的是精益求精的執行者；不缺少各類管理規章制度，缺少的是對規章條款不折不扣的執行者。

心理勵志小百科好書推薦

全世界都在用的80個
關鍵思維NT：280

學會寬容
NT：280

用幽默化解沉默
NT：280

學會包容
NT：280

引爆潛能
NT：280

學會逆向思考
NT：280

全世界都在用的智慧
定律 NT：300

人生三思
NT：270

陌生開發心理戰
NT：270

人生三談
NT：270

全世界都在學的逆境
智商NT：280

引爆成功的資本
NT：280

每個人都要會的幽默學
NT：280

潛意識的智慧
NT：270

10天打造超強的成功智慧
NT：280

國家圖書館出版品預行編目（CIP）資料

菜根譚新解 / 洪應明原著；諸葛瑾編. -- 初版.
-- 新北市：華志文化, 2014.04
面；　公分. --（諸子百家大講座；6）

ISBN 978-986-5936-73-0（平裝）

1. 修身

192.1　　　　　　　　　　　　　　103002899

書名／菜根譚新解

系列／諸子百家大講座０ ０ 6

华志文化事業有限公司

原　　著　洪應明

編　　者　諸葛瑾

執行編輯　林雅婷

美術編輯　簡郁庭

封面設計　黃雲華

文字校對　陳麗鳳

企劃執行　康敏才

總編輯　黃志中

社　　長　楊凱翔

出版者　華志文化事業有限公司

電子信箱　huachihbook@yahoo.com.tw

排版印刷　辰皓國際出版製作有限公司

地　　址　116台北市興隆路四段九十六巷三弄六號四樓

電　　話　02-22341779

電　　話　02-22451480

地　　址　235新北市中和區中山路二段三五二號二樓

傳　　真　02-22451479

總經銷商　旭昇圖書有限公司

郵政劃撥　戶名：旭昇圖書有限公司（帳號：12935041）

電子信箱　s1686688@ms31.hinet.net

出版日期　西元二〇一四年四月初版第一刷

售　　價　二八〇元

華志文化